本成果得到教育部新世纪优秀人才支持计划项目"法兰克早期文献的汉译与研究"（NCET-11-0919）和广东省高等学校高层次人才项目珠江学者特聘教授专项"法兰克时代核心历史文献汉译与研究"（2012—2017 年）的资助。

。

法兰克时代核心历史文献汉译与研究

（陈文海　主持）

法兰克王家年代记

陈文海　译注

人民出版社

责任编辑：杨美艳

封面设计：石笑梦

图书在版编目（CIP）数据

法兰克王家年代记 / 陈文海 译注 . —北京：人民出版社，2019.1

（法兰克时代核心历史文献汉译与研究 / 陈文海 主持）

ISBN 978 - 7 - 01 - 019933 - 7

I. ①法…　II. ①陈…　III. ①法兰克王国－历史　IV. ① K565.3

中国版本图书馆 CIP 数据核字（2018）第 235664 号

法兰克王家年代记
FALANKE WANGJIA NIANDAIJI

陈文海　译注

人民出版社 出版发行
（100706　北京市东城区隆福寺街 99 号）

北京盛通印刷股份有限公司印刷　新华书店经销

2019 年 1 月第 1 版　2019 年 1 月北京第 1 次印刷

开本：710 毫米 × 1000 毫米 1/16　印张：16.25

字数：235 千字

ISBN 978 - 7 - 01 - 019933 - 7　定价：49.00 元

邮购地址 100706　北京市东城区隆福寺街 99 号

人民东方图书销售中心　电话（010）65250042　65289539

本书中文版依据 Bernhard Walter Scholz, with Barbara Rogers, trans., *Carolingian Chronicles: Royal Frankish Annals and Nithard's Histories*（The University of Michigan Press, 1970）译出。

目　录

法兰克王家年代记

译注说明一：法兰克时代核心历史文献的构成

从国家形态上说，法兰克国家（481—987）经历了一个由王国到帝国再到王国的演变过程，它先后经历两个王朝，即墨洛温王朝（481—751）和加洛林王朝（751—987）。法兰克时代留下的各类文字材料并不算十分稀少，但是，从具有时间连贯性的法兰克通史角度来说，这一时期留下的史学著作却极为有限。

最早对法兰克人及法兰克国家作出较为全面阐述的，是图尔主教格雷戈里（Gregory of Tours，约 538—594）所著的《法兰克人史》（拉丁文 *Historia Francorum*，英文 *History of the Franks*），亦称《历史十卷》（拉丁文 *Decem Libri Historiarum*，英文 *Ten Books of Histories*）。该书从"上帝创世"写起，止于 591 年。作为法兰克国家早期史研究中的核心文献之一，格雷戈里的这部《法兰克人史》已于 20 世纪 80 年代由寿纪瑜、戚国淦两位先生联袂译为中文（商务印书馆，1981 年）。

从涵盖时段来看，格雷戈里的《法兰克人史》仅涉及墨洛温王朝的早期历史。在此之后的几百年中，法兰克国家又先后出现其他几部续写法兰克历史的世俗史学作品，从而使法兰克国家的历史进程得以较为完整地记录下来。具体而言，在《法兰克人史》之后，居于核心地位的法兰克史著主要包括以下几部。

1.《弗莱德加编年史》（拉丁文 *Fredegarii Chronicorum Liber*，英文 *Chronicle of Fredegar*）：7 世纪中叶，法兰克王国出现 6 部互有一定关联的编年史著作。近世学者在中世纪抄本边页中发现"弗莱德加"这样的名字，于是将这 6 部编年史归在他的名下。这 6 部编年史被组合为 4 卷本史书，其中，

1

前3卷（包含5部编年史）基本上是对已有史书的转抄和摘录，而第4卷（即第6编年史）则是作者的原创。对于格雷戈里的《法兰克人史》一书，《弗莱德加编年史》的作者只接触到其中的前6卷（写到584年）。因此，《弗莱德加编年史》第4卷从584年开始续编，其最初8年的记载可与《法兰克人史》后4卷相关内容相互印证；至于591年之后约半个世纪的历史，该书所载内容则成为这一时期唯一的"正史"。正因如此，《弗莱德加编年史》第4卷便具备了特殊的史料价值，其涵盖的时间范围是584—642年。后人对墨洛温王朝中期历史的了解，主要有赖于这一著作。

2.《法兰克人史纪》（拉丁文 *Liber Historiae Francorum*，英文 *The Book of the History of the Franks*）：该书出现于8世纪前期。从叙史结构上看，《法兰克人史纪》属于"法兰克通史"范畴，从法兰克人的"特洛伊起源"传说一直写到作者所生活的8世纪前期。全书共分53章，从材料来源上说，前42章中，有相当一部分内容取自格雷戈里的《法兰克人史》一书，但亦有一些新材料。从法兰克通史角度来说，真正使得《法兰克人史纪》具有不可替代价值的是第43—53章，这部分内容涉及642—721年间的法兰克史事。正是借助于此书，642年之后数十年的墨洛温王朝史得以补上。该书对墨洛温王朝史的记载截止于721年，此时距该王朝正式灭亡尚有30年。

3.《弗莱德加编年史续编》：8世纪中叶，以加洛林家族为叙事中心，法兰克史家对法兰克人的历史进行续编，后人将之附在《弗莱德加编年史》之后，故有"弗莱德加编年史续编"之称，其涵盖时段是643—768年。从文本内容的新旧程度来说，这个由54章组成的"续编"可分成两大部分：第1—10章（643—721年）是对已有素材的截取与改造，其材料基本上是依据《法兰克人史纪》一书而来；第11—54章（721—768年）是新编部分，属于"原创"范畴。借由第11—33章，墨洛温王朝最后30年（721—751年）的历史得以补上。第34—54章的内容则涉及加洛林王朝最初18年的历史，从751年矮子丕平加冕、加洛林王朝建立写起，止于768年矮子丕平去世及其两位儿子（查理和卡洛曼）继位。从文本编写的时段划分来看，《弗莱德加编年史续编》大致可分成 3 个部分：第 1—17 章属于第一部分，大约写于 735 年之后的某个时间；第 18—33 章属于第二部分，大约写于 751 年之后的某个时间；第 34—54 章属于第三部分，大约写于 768 年之后的某个时间。

4.《法兰克王家年代记》（拉丁文 *Annales regni Francorum*，英文 *Royal Frankish Annals*）：该书大约成书于 9 世纪前期。近代早期，人们依据该文献最早发现地洛尔施修道院（Abbey of Lorsch）以及该文献的叙事对象，而将之称为《洛尔施大年代记》（*Annales Laurissenses maiores*）。鉴于该书具有浓厚的官方色彩以及具有为加洛林王朝歌功颂德之特点，19 世纪德国史家兰克（Ranke）将之改为现名。该书的涵盖时段为 741—829 年。虽然此书涉及墨洛温王朝最后 10 年，但全书并没有论及墨洛温王朝本身，而将叙史焦点全部集中于加洛林家族。在该书中，768 年之前的材料基本上是依据《弗莱德加编年史续编》，而随后 60 余年（768—829 年）的内容则为作者原创。

5.《富尔达年代记》（拉丁文 *Annales Fuldenses*，英文 *The Annals of Fulda*）：《凡尔登条约》签订之后，东、西法兰克虽然还有联系，但开始逐渐走上独立发展的道路。《富尔达年代记》即是以东法兰克王国为主体的编年作品，涵盖时段为公元 838—901 年，即，从虔诚者路易统治末期（838 年）写起，一直延续到孩童路易登上王位的后一年（901 年）。虽然该书主要描绘的是东法兰克王国的历史，但书中也多次提到西法兰克王国、洛林、意大利王国等。关于对东法兰克的事件记录，《富尔达年代记》有着明显的国王中心倾向。它同《圣伯丁年代记》一道，构成有关 9 世纪加洛林王朝历史研究的主要材料。

6.《圣伯丁年代记》（拉丁文 *Annales Bertinian*，英文 *The Annals of St-Bertin*）：该书是紧接着《法兰克王家年代记》写起的，涵盖时段为公元 830—882 年。虽然它也涉及多个地区的历史，但其叙述重点却是秃头查理时期西法兰克境内所发生的事件，正好与反映东法兰克历史的《富尔达年代记》形成呼应之格局。《圣伯丁年代记》中收录有大量一手资料，其中包括教皇信件和各种会议记录。

加洛林王朝在东、西法兰克的最终结束分别是在10世纪初和10世纪末，但是，在公元888年加洛林皇帝"胖子"查理（881—888年在位）去世之后，法兰克人的国家就再也没有统一，德、法两国从此走上独立发展道路。因此，从基本层面上说，通过上述几部历史文献，已经可以较为完整地勾勒出法兰克国家历史发展进程的基本脉络。

格雷戈里的《法兰克人史》是法兰克时代最为重要的核心历史文献之一，但鉴于该书已有完整的中文译本，因此，本书系不再将之列入其中。另外，《弗莱德加编年史》（第4卷）和《弗莱德加编年史续编》原是两个相互独立的文本，但从中世纪以来，人们习惯于将二者合在一起，本书系亦遵循这一惯例。因此，"法兰克时代核心历史文献汉译与研究书系"由5部史书组成：《弗莱德加编年史》（第4卷及续编）、《法兰克人史纪》《法兰克王家年代记》《富尔达年代记》和《圣伯丁年代记》。

本书系的汉译与研究工作得到以下项目的支持："《弗莱德加编年史》（第4卷及续编）汉译与研究"（国家社科基金一般项目，2011—2014年，已结项）；"法兰克早期文献的汉译与研究"（教育部新世纪优秀人才支持计划项目，2011—2014年，已结项）；"法兰克时代核心历史文献汉译与研究"（广东省高等学校高层次人才项目珠江学者特聘教授专项，2012—2017年，已结项）。在此谨表谢忱。

陈文海

2018年3月于华南师范大学

译注说明二：关于《法兰克王家年代记》

《法兰克王家年代记》是"法兰克时代核心历史文献汉译与研究书系"中的一种。该书的汉译工作始于2013年，如今基本告一段落。关于这一工作及所涉内容，现作几点说明。

1. 关于该书的中文译名：目前，该书的中文译名并不统一，除了本书系中使用的《法兰克王家年代记》这一译名外，还有《法兰克王室年代记》、《王室法兰克年代记》、《法兰克国王年代记》等多种译法。这些译名看似大同小异，但其内涵还是具有一定区别的。从19世纪中叶德国历史学家兰克对这一文献的重新定性来看，该文献的新名称必须体现"官方史学"的基本特征。从这一角度来说，将该文献的中文译名定为《法兰克王家年代记》或许更为可取。

2. 关于该书的史学价值：《法兰克王家年代记》是以加洛林王朝中前期历史为叙事核心的史著，对加洛林家族的崛起、加洛林王朝的建立、国土的扩张、由王制向帝制的转变、帝国的由盛转衰等过程均有较为细致的记述，同时，对于法兰克社会、宗教以及对外关系等方面亦有较为丰富的记载。和此前出现的多有演义色彩或传说色彩的《弗莱德加编年史》（第4卷及续编）和《法兰克人史纪》等著作相比，《法兰克王家年代记》的材料来源更为翔实，其可信度相对较高。另外，该年代记在总体上是加洛林君主意志的产物，其文本构造具有浓厚的官修色彩。因此，对于该书对前王朝（墨洛温王朝）的无视和贬抑以及对加洛林王朝的高度颂扬，都须给予辩证分析。

3. 关于该书的抄本类别：《法兰克王家年代记》涵摄741—829年间法兰克国家的历史，其中，741—801年间的年度纪事在文本表述上存在两个风格迥异的类别。就总体而言，一种较为简略，且所述的加洛林家族史均以正面形象示人；另一种较为详细，加洛林家族的不少负面信息也被披露出来。按照学术界的主流观点，前者属于"原创本"，后者属于"修订本"。对于741—801年的这些年度纪事，本书中文译本以"原创本"为主线，遇有修订之处，则在"原创本"文字之后，附上"修订本"的相关文字。

4. 关于译本和注释：近代以来，西方学术界先后编订出多种版本的《法兰克王家年代记》，其中以拉丁文本居多。目前，在西方学术界，最为流行的版本是美国学者伯恩哈德·肖尔茨（Bernhard Scholz）从拉丁文移译的英译本，同时，该英译本还对文本内容作了较为丰富的注释或解读。从学术累进的角度来说，肖尔茨的这个英译本较为充分地吸收了此前的研究成果，其学术价值也相应较高。基于此，中文译本遂选取该译本为移译底本，并得到美国密歇根大学出版社的使用授权。至于注释，中文译本吸收了肖尔茨英译本中的部分内容，同时又新增了部分注释。

5. 关于文本研究：和中世纪前期的众多文献类似，《法兰克王家年代记》在抄本源流、作者身份、成书过程以及文本信度等方面都存在诸多悬疑之处，而对这些问题的不同认知会直接影响人们对这部文献的理解和运用。近世以来，西方学术界围绕这部文献的来龙去脉以及文本构造做了大量研究工作并取得较为丰富的成果，虽然分歧依然远远多于共识，但相关研究还是大大促进并加深了人们对这部文献的认识。为了让读者更好地理解和使用这部文献，在中文译本的导言中，译者用了较大篇幅，从文献学角度对该文献作了多方面的梳理和解读，其中，有些观点只是中译者的初步认识，谨供读者参考。

陈文海

2018 年 3 月于华南师范大学

译者导论：《法兰克王家年代记》文献学刍言

陈文海

作为保存记忆和以古鉴今的一种重要方式，修史立志是文明时代以来的人类社会共有的一大传统，但是，在修史行为的社会属性上，古代东西方社会却有着较大差别。在古代中国，虽然私家撰述活动一直弦歌不辍，但早在隋末唐初之际，亦即6、7世纪之交，官修史书制度就已正式确立，而且，在此之前的秦汉魏晋南北朝时期，甚至在更为久远的先秦时期，史书官修化的趋势就已开始显现并日益强化。①

相较于古代中国官方修史活动的高度制度化、规模化和衙门化，古代西方的官修史书制度则显得颇为迟滞和简约。从修史发展源流来说，在西欧大陆，初步具有官修色彩的修史活动起步于8世纪末9世纪初的加洛林时代。在不列颠，类似的现象则出现于更晚的9世纪末，亦即威塞克斯国王阿尔弗雷德（Alfred the Great，871—899年在位）统治晚期。在当时，官修史书活动虽有萌芽，但尚未成为一种严格的制度，而且，它也只是微光一闪，随后便再次回归私家撰述之旧有传统。②

及至中世纪晚期，随着君权的逐步加强和民族国家意识的渐趋形成，官修史书活动才重新成为某些君主的关注对象。比如，在法国，直到13世纪中叶的路易九世（1226—1270年在位）时代，王室才正式委托圣德尼修道

---

① 参阅余行迈：《先秦史官制度概说》，载《苏州大学学报》1982年第1期，第98—106页；曾学文：《传统史学与王朝政治》，载《史林》2005年第5期，第57—61页；王记录：《百余年来中国古代史馆制度研究述评》，载《殷都学刊》2007年第2期，第66—71页。

② See Deborah Mauskopf Deliyannis, ed., *Historiography in the Middle Ages*, Leiden: Brill, 2003, pp. 73-77.

院修士普里玛（Primat de Saint-Denis，生活于 13 世纪中后期）用法文编修法国历史。经过 20 余年的修撰，体现官方意志的具有准官方色彩的《法兰西大编年史》(*Grandes Chroniques de France*) 才初具雏形。[1] 不过，即使在这一时期，官方修史的制度化设计也还处于草创阶段。

在西欧世界，真正具有官修史书制度色彩的相关现象直到中世纪末期乃至近代早期才开始出现。比如，只是从 15 世纪 30 年代起，法国国王才开始在宫廷中设置"法兰西史官"(historiographe de France) 或"国王御用史官"(historiographe du roi) 职位，并赋予职位持有者以修史之责。不过，在随后很长一段时期，史官设置仍缺乏制度化规定，甚至会出现长期空缺。只是从 17 世纪 50 年代起，史官设置才具有较为规范的制度，史官的薪酬才得到较为稳定的保障。[2] 在不列颠，其步伐更加迟缓。1660 年，英格兰王室开始设立"王家史官"(Historiographer Royal) 职位。在苏格兰，这一职位则创设于 1681 年。[3] 不过，即便是在这一时期，西欧世界的官修史书制度在系统性、

---

[1] 由普里玛负责编修的这部分法兰西历史在路易九世去世后的 1274 年方告完成。在随后两个多世纪中，编修者代代相继，于 1481 年最终完成《法兰西大编年史》的编修工作。该书的叙述范围上起法兰克人的特洛伊起源传说，下迄法国国王查理五世（1364—1380 年在位）时期的史事。参阅 Bernard Guenée, "Les Grandes Chroniques de France: Le roman aux rois (1274-1518)", in *La Nation*, vol. 1, *Les lieux de mémoire*, ed. Pierre Nora, Paris: Gallimard, 1986, pp. 189-214; [法] 雅克·勒高夫著，许明龙译：《圣路易》，商务印书馆 2002 年版，第 348—350 页。

[2] 据法国著名古文书学家和艺术史专家佛朗索瓦·佛希耶 (François Fossier，1950 年生) 考证，法国历史上第一位史官是让·夏蒂埃 (Jean Chartier)，此人于 1437 年获任为"法兰西史官"(Francorum historiografus)。另据佛希耶统计，1554—1828 年间，法国君主先后任命了 104 位史官。参阅 François Fossier, "La charge d'historiographe du seizième au dix-neuvième siècle", *Revue Historique*, (Juillet – Septembr, 1977), pp. 73-92; François Fossier, "A propos du titre d'historiographe sous l'Ancien Régime", *Revue d'histoire moderne et contemporaine*, (Juillet – Septembr, 1985), pp. 361-417; Pim den Boer, trans. by Arnold Pomerans, *History as a Profession: The Study of History in France, 1818-1914*, New Jersey: Princeton University Press, 1998, p. 54。

[3] See Denys Hay, "The Historiographers Royal in England and Scotland", *The Scottish Historical Review*, (Apr., 1951), pp. 15-29.

严密性、组织性以及成果产出等方面也还是远远无法与古代中国相提并论。

虽然说官修制度在古代西方史学发展历程中起步较晚且时断时续,但它毕竟也是有稽可循的。而且,尽管官修史学存在着为当朝立命颂德、隐忧藏败、曲意剪裁、不言批判等等这样那样让人诟病的弊端,但它终究以其材料来源的相对丰富性、价值取向的正统性以及与众不同的叙事风格而成为西方史学中的一个独特篇章。① 因此,对之展开研究,不仅有其可能,而且有其必要。然而,由于相关材料的缺失和匮乏,和晚近那些有着确切佐证材料的史书官修行为及修史成果相比,早期的史书官修活动还存在着许多扑朔迷离之处,对其所作的各种解读也就存在着种种变数。作为西方官修史学的开篇之作,如今以《法兰克王家年代记》(*Annales regni Francorum*)之名而传诸后世的这部编年体史书也同样面临诸如此类的问题。

一、《法兰克王家年代记》学术史概要

《法兰克王家年代记》是后世赖以了解加洛林王朝中前期历史最为重要的史料之一,也是人们全面认识中世纪西方文明发展历程所不可或缺的材料之一。尽管围绕着这部著作还有很多悬而未决的问题,但就文本本身而言,其基本面貌还是较为清晰的。该书以加洛林王朝(751—987 年)的前期历史为叙述主线,上起加洛林家族尚未践位的宫相查理·马特去世之年(741年),历经矮子丕平(741—751 年为宫相,751—768 年为国王)和查理曼(768—814 年在位,800 年后为皇帝)两位君主,下迄虔诚者路易(814—840 年在位)在位的第 15 年(829 年),凡 89 年。该书以年度为单位,以政治、外交和军事为主题,同时涵盖宗教、自然以及社会生活等方面的内容,

---

① 有学者对中国古代史书官修制度的流弊作过较为深刻的剖析,参阅商慧明:《古代中国官修史书的流弊》,载《探索与争鸣》1995 年第 9 期,第 42—44 页。虽然说古代西方官修史学的发展程度远不及古代中国,但从官修史学的通性来说,古代中国官修史学具有的各种流弊,古代西方也几乎一样不少。实际上,这是由史书官修制度的本质所决定的。

对加洛林王朝的兴起、法兰克国家由王国向帝国的转变以及帝国由盛转衰时期的历史作了较为细致的描述。

就总体而言，在《法兰克王家年代记》成书过程中，官方意志应该发挥过特殊作用。从行文风格来看，该书前后不同部分存在较为明显的差异，因此，其作者应为多人。在编撰和转抄过程中，该书出现"原创本"和"修订本"之别，虽然"修订本"中披露了加洛林家族不少负面信息，但应该说，二者的主旨并无原则性的改变。该书的史事记载止于829年，从内容的承接性来看，这一年并不是作者预设的全书终篇之年，之所以再无下文，乃因故中断。① 由此，大致可以判断，此书末篇的成文时间应该在829年结束之后不久。换言之，《法兰克王家年代记》的终笔时间应该是在830年或其后几年。作为正统意识形态的载体，《法兰克王家年代记》成书后在"大法兰克地区"一度流传颇广。甚至在加洛林王朝终结之后的两三个世纪，该书在法国和德意志等地仍有较大影响。

进入近代以后，该书得到西方学术界的重视，相关的文献学研究特别是在抄本搜集和整理方面不断取得新的成果。19 世纪是该文献研究工作的进一步深化时期，在这一阶段的前期和后期，由德国历史学家乔治·佩尔茨（Georg Petrz，1795—1876 年）和弗里德里希·库尔策（Friedrich Kurze，1863—1915 年）校勘的该文献拉丁文本在《德意志史料集成》中先后刊行；19 世纪中叶，德国历史学家利奥波尔德·冯·兰克（Leopold von Ranke，1795—1886 年）对该文献的编纂过程及官方属性等问题展开深入研究，其观点对后世产生持久而深远的影响。②

---

① 当然，830 年之后，年代记的撰写工作仍然得以继续，但新完成的纪事则完全与此前的这个《法兰克王家年代记》割裂，后被纳入《圣伯丁年代记》(*Annales Bertiniani*) 之中。《圣伯丁年代记》内容涵盖 830—882 年之间法兰克国家的历史，其中尤以西法兰克的历史为重。东法兰克的历史则集中体现在《富尔达年代记》(*Annales Fuldenses*) 之中，其涵盖的时段为 838—901 年。

② Georg Heinrich Pertz (ed.), *Annales Laurissenses et Einhardi*, Monumenta Germaniae Historica, Scriptores, Scriptores (in Folio), 1, Hannover, 1826 , pp. 124-218; Friedrich Kurze (ed.),

从 19 世纪末至 20 世纪 70 年代，西方学术界对《法兰克王家年代记》的研究在总体上陷入停滞状态，相关研究成果较为有限，学者们论及这一文献时，基本上都是在因循 19 世纪形成的各种"权威说法"。[①]20 世纪 70 年代以后，以伯恩哈德·肖尔茨（Bernhard Scholz）、罗萨蒙德·麦基特里克（Rosamond McKitterick）、罗杰·柯林斯（Roger Collins）等英美学者为代表的西方学术界一方面进一步深化对《法兰克王家年代记》的文本研究，同时又将之放在特定的历史时空中，从政治、文化、思想、宗教及社会等层面对之展开综合研究，取得令人瞩目的成果。[②]此外，欧洲学术界一些中青年学

Annales regni Francorum, Monumenta Germaniae Historica (Scriptores, 6), Hannover, 1895; L. von Ranke, "Zur Kritik fränkisch-deutscher Reichsannalen", *Abhandlungen der königlichen Akademie der Wissenschaften*, Berlin, 1854, pp. 415-456. 另见 *Leopold von Ranke's Sämmtliche Werke*, eds., Alfred Dova und Theodor Wiedemann, Leipzig: Duncker und Humblot, 1888, Vol. 51, pp. 93-150。

① 关于这一时期相关研究的停滞及原因，英国史学家罗杰·柯林斯曾有分析，详见 Roger Collins, "The 'Reviser' Revisited; Another Look at the Alternative Version of the *Annales Regni Francorum*", in A. Callander Murray, ed., *After Rome's Fall: Narrators and Sources of Early Medieval History*, Toronto: University of Toronto Press, 1998, pp. 191-213。

② 伯恩哈德·肖尔茨的主要贡献在于首次将《法兰克王家年代记》从拉丁文译为英文，见 Bernhard Walter Scholz, with Barbara Rogers, *Carolingian Chronicles: Royal Frankish annals and Nithard's Histories*, The University of Michigan Press, 1972。在法兰克史研究领域，罗萨蒙德·麦基特里克是当今学术界最具影响力的学者，其有关法兰克史的著述相当丰富，主要有 Rosamond McKitterick, *The Frankish Church and the Carolingian Reforms 789-895*, Royal Historical Society, London, 1977; *The Frankish Kingdoms under the Carolingians, 751-987*, London: Longman, 1983,1990; *The Carolingians and the Written Word*, Cambridge: Cambridge University Press, 1989; *Books, scribes and learning in the Frankish kingdoms, sixth to ninth centuries*, Aldershot: Ashgate,1994; *Frankish kings and culture in the early middle ages*, Aldershot: Ashgate, 1995; *History and its audiences*, Cambridge: Cambridge University Press, 2000; *History and memory in the Carolingian world*, Cambridge University Press, 2004; *Perceptions of the past in the early middle ages*, Notre Dame: University of Notre Dame Press, 2006; with Erik Kwakkel and Rodney Thomson, *Turning over a new leaf: Change and development in the medieval manuscript*, Leiden: Leiden University Press, 2012。罗杰·柯林斯的相关成果也比较丰富，其中主要有 Roger Collins, *Early Medieval Europe, 300–1000*, London: Macmillans, 1991, 1999, 2010; *Charlemagne*, London: Macmillans, 1998; edited with Patrick

者在相关研究领域也取得显著成果，甚至提出一些颠覆性的观点。[1]

在中国，由于世界史本身是个晚近兴起的学科，加之早期发展进程的迟缓与研究氛围的闭塞，学术界对包括《法兰克王家年代记》在内的西方中世纪早期历史文献曾长期处于无知或鲜知状态。直至 20 世纪 80 年代，这一状况才开始稍有改观。通过汤普森所著《历史著作史》的中译本中的一段几百字描述，人们对《法兰克王家年代记》的基本面貌开始有了一个粗浅的印象。[2]在此之后，由中国学者撰写的西方史学史著作中，这部编年史也被给予较多的关注。[3] 及至最近几年，随着世界史学科的发展，中世纪文献学及史料学开始得到重视。围绕法兰克时代史学及核心历史文献，出现了一批专题论文，其中，有些论文还就《法兰克王家年代记》中的某些问题展开了专门探究。[4]

虽然说我国世界史学界对加洛林时代史学及文献研究开始逐步走向深

Wormald and Donald Bullough, *Ideal and Reality in Frankish and Anglo-Saxon Society*, Oxford: Blackwell, 1983; edited with Peter Goldman, *Charlemagne's Heir: New Approaches to the Reign of Louis the Pious*, Oxford: Oxford University Press, 1990。

[1] 例如，Tibor Živković, "The 'Original' and the 'Revised' Annals Regni Francorum", *Historical Review*, Vol. LIX (2010), pp. 9-58; F. Goosmann, *Memorable crises: Carolingian historiography and the making of Pippin's reign, 750-900*, PhD thesis, University of Amsterdam, 2013。

[2] [美] 汤普森著，谢德风译：《历史著作史》上卷，第一分册，商务印书馆 1988 年版，第 242—243 页。该译本在行文上有错漏，援引时需慎重。

[3] 例如张广智主编，赵立行著：《西方史学通史》第三卷"中世纪时期"，复旦大学出版社 2011 年版，第 102—104 页。不过，该书对加洛林时期史学著作的分析、界定、分类和描述还存在不少问题，阅读时宜谨慎对待。

[4] 在相关研究中，以朱君杙着力最勤，成果亦相当丰富，例如，朱君杙：《加洛林时代的多元化修史格局》，载《古代文明》2012 年第 4 期，第 16—22 页；朱君杙：《论皮纸与加洛林时代历史记忆的保存》，载《古代文明》2013 年第 2 期，第 49—56 页；朱君杙：《加洛林时代史学成就探微》，东北师范大学博士学位论文，2013 年 6 月；朱君杙、王晋新：《加洛林时代历史文献的政治倾向性》，载《中南大学学报》2013 年第 5 期，第 217—222 页；朱君杙、王晋新：《服务皇室——加洛林时代史学鉴戒功能的新指向》，载《历史教学》2014 年第 16 期，第 57—64 页；朱君杙：《管窥〈王室法兰克年代记〉的官方属性》，载《古代文明》2015 年第 1 期，第 22—32 页。此外，贾平平对《法兰克王家年代记》有过专门论述，详见贾平平："《法兰克国王年代记》及其所记载的查理曼的军事活动"，载《黑龙江社会科学》2013 年第 4 期，第 139—141 页。

入，但也毋庸讳言，在这一领域，还有许多问题需要解决，其中，在对具体文献的汉译和解读方面，目前还做得远远不够。实际上，对于包括加洛林时代史学在内的任何一个时代的史学而言，只有充分且深入地做好一个又一个的文献个案研究，只有对这一时代的各种史学作品有了真正深入且准确的认识，对这一时代的史学才有可能形成较为精准的判断，对这一时代的把握也才可能变得更加符合历史实际。正是基于这一认知，对《法兰克王家年代记》的体裁构造、文本流传、编写结构、写作旨趣、基本内容等问题展开探讨并对文本本身进行汉译和注疏，也就成为一项虽具体而微但却具有建设意义的工作。

二、《法兰克王家年代记》的名称及属性

在论及中世纪西方历史文献时，首先会遇到一些看似琐细但又无法回避的问题，其中，有的是形式方面的，有的是概念方面的，有的是形式和概念相互纠缠的。如今被通称为《法兰克王家年代记》的这么一部中世纪史书，也同样存在诸如此类的问题，比如，以加洛林家族为基线的这部法兰克国家史究竟是"年代记"（annals）还是"编年史"（chronicle）？这部著作是如何被冠以"王家"之名的，它与《洛尔施大年代记》以及《艾因哈德年代记》是什么关系？《法兰克王家年代记》何以被归入"大"年代记范畴？对于这类基础性的问题，如果没有一个较为清晰的认知，文献阅读及解读也就会变成一种似是而非的云山雾罩。

1."年代记"与"编年史"之争

在讨论《法兰克王家年代记》体裁属性之前，首先必须弄清"年代记"和"编年史"这两个概念的基本内涵及二者之间的关联。关于这个问题，在20世纪早期，英国历史学家、曾长期担任牛津大学档案馆馆长的雷吉纳尔德·莱恩·普尔（Reginald Lane Poole，1857—1939年）就已对"年代记"

和"编年史"的起源、发展及二者之间的关系提出自己的一套说法。① 然而，问题并未就此解决，在此之后的数十年间，争讼一直不断。甚至在近年，人们还在围绕"什么是编年史"、"什么是年代记"之类的问题展开无休止的讨论，有的认为年代记是编年史的初级形态，有的则认为年代记和编年史没有什么原则性区别。② 深度介入这种争论似乎不是什么明智之举，因此，在这里，我们只从两个层面对这个问题作一简要阐述。

其一，关于"年代记"和"编年史"的词义及关联。"年代记"（annals）和"编年史"（chronicle）这两个词在汉语译名中都有一个"年"字，而这种译法对人们准确认识二者的内涵会产生一定程度上的误导。与英语"annals"（年代记，该词只有复数形式）一词相对应的拉丁语词形是"annāles"，其词源是"annus"（年，单数）。按其本意，作为一种历史呈现方式，"年代记"就是按照时间先后，一年接着一年，把发生在某一年的值得记载的或觉得应该记载的事情记录下来，最终自然而然地会形成一本本的集子。而与英语"chronicle"（编年史）一词相对应的拉丁语词形是"chronica"，而这个拉丁词语是直接从希腊语"χρονικά"舶来的，其词根的本意就是"时间"（time）。因此，从其本意上来说，"chronicle"本身并无"年"的内涵，它只是强调按照时间顺序，对相应的事情进行编排加工，从而形成一个前后相连的整体。

以上仅仅是从本意或狭义角度来看待"年代记"和"编年史"这两个概念的。如果从这个视角出发，二者的区别自然是显而易见的，即"年代记"属于不事雕琢的原生态物件，而"编年史"则是经过加工的文化产品。不过，

---

① Reginald Lane Poole, *Chronicles and annals: a brief outline of their origin and growth*, Oxford: Clarendon Press, 1926. 另可参阅当年英国学者对该书的评论，见 W. C. D. , "Review of *Chronicles and annals*", *Economica,* No. 18 (Nov., 1926), pp. 368-369。

② 参见 David Dumville, "What is a Chronicle? " *The Medieval Chronicle*, vol. II (2002), pp. 1-27; R. W. Burgess and Michael Kulikowski, "Medieval Historiographical Terminology: The Meaning of the Word Annales", *The Medieval Chronicle*, vol. VIII (213), pp. 165-192。

本意终归是本意,至于人们是否都是依照本意去使用"年代记"和"编年史"这类词语,则需另当别论。对于这样的问题,其实不难理解,就像"日记"与"日记体作品"之间、"周记"与"周记体作品"之间存在明显差别一样,"年记"和"年记体作品"自然也不是同一回事。有些历史文献虽然冠以"年代记"之名,但在字里行间却透露出各种事后加工的痕迹,甚至出现追溯既往、延诸后事的文字。在这种情况下,我们便不难作出判断,这种"年代记"并非本意上的那种年代实录,而是一种年代记体的编年史。当然,有些年代记体的编年史可能会在文字处理上做得天衣无缝,在形式上做得和原生态年代记毫无二致,遇有这种情况,则需要运用其他手段进行有效甄别。

其二,关于"年代记"与基督教用以推算复活节日期的"年历"之间的关系问题。在学术界,通常存在这么一种说法,即中世纪西欧的年代记脱胎于复活节年历(复活节表)。这个问题相对较为复杂,需要辩证地来看待。如果按照广义的说法,把年代记看作是"年代记体的编年史",那么,这类作品则早已有之,不仅上古时期有,中世纪初期也有,只不过其纪年的标准与后来的基督纪年不一样而已,例如,在记述某人某事某现象时,会表明其时间是在"亚当以来多少年"、"亚伯拉罕以来多少年"、"大洪水以来多少年"、"罗马建城以来多少年"或"某某君主当政以来第多少年"等等。而且,在这一时期,"年代记"和"编年史"在很大程度上是相通的,比如,塔西佗(Tacitus,约56—117年)将自己的编年史作品称作"*annāles*",优西比乌(Eusibius,约260—约339年)的同类著作则被称为"*chronica*"。①

至于说中世纪"年代记"这种史学形式脱胎于复活节表这种现象,则是公元8世纪以后的事情,其最为核心的内容应该是,在史事的记述上开始使用基督纪年,即某事某现象发生在"吾主耶稣基督道成肉身多少多少年"。当然,这种历史纪年法的运用,与基督纪年法的推广特别是与这一纪年法之

---

① 塔西佗的这部作品虽然名曰"*annāles*",但在中国学术界,仍通常被称为"编年史"。参见 [古罗马] 塔西佗著,王以铸、崔妙因译:《编年史》,商务印书馆1981年版。

下的复活节推算表的流行有着密切关联。

复活节是基督教的最重要节日之一，根据《圣经》中的相关描述，教会推断出，耶稣复活之日应该是在春分之后第一个月满之后的第一个星期日。由于历法混乱，早期基督教会在复活节具体日期的推算上存在着多种多样的说法。525 年，受教皇约翰一世（523—526 年在位）的委托，教会学者"谦卑者"狄奥尼修斯（Dionysius Exiguus，约 470—约 544 年）以耶稣基督"道成肉身"为纪年元年，编制出最初的以基督纪年为基准的复活节推算表《历算》（Computus）。此后，这一推算表在基督教世界不断推广，后续年代的复活节推算工作也不断延续，相应地，复活节年历也就成为基督教世界各地必备的"工具书"，很多修道院或教会人士都拥有这么一种复活节年历。①

在最初一段时间，人们在提及这种"工具书"的时候，往往会将之称为"annals"。在这一语境下，这个"annals"转换成汉语，可译为"年历"。只有当它与历史记载相关联时，它才转换内涵，成为人们后来所说的"年代记"。尽管基督纪年法出现于 6 世纪早期，但它在历史学领域中的运用还要再过两个世纪。8 世纪早期，英国历史学家比德（Bede，约 672—735 年）在写作《英吉利教会史》（Historia ecclesiastica gentis Anglorum，完成于 731 年左右）过程中，开始正式使用基督纪年，此后，这一纪年原则在史书撰写中逐渐流行。②

虽然说教会的复活节年历对年代记的最大贡献是为之提供了一个基督纪年法，但这并不是说除此之外二者没有其他关联。复活节年历和"万年历"有点类似，在一般情况下，它的确可以充当"记事本"的角色，因为在年历每一页面的上下左右，总还留有一定的空白边页。因此，在遇有值得记录的事情时，作为基督教世界各地都有的"工具书"，这种复活节年历的空白

---

① 关于基督纪年问题，可参阅李隆国：《说"公元（前）"》，载《首都师范大学学报》2011 年第 2 期，第 1—13 页。

② 关于基督纪年在《英吉利教会史》中的具体呈现形式，详见 [英] 比德著，陈维振、周清民译：《英吉利教会史》，商务印书馆 1991 年版。

处便可派上用场,原生态的年代记也就由此诞生。这种记事方式简单易行,一直到中世纪中后期,人们还是经常利用复活节年历的空白处来记录大小事项。正是通过这么一种记事手段,林林总总的历史记忆得以保存下来,而且,所记事件都与复活节年历上的相应时间相对应,因此,其时间线索也因此得以清晰地存留下来。

复活节年历空白边页的面积通常是非常狭小的,因此,利用这种有限的空白处记录史事,必然要求文辞简洁,不论大事小事,通常都只能是以一句话或几个词予以概括。[①] 当

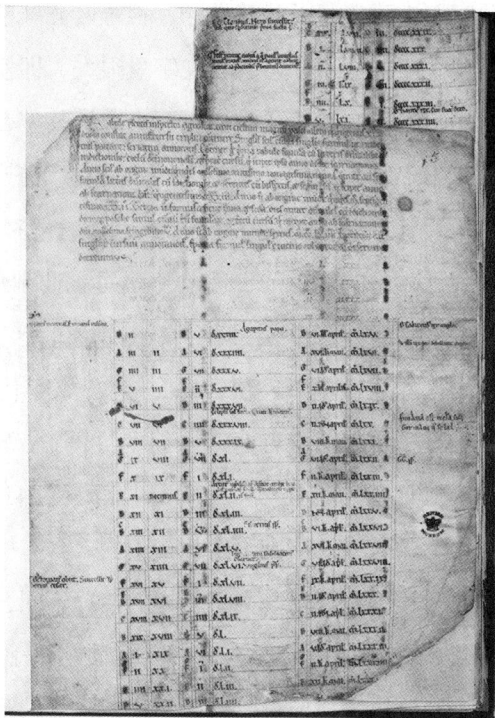

12 世纪晚期英国北约克郡塞尔比修道院(Selby)复活节年历的一个页面,其边页上有零星事项的记载。

然,对于复活节年历的版式问题,也不可一概而论。在某些地方,就曾出现过一些非常规的复活节年历。法国国家图书馆收藏有一本 9 世纪晚期编制的"复活节万年历"(532—1060 年),在每个页面中,其上部的 2/3 篇幅是复活节推算表,在其边页的狭窄空白处,经常会有一些和年代相对应的史事记录,但文字极为简略;而下面的 1/3 篇幅则留为空白,供记事或编写史志之用,而且,在这些空白处,也的确出现了文字量很大的年度纪事。基于这一现象,麦基特里克认为,作为原始记录的"年代记"和作为史学撰述的"年

---

① 这方面的例证可参阅赵立行:《西方史学通史》第三卷"中世纪时期",复旦大学出版社 2011 年版,第 99—100 页。

代记"有可能是并行不悖的,很难区分孰前孰后。[①] 实际上,从有些年代记的某些年的纪事来看,其文字量很大,即使像如上所述的这种非常规复活节年历,也没有足够的空白页面来容纳其整个文字。

以上就年代记、编年史以及复活节推算表等问题作了一些简要的描述和剖析,其直接目的自然还是为了提供一些判别标准,以此说明《法兰克王家年代记》中的这个"年代记"究竟是即时实录的汇编,还是有着复杂加工过程的史学著述。其实,有了以上所述的这些标准,并以相关文本作为参照,这个问题也就不难解决。《法兰克王家年代记》的传世抄本可以明显分为两大类,一类被后世称为"原创本",涵盖 741—829 年之间的法兰克历史;另一类则属于"修订本",修订内容涉及 741—801 年间的某些年度纪事,802年以后的年度纪事则没有什么不同。[②] 和中世纪中前期其他很多文献抄本在转抄过程中出现某些文字变异的情况不同,这个"修订本"中的"修订"并不仅仅只是对前世抄本中个别字词的顺手改变,而是对某些纪事的深度加工。在这里,我们仅以这部年代记开篇的第一个年度纪事为例,来感受一下"修订本"的修订程度。

741 年（原创） 宫相查理（Charles）去世。

741 年（修订） 宫相查理去世。他身后留下三个儿子,即卡洛曼（Carloman）、丕平（Pepin）和格里夫欧（Grifo）。在这三人当中,格里夫欧年龄最小。他的母亲名曰斯瓦娜希尔德（Swanahilde）,是巴伐利亚公爵奥迪洛（Odilo）的侄女。在她的蛊惑下,格里夫欧蠢蠢欲动,试图攫取整个王国。他不仅占据了拉昂城（Laon）,而且还向其兄长们宣战。卡洛曼和丕

---

①   Rosamond McKitterick, *Perceptions of the past in the early middle ages*, p. 68.

②   关于《法兰克王家年代记》这两大类抄本中,究竟哪一类是"原创本",哪一类是"修订本",在 21 世纪之前的几百年中,学术界几乎没有什么异议。2010 年,塞尔维亚历史学家蒂博尔·日夫科维奇（Tibor Živković）提出颠覆性的观点,将传统观点彻底翻转。详见 Tibor Živković, "The 'Original' and the 'Revised' Annals Regni Francorum", *Historical Review*, Vol. LIX (2010), pp. 9-58. 关于日夫科维奇的观点,下文还会有所交代。为了不至于给读者造成术语上的混乱,本文还是按照传统说法来区分"原创本"和"修订本"。

平迅速集结军队，前去围困拉昂城，最终把格里夫欧抓了起来。此后，他俩开始致力于恢复王国秩序。另外，在其父亲去世之后，有些省份从法兰克人治下分离出去，因此，他们也开始着手收复这些失地。为了确保在外征战时国内不出乱子，卡洛曼把格里夫欧带在身边，然后将之关押在位于阿登山脉地区的纳沙托（Neufchateau）。据说，在卡洛曼前往罗马之前，格里夫欧一直被关在那个地方。

且不论"修订本"修订的具体内容为何，仅从形式上便可直观地看出，原先只有寥寥几个字的"宫相查理去世"到了"修订本"这里已经变成了多达数百字的一段文字。而且，修订行为本身就已表明，其文字产品必然不是原始的文字实录。然而，这并没有妨碍它以"年代记"之名而流传下来。因此，单就"修订本"而言，这个"年代记"自然是属于年代记体的编年史。换言之，它是著作，而不是原料。

如果说"修订本"的属性比较容易判断，那么，对"原创本"属性的甄别也不见得更难。在这个问题上，可以选取一个视角，审视一下在某个年度纪事的内文中是否存在这一年度之后发生的事情。如果答案是肯定的，那么，这个年代记自然也就是经过复杂加工的历史著作，而不是那种狭义上的原生态年代记。实际上，在"原创本"中，让我们能够得出肯定答案的文字并不鲜见，这里可以择取几例。①

746年　卡洛曼启程前往罗马，他行了剪发礼，然后在索拉特山（Mount Soratte）上建起一个修道院，以纪念圣西尔维斯特（St. Sylvester）。在那里待了一段时间之后，他便迁往位于卡西诺山（Monte Cassino）上的圣本笃修道院（St. Benedict），在那里，他成了一名修士。［该条记录所述之事在时间上不准确。卡洛曼前往意大利是在747年8月。大约754年，卡洛曼才迁居圣本笃修道院。］

---

① 　关于这个问题，西方学者们已有共识，参阅 Roger Collins, "The 'Reviser' Revisited; Another Look at the Alternative Version of the *Annales Regni Francorum*", p. 194。

750 年　按照法兰克人的习俗，丕平被推选为国王。大主教卜尼法斯（Boniface）为他行了圣膏礼。这位大主教死后广受尊崇，被人们奉为圣徒。［卜尼法斯是美因兹（Mainz）大主教。754 年，在传教过程中，卜尼法斯被杀。］

756 年　德西德里乌斯（Desiderius）为何能够登上王位，他又是如何登上王位的，关于这些话题，我们在后文再作交代。［德西德里乌斯是伦巴德王国的末代国王，756—774 年在位。从这个记录的表述中，可以明显看出作者在写作过程中具有谋篇布局之规划。］

759 年　丕平国王又得一子。国王用自己的名字来给这个孩子命名。因此，和其父亲一样，这个孩子也叫丕平。他只活了两年，三岁的时候便死掉了。［759 年是这个孩子的出生之年。同在这一年的纪事中，作者却写到了这个孩子在两三年之后的夭折之事。］

从以上所举的例子可以看出，《法兰克王家年代记》的"原创本"也同样是经过组织加工的历史学著作，因此，和"修订本"一样，都是属于年代记体的编年史。也正是从这个意义上说，年代记和编年史的确没有什么原则性区别，至少对于《法兰克王家年代记》这部书而言可以这么认为。

2.关于《法兰克王家年代记》的"王家"之名

如果说《法兰克王家年代记》中的"年代记"一词是一个曾经引发学术界长期讨论的学术讼案的话，那么，这个年代记的称谓定语也同样曾是一个长期悬而难决的问题。和考古学领域中的一般做法相似，在文献学领域，对于新发现的文献，如果未能在这个文献本体当中找到其原有名称的话，人们一般就以该文献的首次发现地点来命名。《法兰克王家年代记》这部著作的名称显然不符合这一命名原则。那么，这个名称究竟是这部年代记的本名，还是后人根据其内容而创设的一个新名？关于这个问题，学术界有这么一种说法：这部编年史原本并不叫作《法兰克王家年代记》，或者说，它原本可能是个无名文献；其抄本最早发现于洛尔施修道院（Lorsch），因此，其最初的名称也就被确定为《洛尔施大年代记》；后来，德国史学家兰克认为这部史书具有官修属性，因此它开始被冠以《法兰克王家年代记》之名。[①] 这种说法是对这部年代记名称源流问题的高度概括，不过，从这部文献的实际流传历程来说，其名称的演化要比上述说法复杂得多。严格来说，关于这部文献的名称，还有不少需要厘清的问题，简而言之，我们大致可以从三个路径来看待这个问题。同时，也借阐述这个问题之机，适当阐释一下与之相关的其他一些文献学问题。

其一，依据抄本最初发现地而命名之路径。不论加洛林时代的那些史著在法兰克国家身份构建中起过多大的作用，其影响力终究随着法兰克时代的逝去而逐渐消弭。及至中世纪中后期，这些文献最终成为常年沉睡于修道院图书馆或王家图书馆里的静态摆设。文艺复兴兴起之后，学术界整理古代文献的兴趣日益浓厚，众多古代手稿或抄本逐渐重新为世人所知。至于如今被通称为《法兰克王家年代记》的这部文献，情况也是如此。

关于这部文献的存世抄本及传承情况，德国历史学家乔治·佩尔茨在19世纪前期曾作过初步查证和整理，并在文本校勘方面作出开创性的贡献。[②] 在佩尔茨所做工作的基础上，德国文献学家弗里德里希·库尔策在19世纪晚期对该文献的抄本展开进一步梳理，并根据各种抄本的特征进行分类。该文献的原始手稿已经失传，目前存世的手写本均为次生的抄本。根据库尔策提供的材料，我们可以做一个简单的统计。除了一些虽然知其名但后

[①] 参阅朱君杙：《管窥〈王室法兰克年代记〉的官方属性》，载《古代文明》，2015 年第 1 期，第 22—32 页。

[②] 当时还没有开始使用《法兰克王家年代记》这样的名称。在其校勘本中，佩尔茨还是按照传统，将该文献的"原创本"和"修订本"分别称为《洛尔施年代记》和《艾因哈德年代记》。详见 Georg Heinrich Pertz (ed.), *Annales Laurissenses et Einhardi, Monumenta Germaniae Historica,* Scriptores (in Folio), 1, Hannover 1826，pp. 124-218. 受草创阶段的各方面条件的制约，佩尔茨对该文献的认识还存在诸多缺陷，他对该文献抄本的分类及认知已基本上被后人抛弃，尽管如此，佩尔茨对该文献研究所作出的贡献还是不容抹杀的。参阅 F. Goosmann, *Memorable crises: Carolingian historiography and the making of Pippin's reign, 750-900*, PhD thesis, University of Amsterdam, 2013, pp. 65-66。

来却又散佚的抄本而外，目前已知的该文献存世抄本大约有 38 个，分布于德国、法国、意大利、梵蒂冈、比利时、俄国以及英国等地的相关图书馆或档案馆之中。[①]

如果按照抄写时的年代对这些抄本的分布图谱作一描绘，我们大致可以感受到这一年代记的历史浮沉。按照库尔策的分类，在 38 个存世抄本中，抄写年代相对比较明确的有 32 个，其中，属于 9 世纪的有 5 个，10 世纪有 5 个，11 世纪有 8 个，从这一组数字中可以看出，在加洛林王朝中后期以及王朝灭亡后的一段时期里，该年代记流传较广。中世纪中后期，该年代记抄本急剧减少，属于 12 世纪的有 3 个，13 世纪有 1 个，14 世纪为空缺。文艺复兴时代开启之后，该年代记重新获得关注，相关抄本再次增多，属于 15 世纪的有 5 个，16 世纪有 3 个，17 世纪有 1 个，18 世纪有 1 个。[②] 该抄本在中世纪中期之前的繁荣与文艺复兴之后的再次繁荣，其性质是不同的，前者具有浓厚的政治蕴涵，而后者更多只具学术意义。

如果换一个视角，按照文本内容来对 38 个存世抄本进行分类，会发现另外一幅颇有意思的图谱。根据各个抄本的特征及相互之间的异同，库尔策将这 38 个抄本分为 5 个大组，其中，第一组抄本有 3 个，第二组有 5 个，第三组有 8 个，第四组有 3 个。且不论个中的各种细微差别究竟有多少，这四大组终究还有一个共同的特征，即它们都传自一个共同的"原创本"。除此之外，还有一个第五组。在这组抄本中，741—801 年间的内容与前四组相比有较大差异，其主要表现是，这组抄本增补了很多细节，而其中某些细节对记事对象而言往往并不是什么光彩的记录。在西方文献学界，这组抄

---

① Friedrich Kurze (ed.), *Annales regni Francorum*, pp. IX-XV.

② 20 世纪 70 年代以后，有学者对库尔策这一时间分类的准确性提出质疑，并对某些抄本的出现时间提出新的判断，例如，其中一个抄本的出现时间并不是库尔策所说的 10 世纪，而是 9 世纪；另外一个抄本的出现时间也不是库尔策所说的 9 世纪，而应该是 10—11 世纪。参阅 Roger Collins, "The 'Reviser' Revisited; Another Look at the Alternative Version of the *Annales Regni Francorum*", p. 191。

本被称作"修订本"。

在该文献所有传世抄本中,源自"原创本"的第一至第四组抄本合计为19个,而源自"修订本"的第五组这一个组,其存世抄本也同样有19个之多。而且,在文艺复兴之后出现的该文献抄本中,除极个别例外情况,绝大多数都是源自"修订本"。"修订本"之所以在后世更受欢迎,或者说,之所以更受关注,其基本原因在于,"修订本"说了"原创本"不愿说、不能说或不敢说的话。①

虽然说现在人们知道这个文献有30多个存世抄本,但这个发现和统计过程是极其漫长的,而这个过程的第一步是从洛尔施(Lorsch)迈出的。16世纪初,在位于沃姆斯(Worms)以东大约10公里处的洛尔施修道院②,人们发现了一些法兰克时代的年代记抄本文献,内容涉及墨洛温王朝和加洛林王朝两朝历史。由于这批文献本身没有既定的名称,人们便根据其发现地而将之统称为《洛尔施年代记》(Annales Laurissenses)。也就是在16世纪,文献学家们依据史书的叙事对象和范围,开始对中世纪年代记进行分类,从而创造出"大年代记"(Annales maiores)和"小年代记"(Annales minores)这么两个概念。这里的"大""小"之说与年代记的篇幅大小无关,其实际含义是"主要"和"次要"。所谓"大年代记",是指那些具有全局意义的年代记,因而被视为"主要的年代记";而"小年代记"则是指那些以某一狭小地段乃至某一修道院内部及周边事务为记事对象的年代记,当然也就是"次要的年代记"。19世纪中前期,随着《德意志史料集成》编纂工作的推进,

---

① 这里对"原创本"和"修订本"二者之间关系的解释,完全是按照传统观点来阐述的。如果按照蒂博尔·日夫科维奇的观点来解释这个问题,将是另一番完全不同的图景。关于这一点,下文再作交代。详见 Tibor Živković, "The 'Original' and the 'Revised' Annals Regni Francorum", *Historical Review,* Vol. LIX (2010) , pp. 9-58。

② 沃姆斯,西欧城市,曾属于加洛林帝国,查理曼曾在此建有多座宫殿;后属于神圣罗马帝国;今属德国,位于德国西南部的莱茵兰 – 普法尔茨州境内。洛尔施修道院,加洛林帝国时期最著名的修道院之一。17世纪末,在奥格斯堡同盟战争期间,该修道院的建筑被路易十四的法国军队摧毁殆尽。1991年,洛尔施修道院遗址入选世界文化遗产。

在德、法两国文献学家们的频繁使用下，大、小年代记的说法更为流行。[①]

在前文所述的较为庞杂的"洛尔施年代记"中，有一份抄本涉及741—788年间加洛林家族崛起及加洛林王朝最初阶段的历史行程。按照近代早期文献学家们的分类标准，这个年代记显然属于"大"的范畴。正因如此，这个抄本开始被称为《洛尔施大年代记》（Annales Laurissenses maiores），相应的近代印刷本也随之出现。1603年，该年代记的一个抄本由荷兰著名教会法学家、历史学家亨利·卡尼修斯（Henri Canisius，1562—1610年）校勘出版，其书名就叫作《洛尔施大年代记》。[②]虽然说这个年代记是以其首次发现地点命名的，但当它被赋予"大"之名分以后，其地位显然就变得与众不同了。当然，这与"官修史书"的定位毕竟还有较大距离。

其二，根据抄本"作者"而得名之路径。在这个方面，曾经非常流行的就是所谓的《艾因哈德年代记》这个名称。在16世纪的古代文献搜集热潮中，与加洛林王朝相关的年代记文献不断显现，其中，有一批年代记在内容上和前文所述的《洛尔施大年代记》有着比较微妙的关系。一方面，两类抄本之间存在许多相同的文字；另一方面，新发现的这些年代记抄本在前半部分又有许多增补或修改的内容，于是，这类抄本便被称为"修订本"。人们发现，"修订本"中的很多内容和艾因哈德（Einhard，约775—840年）所著的《查理大帝传》是"一致"的，甚至文字风格也极为"相似"。[③]而且，在人们发现的相关抄本杂集中，这类抄本经常都是和《查理大帝传》等其他文献集结在一起的。

基于这类关联性以及同时代性，并结合艾因哈德本人的经历和才学，不

---

① 麦基特里克认为，大、小年代记之说是19世纪法、德文献学家们的"发明创造"。此说似有不妥。实际上，在近代早期，文献学家们就已开始对年代记进行类似的划分。关于麦基特里克的观点，参阅 Rosamond McKitterick, *Perceptions of the past in the early middle ages*, p. 66。

② Friedrich Kurze (ed.), *Annales regni Francorum*, p. XV.

③ 后世研究表明，这种"一致"和"相似"都还是一种粗线条的认知，如果细加考察，可以发现，《法兰克王家年代记》"修订本"与艾因哈德《查理大帝传》之间存在很多差别。

少文献学家认为，"修订本"很可能出自艾因哈德之手。实际上，这种观点也不是由近代文献学家们首次提出的。据考证，早在 10 世纪前期，法兰克圣梅达修道院（St.-Médard）修士、编年史家奥迪洛（Odilo）就已认为，这个年代记的编纂者是艾因哈德。[1] 及至近代早期，奥迪洛的这种说法依然得到文献学家们的认可，在这一时期出版印行的文献校勘本中，这个文本被直接冠以艾因哈德之名，例如，曾担任御用史官的法国历史学家安德烈·杜歇纳（André Du Chesne, 1584—1640 年）校勘的《艾因哈德年代记》（*Annales Eginhardi*, 1636 年，巴黎）和本笃会修士、法国历史学家马丁·布凯（Martin Bouquet, 1685—1754 年）校勘的《艾因哈德年代记》（1744 年，巴黎），等等。[2] 甚至在 19 世纪早期，人们也还是在继续使用《艾因哈德年代记》这个名称，前文述及的德国著名史学家乔治·佩尔茨便是其中的代表。

进入 19 世纪中叶以后，文献学在西方有了更为精细的发展，学者们在这部年代记的作者问题上开始变得相对谨慎起来，艾因哈德的角色开始出现局部上的变化。兰克认为，至少可以认定，这部年代记中的修订部分出自艾因哈德的手笔。德国另外一位文献学家伯恩哈德·冯·希姆森（Bernhard von Simson, 1840—1915 年）则认为，该年代记 809—829 年纪事撰写方式也充分体现出艾因哈德的文风。而弗里德里希·库尔策则认为，在这个年代记中，796—819 年间的文字应该是艾因哈德所撰。可以看出，到这个时期，艾因哈德与这部年代记的关系已经变得动摇起来。也正因如此，库尔策在对这部包含修订内容的年代记进行校勘时，不再直接使用《艾因哈德年代记》这种肯定式名称，在他笔下，其名称变成了《年代记：其作者据称是艾因哈德》（*Annales qui dicuntur Einhardi*）。[3]

在对这部年代记和艾因哈德的《查理大帝传》展开进一步综合比较研究

[1] Bernhard Walter Scholz, with Barbara Rogers, *Carolingian Chronicles: Royal Frankish annals and Nithard's Histories*, p. 7.

[2] See Friedrich Kurze (ed.), *Annales regni Francorum*, p. XV.

[3] Friedrich Kurze (ed.), *Annales regni Francorum*, p. 3.

的基础上，20世纪中叶之后，西方文献学家对这两部作品之间的关系有了相对比较一致的看法：《法兰克王家年代记》"修订本"与《查理大帝传》之间并不存在直接的联系，二者的许多内容虽然在主题上具有相似性或同一性，但在具体描述上却存在着比较大的差别。因此，有学者甚至认为，艾因哈德可能根本没有接触过《法兰克王家年代记》的"修订本"。[①] 当然，在二者关系上，究竟那种说法更为可靠，目前也还是没有非常明确的结论，因此，以麦基特里克等人为代表的当代文献学家对这个问题还是比较谨慎的。[②] 但不管怎么说，《艾因哈德年代记》这种说法如今的确已经成了明日黄花。

其三，根据抄本内容而得名之路径。如果说《洛尔施大年代记》之名算是悠久的话，那么，《艾因哈德年代记》这个名称就应该算得上是特别悠久，然而，从该文献的名称演化历程来看，它还有着更为悠久的称谓，而这个称谓与后来通行的《法兰克王家年代记》（*Annales regni Francorum*）之名有着密切的亲缘关系。和因地设名、因人设名相比，按照内容来确定抄本的名称则要显得更加复杂一些。而且，由于视角选择、判断标准以及推导方式等等方面存在差异，人们往往会得出迥然不同的结论。

早在9世纪中后期，亦即加洛林帝国初步分裂但帝国基本架构尚存之时，与宫廷政治生活有着密切联系的著名教会人士、兰斯大主教兴克马（Hincmar，806—882年）就已提及这部年代记。为了证明教会对一处名曰诺维里亚科（Noviliaco）的地产拥有所有权，兴克马专门撰写《论诺维里亚科庄园》（*De villa Noviliaco*）一文。在文中，兴克马引经据典，他不仅论及查理曼和卡洛曼兄弟二人主政时期的庄园归属，而且认为从此前的"国王年代记"（annali regum）中也可以找到佐证材料。按照麦基特里克的判断，这

① Roger Collins, "The 'Reviser' Revisited; Another Look at the Alternative Version of the *Annales Regni Francorum*", p. 207; Bernhard Walter Scholz, with Barbara Rogers, *Carolingian Chronicles: Royal Frankish annals* and Nithard's *Histories*, p. 7.

② 参阅 Rosamond McKitterick, *History and memory in the Carolingian world*, p. 111。

里所说的"国王年代记"也就是后世所说的《法兰克王家年代记》。① 而且，从兴克马的这则材料中，也可以初步得出另外一个颇为重要的信息，即这个年代记不可能是民间野史，而只能是具有权威性的王家正史，否则，兴克马利用它来论证教会的应得权益，其说服力也就趋于虚无了。

到了近代早期，随着文献学家们对该年代记各类抄本的发现、整理和研究，对该文献的命名呈现出多元化趋势，前文所述的《洛尔施大年代记》和《艾因哈德年代记》之类的名称相继出现。除此之外，同样是在这一时期，已有不少文献学家充分意识到，这个年代记应该是国家层面的、具有全局意义的历史文献。关于这一点，可从他们校勘出版的该文献之名称中清晰地得到印证。

1521 年，德意志人文主义神学家、政治家、著名学者赫尔曼·冯·诺伊纳尔（Hermann von Neuenahr，1492—1530 年）等人依据该年代记的一个早期不完整抄本，编印了该年代记的第一个印刷本，其书名叫作《法兰克国王年代记》（*Annales Regum Francorum*）②。时隔几十年后，文献学家罗伊博（J. Reuber）于 1584 年出版该年代记的另外一个印刷本，其名称也叫作《法兰克国王年代记》，仅有的差别就是"国王"（Regum）这个词的拉丁文首字母由大写变成了小写。此外，16、17、18 世纪，在德意志还陆续出现多种以《法兰克国王年代记》为名或其名称与之大同小异的其他印刷本。③ 这个名称与后来通用的《法兰克王家年代记》之名虽然已很接近，但毕竟尚有一些差别。用比较啰嗦但却更为准确的文字来说，"法兰克国王年代记"的意

---

① Hincmar of Reims, *De villa Noviliaco*, ed., Georg Waitz, *Monumenta Germaniae Historica* (Scriptores 15: 2), Hannover, 1888, p. 1167。见 Rosamond McKitterick, *Perceptions of the past in the early middle ages*, p. 66。

② 这个印刷本的完整名称是《法兰克国王年代记：丕平、查理和路易，基督纪年 741—788 年》（*Annales Regum Francorum Pipini, Karoli, Lvdovici, ab anno post Christvm natu DCCXLI usqu ad LXXXVIII*, Köln: Johannes Soter, 1521）。在该年代记的抄本分类系统中，涵盖 741—788 年内容的抄本被归为第一组。

③ 详见 Friedrich Kurze (ed.), *Annales regni Francorum*, pp. XV-XVI。

思是"法兰克人的诸位国王的年代记"。

可以看出，从中世纪到近代早期，总还是有那么一批人对这部年代记的特殊地位或特殊身份有着相当清醒或比较清醒的认识。及至19世纪中叶，德国著名历史学家兰克将这种认识提升到一个新的高度。1854年，兰克发表《法兰克－德意志帝国年代记审辨》一文，对9世纪的这部年代记作了全面评判。他认为，和同一时期在修道院修纂的那些"小编年史"相比，这部年代记（特别是未经修订的那个"原创本"）具有两个鲜明的特征。第一，慎言负面信息：对于查理曼等法兰克君主在国内外遭遇的困境或失败，该年代记审慎讳言。第二，材料丰富高端：对于法兰克宫廷事务及诸多国家大事，该年代记有着极为精细的记载。兰克认为，该年代记应该是官方意志的产物，而且，其初稿很有可能就是在宫廷里完成的。[①]

正是基于对该文献的"官方性"判断，从兰克开始，越来越多的学者将之称为《法兰克王家年代记》（*Annales regni Francorum*）。和中世纪兰斯大主教兴克马所说的"国王年代记"以及近代早期文献学家们所说的"法兰克国王年代记"相比，19世纪中叶以后出现的这个名称其不同之处主要体现在它不再强调国王，而将命名视野和取向扩及整个法兰克国家。关于这一点，从西方一些现代语言表述中可以更加清晰地看得出来。比如，在法语中，该文献如今通常被称为《法兰克王国年代记》（*Annales du royaume des Francs*）；在德语中，其名称通常是《帝国年代记》（亦有人将之译为《帝国春秋》，*Reichsannalen*）。根据以上所述也可以看出，《法兰克王家年代记》这一名称既包含有中世纪的渊源，也体现着近代以后的创新，它是一个古今嫁接的混合型名称。

一个名称从开始出现到为人熟知终究需要一个过程，如果是要改名字，就可能更要多费一番周折。虽然说《法兰克王家年代记》之名在19世纪中

---

① L. von Ranke, "Zur Kritik fränkisch-deutscher Reichsannalen", Berlin, 1854, pp. 415-456. 另见 *Leopold von Ranke's Sämmtliche Werke*, eds., Alfred Dova und Theodor Wiedemann, Vol. 51, pp. 93-150。

叶就已出现,但直到 19 世纪末,文献学家们往往还是要为这个事情做一些宣传普及工作。1895 年,作为《德意志史料集成》的一部分,由库尔策校勘的这部年代记出版发行。在书名页上,除了大字标题《法兰克王家年代记》之外,库尔策还特意在大标题下面提醒读者:这个《法兰克王家年代记》就是过去所说的那个《洛尔施大年代记》,而且还包括过去所说的那个《艾因哈德年代记》。库尔策的这一做法的确有效,在此之后,学者们基本上不再需要为这个年代记的名称问题而大费口舌,至少对西方学术界而言可以这么说。

三、《法兰克王家年代记》的文本构造

在把《洛尔施大年代记》、《艾因哈德年代记》以及《法兰克国王年代记》这三个旧有名称清除之后,《法兰克王家年代记》便成了一个统合性的符号,过去分散在不同名号之下的各类抄本从此有了统一的名分。从对文本性质的总体认知角度来说,这一符号的确可以传递出明确的价值判断,即在《法兰克王家年代记》名目下的各类抄本应该同属一家,它们在不同程度上都体现出加洛林君主意志的色彩,都具有官方、准官方或半官方的印迹。

不过,该文献的初始手稿早已散佚,其作者身份又难以确定,因此,在统一"番号"的背后,不同文本之间的裂痕并未就此得以消弭,不同文本之间的关系也没有变得更加清晰,每类文本的内部板块及其边界也还存在诸多含混不清之处。对于该年代记的存世抄本而言,且不论统一名称之后可以带来多少认知上的便利,单就外在形式而言,这些抄本终归还是有一个观感上的显性差异。在以 741—829 年加洛林史事为叙述对象的编年架构下,前半段(741—801 年)的呈现形式从总体上看明显存在两种类型,一种以简约为表征,另一种以详细为特点①;至于 802 年之后 20 余年的所记内容,不同

---

① 这里的"简约"和"详细"只是就两种文本的总体面貌而言的,并不意味着前者的每一年纪事都简约,也不意味着后者的每一年纪事都详细,实际上,在两类文本中,还是有很多年度纪事在内容上是一致的。而且,前后两者略与详也不是绝对的,在个别年度纪

日夫科维奇

抄本之间虽然也会出现一些字词方面的差别，但就叙事主体而言，这类差别已基本上可以忽略不计。

从近代早期开始，西方文献学家们就已对《法兰克王家年代记》各种抄本展开搜集整理并进行初步研究，在其之后的数百年中，学术界对于该文献简、繁两类文本的关系已经形成一个基本共识，这就是：简本出现在前，繁本出现在后。正是基于这一判断，简本被称为"原创本"，而繁本则被称为"修订本"，对两类文本的内容及相互关系的所有解读和推断几乎都是建立在这一基础之上的。

及至 2010 年，这一有着悠久历史的共识大厦却因塞尔维亚历史学家蒂博尔·日夫科维奇 (Tibor Živković, 1966—2013 年) 的一篇长文而出现裂痕。日夫科维奇英年早逝，其生前曾长期担任塞尔维亚国立科学与艺术研究院历史研究所所长，在中世纪史研究领域卓有建树。日夫科维奇认为，关于《法兰克王家年代记》两类文本之间的关系，以前的那套传统说法完完全全都错了，正确的说法应该是：繁本在前，简本在后；也就是说，繁本为"原创"，简本乃"修订"。①

如果日夫科维奇的论点成立，那么，西方文献学界在过去近 500 年中围绕《法兰克王家年代记》所取得的一切成果几乎都会化为乌有，对这一文献

事中，前者比较繁长，而后者却极为简约。另外，两类文本的不同有时还体现在具体的字词当中，在这种情况下，就不能以文本简繁为标准来区分二者的不同了。

① Tibor Živković, "The 'Original' and the 'Revised' Annals Regni Francorum", *Historical Review,* Vol. LIX (2010) , pp. 9-58.

的所有解读都将被彻底重构。不过,对于他的这一颠覆性的观点,西方学者尚未展开充分评论,其学术命运也尚未可知。另外,在笔者看来,日夫科维奇对《法兰克王家年代记》两类文本的梳理和分析不可谓不细,其中也有不少论点颇具启发意义,但总体而言,在论证两类文本的关系问题上,其方法和思路可能还是存在不少有待商榷之处。因此,对于这个问题,在这里可能还是"因循守旧"一些比较恰当。基于这一思路,这里还是按照传统的"原创本"和"修订本"之说对该文献两类文本的构造及相互关系进行梳理和分析。

1."原创本"的文本体系

排除抄本残篇或抄本片段之外,时间跨度最长的《法兰克王家年代记》存世抄本所叙时段是 741—829 年。对于以记述加洛林家族崛起及其辉煌历程为核心的史学作品而言,之所以选择 741 年作为起始点,当然有其自身的合理性,这一年既是加洛林家族上升进程中的核心奠基者查理·马特去世之年,也是其子矮子丕平独立登上权力舞台的初始之年,而这位丕平也是后来加洛林王朝的开国君主。[1] 相比之下,该年代记终笔于 829 年,这一现象则属于非自然的戛然而止。尽管如此,涵盖这段历史的此类抄本终究还是构成了所谓的全本。

和众多的中世纪文献一样,这个年代记在作者身份以及编撰过程等方面都未能留下任何可资参考的文字记录,就连为什么要编写这么一部作品,文献本身也没有一字一词的交代。因此,人们只能通过对该文献在文风、句法、语法及用词等方面体现出的前后差异并结合相关史实,来对该文献的编纂历程及写作目的作出推断。这种研究方式具有天然的无可奈何之处,对于同一个现象,不同研究者往往会得出殊然不同的结论。也正因如此,过去数百年间,在《法兰克王家年代记》"原创本"文本构造问题上,学者们从未取得全面的共识。因此,这里只能根据相对共识,对之作一个大致的勾勒,

---

[1]　参阅 Rosamond McKitterick, *Perceptions of the past in the early middle ages*, p. 67。

当然，这种勾勒的每一笔每一画都有可能遇到让其消解的别样勾勒。

学术界对《法兰克王家年代记》的成书历程虽然充满争议，但至少还有一点共识，即此书应该是经多人之手并在不同阶段陆续撰写而成。至于具体有多少个作者或编者、文本写作具体经历多少个阶段以及每段文本是在什么年代落笔成文的，则又是众说纷纭的旷世学讼。按照目前相对比较流行的说法，从文本特点来判断，该年代记的年度纪事大致可以分为两大段：741—795 年；796—829 年。当然，在每大段内部，还可以进一步细分。

（1）第一段：741—795 年

这段文本上启查理·马特去世的 741 年，中间历经其子矮子丕平担任宫相的 10 年时间和担任国王的 18 年时间，下迄矮子丕平之子查理曼掌权的第28 年（795 年），涵盖加洛林家族及法兰克国家 55 年史事，其中有两年（751年和 752 年）的记载为空白。从所叙史事来看，这部分文本并不能构成一个具有逻辑意义的整体，但从写作风格来说，却具有一定的连贯性。不过，这种连贯性也只是学者们的一种大致判断，至于其内部关系，依然异议迭出。对于 741—795 年间的这些年度纪事，可分成两段进行考察。

首先是 741—788 年纪事。在《法兰克王家年代记》存世抄本中，有一组抄本的起讫时间便是 741—788 年。这个截止年代本身即有可能表明，文本编纂工作在此告一段落。① 从内容及风格看，这部分文本也有其一

---

① 从法兰克国家扩张史来说，788 年是具有界标意义的一年。经过 20 余年的反复征讨，到 788 年这一年，巴伐利亚公爵、查理曼的表兄弟塔希洛（Tassilo）终被关入修道院，法兰克最终完成对巴伐利亚的征服。正是基于这一史实，人们一般认为，法兰克君主之所以命人着手编纂《法兰克王家年代记》这部史书，其最初动因就是要以恰当的文字把征服巴伐利亚的过程呈现出来，揭露塔希洛的奸诈虚伪和背信弃义，为法兰克的征服行动抹上正义的色彩。因此，788 年史事记述完毕之后，年代记编纂工作告一段落也就在情理之中。不过，这种说法也还存在一些疑点。近代早期，海因里希·卡尼修斯（Heinrich Canisius, 1557—1610 年）编校出版《法兰克年代记汇编》（*Francicorum Annalium fragmentum*, 1603 年），其中，《法兰克王家年代记》的涵盖年代不仅包括 741—788 年，而且还包括随后的 5 年（至 793 年）。基于这一现象，麦基德里克认为，卡尼修斯依据的抄本有可能涵盖 741—793 年纪事。可惜，卡尼修斯当年依据的那些抄本后来也失传了。因此，

定的独特性。其一，所叙内容具有明显的追忆色彩：这部分文本涉及 40 多年的法兰克历史，从其所记内容可以看出，后面发生的事情往往会被提到前面予以交代，而且时间跨度较大。其二，用词用语的选择具有不同于后之处：在这部分文本中，作为上下文的转承词，"然后"（tunc）这样的表达方式出现较为频繁。而且，在提及查理曼时，作者经常在其名号前辅以各式各样的溢美之词，如"光荣的"、"伟大的"、"虔诚的"、"高贵的"、"至仁至慈的"，等等。以上所述的各种情形在 788 年之后纪事中明显变少。有基于此，学者们大都认为，741—788 年纪事在文风上具有同一性，出自一人之手的可能性较大，而且，其编纂时间可能是在 788 年前后。

其次是 789—795 年纪事。如果说人们对于 741—788 年纪事的认识较为一致的话，那么，对于随后 7 年，相关的判断则存在巨大分歧。从形式上来看，这部分文本和前一部分相比的确有比较明显的差异，例如，所述史事较为简略，在提及国王的时候不再时时刻刻配以颂扬之词。另外，这部分文本和前一部分又似乎存在一定的文风关联，例如，作者在提及国王的时候毕竟偶尔还会使用和前面类似的溢美之词，而且，在称谓和人称代词的使用上，前后两部分的交汇处存在较为密切的连贯性。

正是由于存在这种像又不像的矛盾面目，学者们对 789—795 年纪事的判断也就出现多元化倾向。关于这个问题，有多种不同的说法，且论证颇为烦琐，在这里只能简要介绍两种对立性较为明显的观点。例如，库尔策认为，前后两部分文本的作者可能是同一个人，但其编纂时间可能不同，也就是说，此人先是完成 741—788 年纪事的编纂，在后来的某个时间，又续编了 789—795 年纪事。[①] 然而，对于这种说法，肖尔茨并不认同。他认为，对于 789—795 年这部分文本，还应再作细分。具体来说就是，789—791 年

真实情形究竟如何，如今似乎已不可考。参阅 Rosamond McKitterick, *Charlemagne: The Formation of a European Identity*, Cambridge: Cambridge University Press, 2008, p. 34。

① 参阅 Rosamond McKitterick, *Charlemagne: The Formation of a European Identity*, p. 33。

纪事和此前的文本具有较为明显的一致性和承接性，因此，其作者可能是同一个人。而 792—795 年纪事则与前文存在较大反差，这四年纪事的作者可能另有其人。①

（2）第二段：796—829 年

总体来看，和 741—795 年纪事相比，这部分文本明显有其自身特点，其中比较显著的有两点。其一，即时性色彩较为强烈。如前所述，在《法兰克王家年代记》前半部分中，有相当多的内容都是在事发多年之后的追记，在时空上具有较强的综合性。然而，在后半部分文本中，这种情形便不再出现。从不同年度之间的承接关系中可以看出，每一年度的文本应该都是在该年度结束之后不久便编纂成文的。正因如此，对于在时间上可能持续多年的一件事，相关记述便可能会分散在多个年度纪事之中。而且，这种分散的材料在时间顺序上是一定的，即，在某个年度纪事中，可能会对此前某年的事情进行追述甚至重复，但却不会把后来发生的事情提前到前面某个年份去描述。在《法兰克王家年代记》后半部分文本中，可以印证这一特点的文字并不鲜见，这里可举一例加以说明。

823 年 ……也就是在这一年，据说发生了好几宗奇事怪事，其中……在土尔（Toul）地区的科梅尔西村（Commercy），有个大约 12 岁的小女孩，在长达 10 个月时间里，她竟然什么东西都没有吃。

825 年 ……在土尔附近的科梅尔西村，有一个名叫 "N." 的 12 岁女孩。在复活节那天，她从神父手中领受了圣餐。据说，在此之后，她先是禁食面包，然后开始全面禁食，什么也不吃，什么也不喝。这种禁食可谓相当极端，她完全没有摄入任何营养来支撑自己的身体。她就是在这种状态下生活了整整三年，期间竟然没有任何食欲。她是在吾主道成肉身的第 823 年开始禁食的，关于此事，在前文那一年的记载中已有提及。在如今的这一年，

---

① Bernhard Walter Scholz, with Barbara Rogers, *Carolingian Chronicles: Royal Frankish annals and Nithard's Histories*, p. 5.

亦即 825 年,从 11 月初起,她停止禁食,开始吃饭。于是,和人世间的其他芸芸众生一样,她也重新开始依靠吃喝而活。

对于这两段文字中呈现的神奇现象,其可信度暂且不论,在这里我们只需关注其叙事结构。823 年是科梅尔西村这个女孩子禁食的开始之年,这一年的记载只是截止到这一年为止,至于接下来会是什么结局,823 年的时候无人知晓。过了三年之后,事情最终有了结果。因此,只是到这个时候,其结局才出现在相应的年度纪事之中。可以想见,如果这样的事情发生在《法兰克王家年代记》前半段所涉时代,禁食过程及其最终结局很有可能会在禁食开始之年就顺便交代了。

其二,法兰克意识更为鲜明。在《法兰克王家年代记》后半部分,当言及法兰克与外方关系时,编纂者经常使用"我们"、"我方"之类的词语来指代法兰克一方。关于这一写作特点,这里也可列举几例。

797 年 ……位于西班牙的巴塞罗那城曾经起兵抵抗过我们,如今,该城总督扎腾(Zatun)又将之归还给我们。……

799 年 ……在此前一年,巴利阿里群岛曾遭到摩尔人和萨拉森人的劫掠,于是向我们求援并如愿以偿。如今,这个群岛归顺于我们,在上帝以及我们的帮助下,该群岛成功阻挡了海盗的侵袭。……

817 年 ……值得一说的是,我方军民发起激烈抗击,于是,他们放弃对这一城堡的围攻行动,撤兵返回。……

818 年 ……不久前,这个民族起兵反抗保加尔人,然后归顺到我们一边。……

在《法兰克王家年代记》后半部分文本中,这类表述还有很多。这种情况表明,编纂者具有清晰的"己方"意识,其身份可能就是法兰克人;即便没有法兰克血统,那至少也是与法兰克人有着密切的关系,其立场至少是法兰克人的。相比之下,该年代记的前半部分则没有出现这样的用语。也正因如此,加之其他一些文本特征,特别是文中出现一些在传统法兰克地区一般不会使用的日耳曼用词,有学者认为,《法兰克王家年代记》前半部分的编纂者很有可能不是法兰克人，而是日耳曼人。[1]

虽然说 796—829 年文本在文风上具有某些一致性，但这并不足以完全敉平其内部的差异性。从文本的基本面貌以及文法结构等方面可以看出，这部分文本还是可以较为明显地分为两段。第一段是 796—807 年：和 807 年纪事之后的文本相比，这部分文字相对较为朴实，但从语言风格来看，其编纂者毕竟还是具有一定的古典文化修养。第二段是 808—829 年：通过文法分析，学者们发现，这部分文本词汇更加丰富，句子结构更为灵活，分词及连词的使用更为频繁。[2] 而且，从 808 年开始的这 20 多年，纪事内容更为细致，其篇幅相对更大。

(3) 编纂者身份问题

《法兰克王家年代记》在形式上看似一个前后相连的整体，但其内部的片段性痕迹大致还算有稽可循。近代以来，特别是 19 世纪以来，在每一个片段或每一个纪事的编纂者身份问题上，人们虽然明知无法获得确切信息，但还是不断提出各种猜想，不过，任何一种猜想也都只能停留在猜想层面而已。例如，英国历史学家拉尔夫·戴维 (Ralph Henry Carless Davis, 1918—1991 年) 认为，800 年纪事的编纂者可能是查理曼的秘书和女婿兼修道院院长安吉尔贝尔特 (Angilbert, 约 760—814 年)。他同时强调，这个说法仅仅是猜测。[3] 又如，有不少学者认为，该年代记最后十余年纪事（大致是818—829 年或 820—829 年）的编纂者可能是伊尔杜安 (Hilduin, 775—840年)。[4] 伊尔杜安曾长期担任虔诚者路易的专任神父，同时担任圣德尼修道

---

[1] 参阅 Tibor Živković, "The 'Original' and the 'Revised' Annals Regni Francorum", *Historical Review,* Vol. LIX (2010) , p. 20。

[2] Bernhard Walter Scholz, with Barbara Rogers, *Carolingian Chronicles: Royal Frankish annals and Nithard's Histories*, pp. 6, 16.

[3] R. H. C. Davis, *A History of Medieval Europe: From Constantine to Saint Louis*, Harlow: Long-man-Pearson, 2006, p. 155.

[4] 即便对于这部分文本，在具体某年纪事及其归属上，学者们还是存在许多分歧。参阅 Bernhard Walter Scholz, with Barbara Rogers, *Carolingian Chronicles: Royal Frankish annals*

院院长,在政治和宗教领域均有重要影响力。830 年,虔诚者路易和自己的几个儿子发生内战,伊尔杜安站在后者一方,从而导致失宠并一度遭到流放。如果伊尔杜安真的是这部分文本的编纂者,那么,这也就在一定程度上可以解释该年代记在 829 年之后突然中断的原因。

虽然人们一直无法真正窥知《法兰克王家年代记》编纂者们的实际面目,但通过文本并结合当时的社会文化状况,人们对于该年代记的编纂者群体还是可以形成一个大致的判断。第一,编纂者属于上层社会中的有学之士:在加洛林时代中前期,文化生活虽然有所复苏,但其程度和范围终属有限,有机会接受文化教育的基本上限于社会上层。在当时,可以提供文化教育的主要是修道院和宫廷学校,而宫廷学校的师资也大都有着教会背景。因此,在这一时期,即便是以世俗社会政治生活为主题的作品,也会染上浓厚的宗教色彩。第二,编纂者对宫廷及国家层面的事务有着深入且全面的了解:在该年代记中,有许多内容涉及加洛林最高政治层面的决策和计划,其细致程度,非宫廷之外人士能够掌握。而且,从文本中也可看出,其编纂者可以充分利用宫廷所藏的档案资料。因此,他们的编纂工作必然是在君主的支持下才得以展开的。也正是基于这一原因,该年代记也就必然会体现出王朝颂歌之色彩。即使其中的某位编纂者对政治现实有所不满,那也只能是通过曲笔予以隐晦表达。关于这种情况,在该年代记的虔诚者路易部分,可以看出些许端倪。

2."修订本"的是非曲直

如果说"原创本"本身就已留下重重悬疑的话,那么,"修订本"的出现则让《法兰克王家年代记》变得更加扑朔迷离。就常理而言,之所以要对之前的文本进行修改,其原因本应不难理解,简要来说,不外乎就是,文本

and Nithard's *Histories*, p. 6; Rosamond McKitterick, *Charlemagne: The Formation of a European Identity*, p. 41; Rosamond McKitterick, *Perceptions of the past in the early middle ages*, p. 103。

修改行为的主导者认为，原有文本中有些地方存在这样那样的问题或不足，只有对之加以增损或更改，才能使之符合相关之人的相关需求。不过，这样的常理只适用于编纂信息较为完备的文本，对于主导者、编修者以及编修时间等等要素一概不明不白的《法兰克王家年代记》"修订本"来说，一切常规解读都成了无可企及的奢望。也正因如此，在过去数百年中，围绕该文献"修订本"的来龙去脉，学者们曾作出各式各样的解读，其中虽有一些共鸣，但总体而言，存留的分歧依旧多于取得的共识。为了更好地理解相关争议及成果，在这里，首先要做的一个工作就是要弄清，"修订本"都在哪些方面对原文本作了修订。在此基础上，才有可能较为顺畅地去讨论为什么要修订、主导或负责修订工作的有可能是什么样的人等等更为棘手的难题。

（1）"修订本"的文本更新

如前文所述，所谓"修订本"，并不是对《法兰克王家年代记》"原创本"全本（741—829 年）的贯穿性修订，其修改的范围只涉及最初的 741—801年。因此，比较两类文本的差异，首先只需将目光聚焦于这一时段即可。当然，在论及两类文本之间的关系时，801 年之后的那部分文本也会发挥其特有的作用。此外，需要说明的是，两类文本的差别虽然是属于可感可知的客观存在，但由于涉及的内容比较庞杂，按时间顺序对之进行罗列显然不是良策。这里拟从文风和内容两个层面，对"修订本"的更新进行概括性的描述和分析。

首先，关于"修订本"的文风。一般而言，对于历史文本，史学研究给予更多关注的是其内容而非文风，但在文献学这一特定领域，文风却是一个重要的考察指标，在某些情况下，对文风的准确判断有助于文本源流的甄别工作。关于《法兰克王家年代记》两类文本的写作风格，除了前文所述的简约与细致这种显性的形式之别外，更能体现其差别的可能还是在于文辞方面。

这个问题涉及西欧历史语言学的诸多方面，而西方文献学家对此有着天然优势。通过细致的梳理和比较，他们发现，《法兰克王家年代记》的两大类文本虽然都是以拉丁文写成，但"原创本"的拉丁文显得较为"俗气"，而"修订本"的拉丁文则显得较为"典雅"。[①] 换言之，"原创本"具有鲜明的中世纪前期拉丁语特色，而"修订本"的拉丁文则在很多方面试图向古典时代的罗马式拉丁语靠拢。"修订本"在文风上的古典化倾向是个复杂的文学和语言学问题，对此不宜深论。在这里，我们仅从两个侧面对之作一管窥。

其一，在专有名词上，"修订本"优先使用更具古典色彩的称谓。在这个方面，两类文本的反差颇为鲜明，相关的例证也相当丰富，这里可举几例予以说明。例如，对于阿尔让通（Argenton，位于今天法国中部偏西），"原创本"称之为"阿尔让托姆斯"（Argentomus，766 年纪事），这是 8 世纪晚期的写法；在"修订本"中，这个地方则被称为"阿尔让托马古斯"（Argentomagus），而这是古典拉丁语的写法。与之类似，对于奥弗涅（Auvergne，位于今天法国中部），"原创本"写作"阿尔弗努姆"（Alvernum，761 年纪事），"修订本"则写作"阿尔维诺努姆"（Arvenorum）；对于奈梅亨（Nijmegen，位于今天荷兰东南部），"原创本"写作"尼乌马加"（Niumaga，771 年纪事），而"修订本"则写作"诺维奥玛古斯"（Noviomagus）；对于潘普洛纳（Pamplona，位于今天西班牙北部边境，即纳瓦尔，778 年纪事），"原创本"写作"潘皮洛纳"（Pampilona），"修订本"则写作"彭派洛"（Pompaelo）；如此等等。[②]

语言文字的呈现形态具有很强的时代性，而且处在不断变化之中。其实，"原创本"中的地名拼法恰恰是文本编纂时期即公元 800 年前后的实际存在形态，而"修订本"中的复古化称谓在当时的实际生活中大都已不再使用。当然，"修订本"对地名的古典化回归也是遵循一定原则的，即这种回归只适用于当年罗马帝国的疆域范围内，或者说，只是在有古典文献依据

---

① Roger Collins, "The 'Reviser' Revisited; Another Look at the Alternative Version of the *Annales Regni Francorum*", p. 209.

② Friedrich Kurze (ed.), *Annales regni Francorum*, pp. 24, 21, 32, 50.

时，才会使用古典化的名称。也正因如此，对于上述两种情况之外的地名，特别是对于日耳曼以及斯拉夫各地的地名，"修订本"中的拼写就变得现实许多。

　　"修订本"对专有名词的复古化改造并不意味着改造后的名称就一定更加准确。实际上，在有些情况下，通过复古回归，"修订本"很有可能会将原本已经得到正本清源的某些说法重新送上舛误之路。例如，在"阿瓦尔人"（Avars，中国古籍中称为"柔然"）这一称谓上，"原创本"的表述没有问题，其名称就是"阿瓦尔人"（Avari，782 年纪事）；然而，"修订本"却将之改称为"匈人"（Hunorum，即 Huns）。[1] 匈人与阿瓦尔人是蒙古人种的不同支系，但在古典末期至中世纪初，欧洲人有时会将二者弄混，从而将阿瓦尔人误称为匈人。因此，"修订本"从古籍中移植来的这个称谓看似很有古风韵味，但其结果却是因古害文。[2]

　　其二，在文辞章法上，"修订本"深受古典作品的影响。对于"原创本"中的 741—801 年文本，"修订本"只是就其中的某些部分进行修改，不过，这种修改并不是那种简单的字词挖补，在大多数情况下，都是整个文句乃至整个段落的重写。对古典作品和《法兰克王家年代记》两类文本均有通盘研究的西方文献学家们发现，不论在用词方面，还是在章法方面，"修订本"均呈现出浓厚的古典风格。他们认为，"修订本"的编纂者应该属于博览群书之人，其文风受到多位古典作家的影响，其中，可以明确的至少有如下几位：凯撒（Caesar，前 100—44 年）、李维（Livy，约前 64—公元 17 年）、维雷乌斯·帕特古鲁斯（Velleius Paterculus，约前 19—约公元 31 年）、昆图斯·鲁弗斯（Quintus Rufus，生活于公元 1 世纪）、塔西佗（Tacitus，约 56—约 117 年）、弗罗鲁斯（Florus，约 74—约 130 年）、奥卢斯·格利乌斯（Aulus Gellius，约 125—约 180 年）以及优士丁（Justin，生卒年不详，大

---

① Friedrich Kurze (ed.), *Annales regni Francorum*, pp. 60-61.

② 参阅 Roger Collins, "The 'Reviser' Revisited; Another Look at the Alternative Version of the *Annales Regni Francorum*", p. 204.

致生活于罗马帝国中晚期)等。

在论及"修订本"与古典作品之间的关系时,有一个问题需要厘清。一般来说,学术界有一个传统说法:中世纪早期,在寡文少识的日耳曼"蛮族"侵袭下,罗马古典文化趋于湮灭;查理曼时期虽有"加洛林文艺复兴"之名,但其文化复苏的本质只是在于对文化沉沦的遏制,而非文化生活的真正繁荣。[①] 这种说法有其合理的一面,但它也容易将人们对中世纪文化生活的认知引向极端。实际上,中世纪与古典时代并不是一刀两断的关系,西罗马帝国灭亡后的数百年中,其原有文明虽然受到严重冲击,但其文化元素仍通过各种途径得到一定程度的存留,而且成为中世纪西欧文明的核心组成部分之一。基于这样一种认识,《法兰克王家年代记》"修订本"与古典作品之间的关系也就不难理解。

通过复杂细致的文献钩沉,学者们发现,在"修订本"出现的 9 世纪上半叶及其前后阶段,以上提及的那些古典作家们的作品在"大法兰克"地区都有抄本流传。例如,在卢瓦尔河畔的弗勒里修道院(Fleury),古典文化传统一直没有中断,在这里,人们可以读到凯撒的《高卢战记》以及其他许多古典作家的作品。在位于阿尔萨斯地区的穆尔巴赫修道院(Murbach),存有帕特古鲁斯的《历史》。在东法兰克地区的富尔达修道院(Fulda),存有塔西佗的《编年史》。在沃姆斯附近的洛尔施修道院图书馆,弗罗鲁斯、优士丁等人的作品均置身其间。在查理曼和虔诚者路易的宫廷图书馆,亦存有许多古典作品的抄本。[②] 由此可以看出,古典文化对中世纪西欧的影响绝不仅仅限于那种口耳相传的历史记忆,在加洛林时代,密切接触古典文本的机会依旧存在。当然,和此前及此后的许多时代一样,享有这样机会的基本上只是限于上层社会的文化人。

---

① 参阅 [美] 沃伦·霍莱斯特著,陶松寿译:《欧洲中世纪简史》,商务印书馆 1988 年版,第 92—95 页。

② L. D. Reynolds, ed., *Text and Transmission, a Survey of the Latin Classics,* Oxford: Clarendon Press, 1983, pp. 35-36, 164-166, 197-199, 406-407, 431-433.

值得一说的是，"修订本"在文辞章法上虽然通透着古典作品的影响，但这种影响是浸透式的，而不是移植式的，用英国学者罗杰·柯林斯的说法就是，"修订本"对古典作品的借鉴绝不是"剪刀加浆糊"（scissors-and-paste）式的简单拼接。[①] 也就是说，对于"修订本"编纂者而言，通过熟读古典作品，其精髓已经内化于心。正因如此，在"修订本"中，很难说有哪个句子或哪个段落是直接套用古典作品的，但另一方面，在其文本中，却时常可以看到和古典作品的文词相同或相近的词语。需要明确的是，这里所说的相同或相近并不是就那些常用词语来说的，而是就那些具有鲜明古典色彩的用词用语而言的。

在这个问题上，具有代表意义的当数前文提及的奥卢斯·格利乌斯及其作品。格利乌斯是罗马帝国早期的作家兼语法学家，其代表作是《阿提卡之夜》（*Attic Nights*）。他的这部作品虽然旨在介绍各种社会常识，但整部书却以用词生冷著称。然而，他在该书中所用的某些"极不常用"的词语却不止一次地出现在《法兰克王家年代记》的"修订本"之中，如 775 年和 798 年纪事中使用的"foedifragus"（意为"背信弃义"）以及 778 年纪事中使用的"obnubilo"（意为"使蒙上阴影"）等。[②] 据考证，在古典作家中，除了格利乌斯使用过这类词语之外，目前能够检索到的另外一个使用者就是古罗马哲学家西塞罗（Cicero，前 106—前 43 年）。[③] 基本可以肯定，"修订本"中之所以出现"极不常用"的古典用词，并不是偶然的巧合。

其次，关于"修订本"的内容。《法兰克王家年代记》"修订本"在文风上的改造是属于器具层面的，除非其编纂者对文辞句章有着特殊的洁癖或癖好，否则，一般不会出现仅仅为了文风而改文风的现象。从其文本行文可以

① Roger Collins, "The 'Reviser' Revisited; Another Look at the Alternative Version of the *Annales Regni Francorum*", p. 206.

② Friedrich Kurze (ed.), *Annales regni Francorum*, pp. 41, 103, 53.

③ Roger Collins, "The 'Reviser' Revisited; Another Look at the Alternative Version of the *Annales Regni Francorum*", p. 206.

看出，具体内容的改造才是"修订本"之所以成为"修订本"的根本所在，文辞文风终究只是修订者文化修养在文本形式上的一种自然流露。

对"原创本"和"修订本"两相比较，后者在内容上的不同之处是显而易见的，但问题在于，修订的涉及面非常广泛。在修订方式上，既有内容的增补，又有文字的精简。在修订程度上，既有整篇的重写，又有局部的改造。在修订性质上，既有无所偏向的中性修改，又有意有所指的特别修订。而且，以上所述的各种情形在很多情况下又是相互交错的，因此，在讨论"修订本"都修订了哪些内容问题上，任何一种归纳方式或分类方式都存在天然的缺陷。和分析"修订本"文风问题一样，在这里，也只能粗线条地对"修订本"的修订内容进行阐释，至于要窥其全貌，只能靠读者去阅读全文。

第一，枝节性的增补。在"修订本"某些年度纪事中，编修者对某些内容作了细化处理，原本没有明确地点的有了明确地点，原本没有具体人名的有了具体人名，原本叙述比较模糊的有了细节性的交代。[1] 关于这方面的增补，可举几例予以说明。

753 年 关于教皇斯蒂芬二世（Stephen II，752—757 年在位）向法兰克方面求援之事，"原创本"只是说教皇"来到法兰克，以寻求援助和支持"。"修订本"则将教皇的求助对象和具体的出访地点予以明确化，称"教皇斯蒂芬来到吉耶兹（Quierzy）[2] 行宫面见国王丕平"。

756 年 关于伦巴德国王埃斯图尔夫（Aistulf，749—756 年在位）之死，"原创本"的描述比较含糊："有一天，他外出狩猎，在上帝的裁决下，他遭到毁灭性打击，从而结束了尘世生活。""修订本"则将其死亡原因作了明确交待："在狩猎时，他从马上摔了下来。这场事故使他染上疾患，几天之后，

---

[1] 关于《法兰克王家年代记》"修订本"和"原创本"在细微层面上的不同，罗杰·柯林斯有过比较细致的梳理，详见 Roger Collins, "The 'Reviser' Revisited; Another Look at the Alternative Version of the *Annales Regni Francorum*", pp. 209-211.

[2] 吉耶兹，法兰克北部小镇，在努瓦永（Noyon）的东面，位于瓦兹河畔，今属法国埃纳省（Aisne）。

他便绝世而亡。"

777 年 关于萨克森首领维杜金德（Widukind）外逃之事，"原创本"只是说"他带着同伙逃去了诺德曼尼亚（Nordmannia）"。"修订本"则对维杜金德的身份作了进一步交待，说他"是威斯特伐里亚（Westphalian）的一名贵族"，其外逃的落脚点是"丹麦国王西吉弗里德（Sigifrid）那里"。

798 年 关于法兰克人被诺德留第人（Nordliudi，萨克森人的一支）杀害之事，"原创本"只是说诺德留第人把查理曼派去的使节抓了起来，并"当场杀死一些法兰克人"。"修订本"则明确指出，查理曼的一位使节也遭遇不测："和其他人一道，戈德斯卡尔（Godescal）也被他们处死。此人是国王的使节，在出事的前几天，国王派他前去拜见丹麦国王西吉弗里德。"同是在这一年，"原创本"述及诺德留第人遭到法兰克人及其盟军的严厉打击，但没有提及交战的地点。"修订本"则明确交战地点是"在一个名曰苏恩塔纳（Suentana）① 的地方"。

799 年 关于教皇利奥三世（795—816 年在位）遭遇袭击之事，"原创本"只是说"罗马人把教皇抓起来，弄瞎其双眼，割掉其舌头。被投进监牢之后，一天深夜，他翻墙逃跑。""修订本"则详细交待了教皇遭遇袭击以及被关押的地点："利奥教皇从拉特兰宫（Lateran）出发，骑马前往真福劳伦斯（the blessed Lawrence）教堂去参加连祷活动。为纪念劳伦斯而建的这个教堂名曰'烧烤地教堂'（At the Roast）。就在这个教堂附近，他遭到罗马人的埋伏。……后来，根据这次行动策划者的指令，有人把他送到殉教者圣伊拉斯谟（Erasmus）修道院。"

从以上所举的这些例子当中可以看出，"修订本"中的这类增补只是对"原创本"相关内容的常规性补充，它对"原创本"相关文字的本意没有任何解构性意义。可以说，有了这些新增添的内容，文本会变得更为丰满一

---

① 苏恩塔纳，波恩霍夫德（Bornhöved）附近的一片旷野，位于今天德国北部石勒苏益格—荷尔斯泰因州（Schleswig-Holstein）中部。

些;但是,假如没有这些增补,将"原创本"相关内容原封不动搬移过来,"修订本"在实质上也不会有什么变化。

第二,个别纪事的简化。"修订本"以增补为主,但在个别年度纪事中,也存在删繁为简的现象,其中,最为显著的是776年纪事(上帝显灵,协助法兰克人重创萨克森人)和787年纪事(教皇痛斥巴伐利亚公爵及其使臣)。这里仅以787年纪事为例予以说明。在这个纪事中,"原创本"写道,查理曼的表兄弟、巴伐利亚公爵塔希洛(Tassilo,约741—约796年)派遣两位使臣面见教皇哈德良一世(Hadrian I,772—795年在位),希望教皇出面斡旋,促成查理曼与塔希洛之间的和解。经过教皇的劝说,查理曼决定立即与塔希洛的使臣缔结和约。然而,塔希洛的使臣不敢擅自做主,拒绝签约。教皇认为这两个使臣诡计多端,于是发出严厉警告。

关于教皇的这次警告,"原创本"是这么描述的:"如果公爵及其追随者不能遵守当年对丕平国王陛下以及查理国王陛下许下的誓约,他将把他们全都开除教籍。教皇责令这两位使者回去传话,让塔希洛公爵务必明白,在任何事情上,塔希洛都必须服从查理国王陛下及其诸子还有法兰克人的权威,只有这样,才能避免流血,其领地才能不被夺占;如果他不能做到俯首听命,教皇就将履行此前发出的那一警告。如果塔希洛公爵一意孤行,对教皇的言词置若罔闻,那么,在其领地上,不论塔希洛及其追随者遭遇什么样的烧杀抢掠、谋杀暗算以及其他各种残暴行为,查理国王陛下以及法兰克人都将得到宽宥,他们不用担心犯下大罪,不用考虑是否有罪,不论怎么做,他们都是清白无辜的。"

应该说,"原创本"中的这段文字写得有声有色,给人以身临其境之感。而且,从这段文字中,人们似乎可以感受到,教皇既渴望和平,又充满正义,同时他还是一个地位超然的仲裁者。然而,在"修订本"中,以教皇为中心的这段声情并茂的檄文却被大大精简,变成了这么一小段文字:"教皇被这两个使臣的言辞深深激怒,他决定,如果他们放弃当年对国王许下的誓约,他将挥舞绝罚之剑,对其欺诈行为进行打击。"精简现象本身是明确的,至于为何作此精简，则留待下文再作讨论。

第三，系统化的增补。和字词方面的枝节性增补以及个别纪事的文本简化相比，"修订本"更为引人注目的是对文本内容的系统化增补。这里所说的系统化是相对于字词增补而言的，并不意味着它会涉及每个年度纪事；而且，即使在单个年度纪事中，这个系统化也并不意味着会涉及该纪事中的全部文本。概括来说，在"修订本"中，系统化的文字增补主要集中体现在以下几个方面：加洛林家族成员内部关系及矛盾；法兰克与意大利的关系；法兰克与教皇政权的关系；法兰克与拜占庭帝国的关系；法兰克对周边地区的征服活动及其成败；正统信仰与异端之间的分歧；等等。

在这些新增补的内容中，有不少是与"原创本"一脉相承的，如外交上的成功，军事上的胜利，如此等等，和"原创本"一样，其基本特点就是所述史事均以正面形象示人，即通过这类文字来展示法兰克君主的伟大与法兰克国家的辉煌。这类文字当然也有其史料价值，但就"修订本"与"原创本"之间的差异性比较而言，这类同质性的文字显然不是人们关注的焦点。实际上，除了以上所述的这类材料之外，"修订本"中还有不少叙史旨趣明显有别于"原创本"的文字，其中，有的涉及加洛林家族的内部权斗及阴谋，有的涉及法兰克方面的败绩；此外，还有一些别样的内容，其之所以成为"修订本"的组成部分，或许在一定程度上体现着编修者个人的某些兴趣。关于这部分内容，大致可作如下梳理。

其一，关于加洛林家族内部权斗及阴谋。不论是在什么时代，兄弟阋墙之类的事情终归都是属于家丑，因此，对于诸如此类的事情，《法兰克王家年代记》"原创本"基本上是避而不谈，即使尔有涉及，也是语焉不详或一语带过。然而，在"修订本"中，这类事情却不再成为一种禁忌。

例如，在开篇第一个纪事（741年），"修订本"便直接交代，在宫相查理·马特去世后，其三个儿子内部出现权力争斗，其中，三儿子格里夫欧（Grifo，726—753年）"蠢蠢欲动，试图攫取整个王国"，而且公开向其同父异母的两个哥哥宣战。在随后十余年中，直到其被杀身亡，格里夫欧一直是加洛林家族内部的一个是非之源。

又如769年纪事，在叙述查理曼对阿奎丹地区发动征讨行动时，"原创本"说到，"在此次讨伐途中"，查理曼和他的胞弟卡洛曼（Carloman，751—771年）曾见过面，但随后卡洛曼却突然动身"返回法兰克"。从这样的描述中，人们无从知晓卡洛曼返回法兰克的原因，也难以看出兄弟二人之间究竟是什么样的一种关系。到了"修订本"这里，其来龙去脉终被和盘托出，原来是兄弟二人龃龉不合："查理未能从其弟弟那里获得任何援助，他仅仅是在杜阿斯迪维斯（Duasdives）那里与之有过一次交谈。其弟弟之所以如此行事，原因在于其手下的那些高官显贵向他提供邪恶建议，阻止他提供援助。"

再如792年纪事，"原创本"叙事简短，且没有涉及王室内部事务，似乎这一年又是一派"岁月静好"。然而，在"修订本"中，这一年却极为凶险，因为查理曼的儿子丕平（Pepin）① 又在密谋反叛："当国王在雷根斯堡（Regensburg）避暑期间，其长子丕平伙同一些法兰克人谋反。他们声称，王后法斯特拉达（Fastrada）过于残暴，令人忍无可忍，因此，他们要密谋杀掉国王。……在这次谋反事件的主要罪犯中，有些人因犯叛逆罪叛而被用剑刺死，其他一些人则被吊死。"

其二，关于法兰克方面的军事败绩。军事征讨与开疆拓土是《法兰克王家年代记》中的核心内容之一，在"原创本"中，加洛林王朝的君主及法兰克军队展现出来的全都是旗开得胜的常胜之师形象。在"修订本"中，这种无往而不胜的战神面相不复存在。虽然说在对外行动上取得一次次辉煌战果，但是，由于各式各样的原因，法兰克军队也曾遇到困难和挫折，甚至说，也曾遭遇惨败，而且败了不止一次。

---

① 即"驼背丕平"（Pepin the Hunchback，约767—811年）。法兰克国王查理（查理曼）在与伦巴德国王之女德西德拉塔（Desiderata）结婚之前，曾有一段情史。他与法兰克贵族女子西米尔特鲁德（Himiltrude，约742—约780年）生有一子，取名为丕平，此为查理的长子。

例如 773 年纪事:"原创本"写道,查理曼率军南下,对伦巴德人控制下的帕维亚城展开围困。至于围困过程,"原创本"只字未提。"修订本"则对这一过程作出这样的描述:"对这座城市的围攻行动相当艰难,颇费周折,而且用了整整一个冬季时间。"

又如 775 年纪事:查理曼挥师东进,法兰克军队与萨克森人在吕贝克(Lübbecke)展开较量。对于这场战事,"原创本"的叙述简洁明快:"法兰克人取得胜利,而这群萨克森人当中,有许多人被杀身亡。此乃上帝的意旨。"在"修订本"的描述中,法兰克军队在这次战斗中是付出惨重代价的:"这路人马做事粗心,中了萨克森人的诡计。……萨克森人混进法兰克人的军营,对呼呼大睡或半睡半醒的士兵发动袭击。当时,很多人都是毫无防备,因此,据说死伤甚众。"

再如 778 年纪事:查理曼向西班牙发动进攻。对于这次军事行动,"原创本"的描述一如平常,仍属凯歌阵阵:查理曼"征服了西班牙的巴斯克人(Basques)和纳瓦拉(Navarre)地区的民众。然后,他返回法兰克。"然而,在"修订本"中,这次军事行动却是法兰克历史上的一次巨大灾难:"在比利牛斯山高处,巴斯克人设下埋伏,对法兰克后卫部队发动袭击,使得整支军队陷入混乱之中。……此前,国王曾调集众多的宫廷官员随军出征,并给他们安排了各种军事指挥官职位。在这次遭遇战中,一大批宫廷官员惨死在敌方手下,辎重装备也被劫掠一空。敌人对当地的地形了如指掌,因此,他们可以轻松地四散而去,遁迹无踪。虽然国王在西班牙取得了成功,但是,由于有了这一惨痛的遭遇,他对这次远征始终耿耿于怀。"①

还有 782 年纪事:法兰克军队再次与萨克森人开战。按照"原创本"的说法,法兰克方面虽然损失了两位国王特使,但"法兰克人杀死许多萨克森人,最终取得胜利。"然而,在"修订本"中,这次战斗则是法兰克历史上

① 11、12 世纪,随着"武功歌"(Chanson de geste)文学体裁的兴起,以法兰克人与巴斯克人这场遭遇战为叙事对象的文学作品逐步成型,此即名闻遐迩的法兰西民族史诗《罗兰之歌》(La chanson de Roland)。参阅杨宪益译:《罗兰之歌》,上海译文出版社 1981 年版。

的另外一次惨痛的失败:"战斗刚一打响,他们就被萨克森人团团包围,最终几乎全军覆没。……这一战给法兰克人造成严重损失,至于其惨重程度,已不能单看伤亡人数,这是因为,阿达尔吉斯和盖洛两名使节、4位伯爵以及其他多达20名高官显贵都在战斗中被杀;至于追随他们的那些人,则更是无法枚举,那些人宁愿跟着自己的主人一同死去,也不愿独自苟活。"

在对法兰克军事失败给予秉笔直书的同时,"修订本"还明确透露出法兰克君主在面对军事失败时所采取的应对措施。当然,最常见的手段就是复仇。除此之外,出于稳定军心、民心特别是维护法兰克君主形象等方面的考虑,一个重要的措施就是不让国人知晓那些败绩。例如,在793年纪事,"修订本"写道,"狄奥多里克伯爵所率军队途径弗里西亚(Frisia)时,在威悉河畔的吕斯特林根(Rüstringen)伯爵领地,突遇萨克森人的堵截,这支军队遭到毁灭性的摧毁。"接到这一消息之后,查理曼"对军队遭遇惨重损失的消息进行了封锁"。

其三,关于法兰克君主的决策失误。施政的成效与决策的合理与否直接相连相关,在"原创本"中,二者是高度统一的,法兰克国家诸事顺遂,君主的决策英明高超。即便遇到难以回避的问题,"原创本"也会进行曲笔处理。然而,到了"修订本"这里,和军事灾难一样,君主的决策失误也不再成为不可言说的国家机密。

在这个方面,比较典型的是793年纪事中关于查理曼下令开挖运河之事。关于这件事,"原创本"的记载可谓无头无尾,只有平平淡淡的一句话:"这一年秋天,国王乘船从雷根斯堡启程,前去督察阿尔特缪尔河(Altmühl)① 与雷德尼茨河(Rednitz)② 之间那条大运河的施工进展。"至于为何要开挖这条运河,开挖过程如何,最终结果怎样,人们无从知晓。

在"修订本"中,开挖运河这件事则成为一件彻头彻尾的荒诞之举:"一

① 阿尔特缪尔河,多瑙河左侧支流,位于今天德国拜恩州(巴伐利亚州)境内。
② 雷德尼茨河,雷格尼茨河(Regnitz)的支流,位于今天德国拜恩州北部的法兰克尼亚地区。雷格尼茨河是美因河(Main)的左侧支流,而美因河又是莱茵河右侧的最长支流。

些自以为是的所谓专家向国王游说：阿尔特缪尔河与雷德尼茨河这两条河，一条汇入多瑙河，另一条汇入美因河；因此，如果在雷德尼茨河和阿尔特缪尔河之间开凿一条适合航行的运河，那么，从多瑙河前往莱茵河，就将非常便捷。国王被他们的这个建议所打动，于是，他立即率领其全部随从前往两河之间地带，并召来大量施工人员。整整一个秋季，他都在忙于这一工程。……不过，这个工程终归徒劳无功。这一时期，阴雨连绵，土壤极其稀松，含水量太大，因此，挖好了的沟渠无法维持原样。无论施工人员在白天挖出多少土方，一到夜里，这些泥土就会塌陷回去。"

查理曼上了"专家们"的当，其贻害不只是大量人力、物力、精力的无端耗费，更严重的问题在于，查理曼专注此事而无暇他顾，某些军事灾难之所以产生，与此不无关系。正是在这一阶段，"萨拉森人侵入塞提马尼亚(Septimania)①，与这一边界地区的守军以及诸位伯爵发生战斗，在杀死许多法兰克人之后，他们已胜利返回自己的家园。"

其四，关于教义之争。不论是"原创本"还是"修订本"，《法兰克王家年代记》的叙事主线都是一致的，而且很少出现偏离主线的枝蔓性文字。然而，在792年纪事中，"修订本"的处理方式多少有些异样。这一年，来自西班牙的异端分子费利克斯（Felix）因坚持耶稣人格的"义子论"而受到谴责。对于这一事件，"原创本"的记载非常简略，甚至连"义子论"一词也没有提及。然而，"修订本"对这一事件的叙述颇为详细，包括费利克斯的出身、费利克斯与托莱多主教的通信及交往、关于耶稣人格性问题上的争端、教务会议对费利克斯说教的谴责、费利克斯在教皇面前的悔罪等等，均有细致的交代。虽然说在这一事件的处理过程中，法兰克国王查理曼也扮演了教务会议召集者之角色，但讨论教义问题似乎不是《法兰克王家年代记》的分内之责。

除了以上所述的几个方面之外，"修订本"中还有一些看似简短但也可

---

① 塞提马尼亚，即今天法国纳博讷（纳尔榜，Narbonne）地区。

能别有深意的补充性文字,其中,比较重要的是有关法兰克君主与罗马教皇关系方面的内容。在这个方面,就总体而言,"修订本"中的相关文字从内容实质上看与"原创本"的差别不是很大,但在表述上的某些变化却比较醒目。例如,796年纪事讲到,新任教皇利奥三世(Leo III, 795—816年在位)派遣使节前往法兰克拜见查理曼。"原创本"接着写到,教皇"还让使节将圣彼得墓葬的锁钥以及罗马城的城旗转交给国王"。钥匙、城旗之类的词语在语义上或许不是非常明确,于是,在"修订本"中,这句话被改造得非常直白:"利奥请求国王派一名手下官员去罗马,让其代为接受罗马民众的归顺之礼和效忠宣誓。"

由以上所述可以看出,就总体来说,《法兰克王家年代记》的两类文本不论在文风上还是在内容上均存在明显差异,其中,"原创本"比较简朴且只言功绩,而"修订本"则较为典雅且喜忧皆录。这种差异从741年纪事起步,终于801年纪事,至于此后的文本,则开始合流为一体,不再有"原创""修订"之别。

(2)文本修订的时间及动因

如前所述,《法兰克王家年代记》所记史事起笔于查理·马特去世、家族内部政治格局重组的741年,但是,从文献学分析可以看出,着手编纂这部年代记的时间应该是在788年甚至更晚几年。追溯过去是为了说明现在,这是历史学基本的传统功用之一。因此,可以认为,将788年前后发生的大事要事置于历史的来龙去脉之中并给予符合现实之需的诠释,是这一时期开始编修《法兰克王家年代记》的基本促发因素。在此基础上,随着年序更替,该年代记又不断增编,由此形成所谓的《法兰克王家年代记》"原创本"。

和"原创本"一样,"修订本"的产生自然不可能是无缘无故的,它也应该存在一个应运而生的过程,但是,这个"运"究竟是什么却是一个难解之谜,而且它还涉及其他一系列相互关联的文献学问题。就文本内容而言,"修订本"修订到801年便宣告终结;而查理曼去世是在814年,其子虔诚者路易随之独掌帝国政权。那么,这个"修订本"究竟是形成于查理曼在世时期，还是形成于虔诚者路易继位之后？如果可以大致确定其形成时期，其直接动因是什么？也就是说，为什么要对"原创本"进行修改？除了直接动因之外，"修订本"的文本构造是否还有可能受到其他因素的影响？关于这些问题，学术界并无统一看法，这里只能根据文本并结合相关史实，对之作一些尝试性的探讨。

第一，关于"修订本"的出现时间。"修订本"的文本修订范围涉及《法兰克王家年代记》中的 741—801 年纪事，从文风上看，它是典型的回顾式追记，或者说，它属于年代记体的编年史，而不是那种在每年结束之后随即对这一年进行总结记录的狭义年代记。正因为它是对既有文本的修订，其出现时间当然是在 801 年以后，这一点应该没有疑问，至于究竟是在 801 年之后的哪个时间点，则是一个难以遽下结论的难题。关于这个问题，或许有两个视角值得关注。

首先是文风。前文有言，在文辞章法和专门用语上，"修订本"在很多地方明显受惠于古典作品的浸润。801 年纪事之后的文本不再有类别之分。在这之后的最初几年文本中（802—807 年），其文风重归简朴，古典作品的影响不见踪迹。然而，从 808 年纪事起，一直到整个文本的结束（829 年），古典文风再度显现，而且，其构造与"修订本"有着惊人的一致性。① 因此，大致可以推定，"修订本"与 808 年之后的文本可能出自同一个人或同一批人之手，"修订本"的出现时间应该是在查理曼晚年或去世之后。

其次是人之常理。虽然说"修订本"对原创文本的修改涉及多个层面，但其中最能引起人们注目的是或许还是那些军事失败和决策失误。如果说"原创本"本身在某种程度上是君主意志的体现，那么，对于决策失误和军事失败等事件的回避自然也就是在体现着君主的意志，这种曲笔应该是维护当政者伟大形象的一种自然要求。实际上，对失误、失败的这种隐而不论、

---

① 关于这种相似性，柯林斯有过比较详细的研究。详见 Roger Collins, "The 'Reviser' Revisited: Another Look at the Alternative Version of the *Annales Regni Francorum*", pp. 203-204.

秘而不宣,不只是当时官方对写史者的要求,而且也是当时现实生活中处理相关事件的一种原则。正如"修订本"793 年纪事所言,法兰克军队遭遇惨败之后,查理曼下令"封锁"相关消息。由此可以看出,"原创本"中的噤声与查理曼的封锁是一种呼应关系。既然如此,在查理曼继续执掌政权期间,或者说在他 814 年去世之前,对具有钦定色彩的《法兰克王家年代记》进行大幅度改造的可能性虽不能说绝对没有,但其概率应该很低。

根据以上两个层面的分析,或许可以作出初步判断,即"修订本"的出现时间应该是在查理曼去世之后,也就是说,在虔诚者路易主政之后的某个阶段,基于某种需要,相关编修者对《法兰克王家年代记》原有文本中的 741—801 年纪事进行修改,从而形成后世所说的"修订本"。从文本的严谨性和前后一致性来看,修订工作应该是一次性完成的。至于目前存世的这个"修订本"中的修订范围为何没有延及 801 年之后几年纪事从而造成文风上的断裂,目前尚无法得出可靠的判断。另外,需要注意的是,在《法兰克王家年代记》中,和虔诚者路易统治直接相关的年份是 814—829 年,前后共 16 年。在最后十年左右的年度文本中,一年一记、即时成文的色彩相当鲜明,因此也就不存在一次性修订的印痕。基于以上这些因素,大致可以认为,"修订本"的出现时间应该是在虔诚者路易主政之后的最初几年之内。至于对这一问题的进一步细化,则需和修订的动因问题结合起来进行考察。

第二,关于文本修订的动因。既然"修订本"出现于虔诚者路易主政之后的最初几年,问题也就随之而来。虽然说加洛林王朝在血统上是一脉相承的,但不同时期的不同君主面对的问题和需求毕竟不同,君主的个性特征也各有不同。因此,对于前世君主的遗产,哪怕是嫡亲留下的遗产,后世君主也有可能对之进行某些改造甚至进行彻底的改弦更张。那么,在虔诚者路易继位之后,法兰克国家究竟出现了什么问题,从而促使这位皇帝要在这段时间里让人对《法兰克王家年代记》原有文本进行修订?

关于这个问题,西方学术界早有关注并试图作出解读。19 世纪德国历史学家威廉·瓦腾巴赫(Wilhelm Wattenbach,1819—1897 年)认为,"修

威廉·瓦腾巴赫

订本"中的某些内容在某种程度上可以算是对查理曼的批判书。20 世纪中前期，为躲避纳粹迫害而客居英国的德国著名史学家威廉·勒维森（Wilhelm Levison，1876—1947 年）继承瓦腾巴赫的衣钵，在"修订本"的成因上继续持"批判论"观点。[1] 这种说法影响颇为深远。20 世纪末，马修·因斯（Mathew Innes）和罗萨蒙德·麦基特里克这两位英国历史学家合作撰写《历史写作》一文，在"修订本"的编纂目的问题上，该文还是因循旧说，认为"修订本"中的部分内容意在批评查理曼。[2]

"批判论"的立论基础应该说并不复杂，其基本论据就是：对于查理曼时期的军事惨败、决策失误及内部争斗，"原创本"大都是讳莫如深，而"修订本"却不加掩饰，这种情况表明，虔诚者路易是要通过历史文本的重构，来表达对其父亲的不满。且不论查理曼和虔诚者路易这对父子在实际生活中是否存在矛盾，单就"修订本"文本本身而论，能否因为其中出现诸如此类的负面描述，就可以认定其目的是为了批判查理曼？如果对"修订本"文本

---

[1] W. Wattenbach and W. Levison, *Deutschlands Geschichtsquellen im Mittelalter*, ed. by Heinz Löwe, Weimar: Böhlau, 1953, vol. 2, p. 256.

[2] Mathew Innes and Rosamond Mckitterick, "The Writing of History", in *Carolingian Culture: Emulation and Innovation*, ed., Rosamond Mckitterick, Cambridge: Cambridge University Press, 1994, p. 209. 需要说明的是，这篇论文的主笔可能是马修·因斯，因此可能更多地体现了因斯的观点。2006 年，麦基特里克教授在个人专著中，再次论及《法兰克王家年代记》"修订本"问题。虽然她没有明确提及"修订本"是否是在批判查理曼这个问题，但她在书中有这样的表述："修订者依然是查理曼的坚定崇拜者。"详见 Rosamond Mckitterick, *Perceptions of the past in the early middle ages*, p. 117。

细加考察,就会发现,事情的原委可能不是那么简单。

虔诚者路易是加洛林王朝的第三代君主,之前两代分别是他的祖父矮子丕平和父亲查理曼,对于这两代君主主政时期发生的负面问题,"修订本"均有记述。从表面上看,将祖辈父辈时期发生的问题重新挖掘出来并付诸文字、公之于众,似乎有悖于前辈形象的维护。然而,从相关的文字叙述中可以看出,对于矮子丕平和查理曼时期出现的各种问题,"修订本"在责任归属的表述上是颇有讲究的。

例如,关于加洛林家族的内斗问题。在矮子丕平时期,最严重的内斗是其同父异母弟弟格里夫欧的反叛事件。按照"修订本"的描述,这一事件的实质在于,格里夫欧受其母亲的"蛊惑",挑战兄长的权威,并"试图攫取整个王国",因此,格里夫欧最终被杀,乃咎由自取。在查理曼时期,加洛林家族内部也曾出现严重的内斗。一次是其弟弟卡洛曼临阵"拆台"事件:在查理曼讨伐阿奎丹之际,卡洛曼听信"其手下的那些高官显贵"的"邪恶建议",拒绝为其兄长提供"任何援助"。另一次是其长子丕平谋反事件:丕平"伙同一些法兰克人",试图"杀掉国王",其原因在于国王新娶的王后"过于残暴,令人忍无可忍"。由此不难看出,在加洛林家族的这些"丑闻"中,居于最高统治地位的矮子丕平和查理曼毫无例外地占据着道德高地,也就是说,之所以发生诸如此类的问题,其原因不在于君主,而在于君主手下那些有着非分之想的亲属和居心叵测的臣属。

又如,关于查理曼时期的军事失败和决策失误问题。和其他问题相比,军事失败和决策失误问题似乎更能引发人们的"批判性"联想,但是,从"修订本"的相关叙述中可以看出,不论是军事失败,还是决策失误,其源头都不是查理曼本人。775 年,在与萨克森人的交战中,法兰克军队一度惨败,原因在于"这路人马做事粗心,中了萨克森人的诡计"。778 年,查理曼远征西班牙,回程途中,法兰克后卫部队惨遭伏击。对于这次出征的缘起,"修订本"明确将责任归于对国王进行游说的那几位萨拉森人,他们"把事情说得很有把握,而且作了种种保证,于是,国王就想前往西班牙攻占几座城市，有这种想法也是合情合理的"。至于战事本身，"修订本"则强调，敌人占据有利的地理位置，而且使用不公平的作战手段，只因如此，法兰克军队才遭遇败绩。782 年，在与萨克森人的另一次交战中，法兰克军队再次惨败，其原因在于，参与作战的几支法兰克军队内部发生猜忌行为，担心战功被别人抢去，于是擅自出击，导致惨败。至于 793 年在开凿运河问题上的失误，"修订本"的归因很明确，都是那些"自以为是的所谓专家"惹的祸。

由此不难看出，以上所述的这些军事失败和决策失误虽然都发生在查理曼主政时期，但都不是由查理曼本人造成的。究其祸因，有的是军队太粗心，有的是将领太狭隘，有的是敌人太狡猾，有的是专家太愚蠢。因此，对于"修订本"中记载的这些失败和失误，应该不能将之视作对查理曼进行批判的证据。相反的说法或许更加符合"修订本"的本意：查理曼时期之所以发生那些军事惨败和决策失误，责任不在查理曼，而在那些部下或说客。如果说查理曼也要为这些失败和失误担责的话，那么，他的过错或许就在于：一是用了不该用的人，二是信了不该信的人。可以说，在"修订本"中，查理曼的形象并未因为那些阴谋事件、军事失败及决策失误之类的问题而受损，相反，通过对这类问题的呈现，批判的矛头自然而然地指向那些不忠不义的家族成员以及那些背信、无能、莽撞、狭隘、自作聪明的臣子。

实际上，在"修订本"中，由"原创本"塑造的光荣、仁慈、虔诚、果敢、勇猛的查理曼形象依旧得以保持。而且，"修订本"还增补新的内容，对其伟大形象进行进一步维护。例如，771 年，查理曼之弟卡洛曼突然死去。随后，出于权利争斗激化之原因，卡洛曼的遗孀带着孩子及一批随从逃往意大利，试图借助伦巴德王国的力量来分享法兰克政治权力。对于这个事件，"修订本"作出这样的评述："对于这些人出走意大利之举，国王宽怀大度地容而忍之，尽管说他原本没有必要宽宥他们的这种行为。"又如，"原创本"多次说到，在某某年，查理曼"没有发起军事讨伐行动"。在法兰克时代，君主勤政的重要标志之一就是要不断地带兵打仗，以获取战利品。因此，为了消除人们的猜疑，"修订本"790 年纪事特意增补内容，告诉读者，虽然查理曼在某某年没有出征，但他依旧忙于公务，"似乎应该说，他并没有变得懒散，也没有耽于安逸。"

至此，在"修订本"来龙去脉问题的讨论上，应该说已经形成了几个具有一定可信度的基本立足点："修订本"有着颇为严谨的文本结构；该文本形成于虔诚者路易主政之后的最初几年；对前两代君主治下的负面问题进行记述，其矛头并不是君主。基于以上判断，在探寻"修订本"的促发动因问题上，就必然要关注这样一个叙史逻辑：在传统社会，惯例就是通则，历史就是权威；在虔诚者路易主政时期，如果发生大事，其处置方式当然也需有先例可援；当既有的历史文本未能提供相应的历史资源时，对之进行改造也就势属必然。① 因此，在考察"修订本"起因问题上，单纯关注"修订本"本体已远远不够，只有将它和后续的"当下文本"贯通起来进行关照性分析，才有可能窥知其根本动因。

查理曼于 814 年 1 月去世，其子虔诚者路易随之独立主政。从《法兰克王家年代记》所载史事来看，在虔诚者路易继位后的最初几年，内政外交纷繁复杂，家事国事络绎缤纷，既有常规的平和之事，也有形形色色的难事和险事。在这几年当中，不论是对虔诚者路易本人来说，还是对加洛林家族来说，抑或对法兰克国家来说，817 年似乎算是一个多事之秋，其中，最具震撼性的政治事件便是加洛林家族成员、意大利国王贝尔纳（Bernard，797—818 年）的所谓"反叛事件"。此事不只是贝尔纳个人之事，它还牵连到众多的世俗贵族，此外还有多位主教也卷入其中。

贝尔纳是虔诚者路易之兄丕平（773—810 年）的私生子。丕平死后，贝尔纳继承其父之位，成为意大利国王。查理大帝去世后，因领土分配及权力归属问题，贝尔纳与其叔父虔诚者路易产生矛盾，"反叛事件"亦随之发生。此事发生于 817 年，到 818 年处置完毕。《法兰克王家年代记》对这个

---

① 参阅陈文海：《中世纪世俗史学的社会政治功能及叙史逻辑》，载《华南师范大学学报》2013 年第 5 期，第 186—193 页。

事件的记载颇为详细，其大致脉络如下：

817年 （虔诚者路易）得到消息说，受一些邪恶堕落之人的唆使，他的侄子、意大利国王贝尔纳正准备建立一个非法政权。他还听说，贝尔纳已经占领南下意大利的所有关口，……意大利所有城市都已向他宣誓效忠。……皇帝匆忙从整个高卢及日耳曼地区征召一支大军，准备向意大利挺进。……贝尔纳……放下武器并向皇帝投降。他的追随者们也都跟着他一起缴械投降。……除了上述几个人之外，还有其他许多声名显赫的贵族也因同一罪行而被抓了起来，其中还包括一些主教……

818年 这次背叛行为已真相大白，其密谋过程已被查实，谋反行动的所有参与者都已被收监。……按照法兰克人的惩处原则，上文提到的这次阴谋事件的几位主谋都被判处死刑。和他们一样，贝尔纳国王也被判处死刑。不过，皇帝最终下令，只对他们处以挖眼之刑；另外，将召开一次教务会议，由教务会议颁布相应教令，革除涉事主教的教职，然后将他们关进修道院。至于其他涉案者，则根据他们的罪行轻重，有的被流放，有的被削发并被送入修道院。

且不论后来对"贝尔纳谋反事件"是如何重新评价的①，对于身处817—818年这场政治风暴中的皇帝来说，及时处置这一事件是一种必须，为此事的处置方式寻找合规合矩的解释也是一种必须，而历史陈例便是行为合法性的重要来源之一。也就是说，通过追溯既往，要让世人明白，当前出现诸如此类的乱贼逆臣，过去也曾出现过；目前发生的这类事情，过去也曾发生过；现在采取这种方式处置这类事情，过去也是这么处理的。既然在现实与历史之间存在这么一种逻辑，那么，在历史文本中也就要有相应的体现。然而，既有的《法兰克王家年代记》前代文本却无法有效充当这种历史纽带，因此，基于现实之需，必然要对原有文本进行改造。

---

① 这个事件过去仅仅几年之后，即822年，在教俗两界的逼迫之下，虔诚者路易便不得不在民众大会上为自己当年的行为进行公开悔罪，并表示将尽力弥补自己的过错。详见《法兰克王家年代记》822年纪事。

从一定意义上说,对于文本修订工作而言,如果修订者带有某种非常明确的目的或秉承某种不可违背的指令,那么,一般就不会出现那种心平气和、不急不躁的渐入佳境式的写作风格,相反,在修订过程中,他会在文本结构中寻找合适的机会,尽快切入主题。从"修订本"的修订格局中,我们或许可以感受到虔诚者路易在寻求历史合法性方面的迫切心情。

前文有言,《法兰克王家年代记》起笔于741年,在原有文本中,这一年纪事只有区区几个字:"宫相查理去世。"这样的开篇显然与虔诚者路易的现实需求相距太远。因此,到了修订者笔下,这一年纪事开始变得面目全非,其文本由原来的几个字扩展为数百字,所述内容亦出现剧变,加洛林家族成员格里夫欧的反叛活动、分离势力的分离活动以及主政者的果断应对成为叙事主线。可以看出,经过这一改造,《法兰克王家年代记》从开篇之始就已和虔诚者路易的时代之需形成一种密切的呼应关系。

实际上,在随后的文本铺陈中,修订者对加洛林家族成员的反叛之事一直念念不忘。在747年纪事中,围绕格里夫欧问题,"原创本"中只有"格里夫欧逃往萨克森"这么几个字,而"修订本"则不厌其详,又对这一反叛事件的缘由及主政者的讨伐行动作了细致阐述。除此之外,在文本修订过程中,修订者还增补了其他一些反叛例证,并对反叛者的下场作了交代。当然,在对加洛林家族成员反叛事件进行谴责时,修订者有个从一而终的底线,即涉事的加洛林家族成员虽然罪有应得,但其祸因基本上都在于"受坏人唆使"。而且,这一归责底线在817年"贝尔纳反叛事件"中再次得到呼应。

根据以上分析可以看出,加洛林君主之所以要对《法兰克王家年代记》原有文本进行改造,其直接的促发因素应该是"贝尔纳反叛事件"。这个事件从发生到了结,跨越817年和818年两个年度。817年纪事讲述了关于贝尔纳反叛活动的各种消息,然后,作者对这些消息给出明确判断:"有真有假"。从文本表述中还可看出,对这一事件的调查工作完成于818年年初,因此,"有真有假"这种结论也只能在调查工作结束之后方可作出。由此也就可以得出结论，817年和818年纪事中与贝尔纳事件相关的文字应该是在818年4月贝尔纳受酷刑而死之后的某段时间中一次性纂修而成的。有基于此，大致可以认为，《法兰克王家年代记》"修订本"的编修时间可能是在818年上半年或前后某段时间。[①]

既然可以确定"修订本"的缘起与"贝尔纳反叛事件"有着直接关联，那么，在"原创本"和"修订本"的关系上，是否会让人觉得存在这么一种"悖论"，即二者都是具有官方色彩或准官方色彩的王家年代记，既然查理曼时期的"原创本"可以对某些负面信息避而不谈，那么，虔诚者路易时期的"修订本"为什么就不能萧规曹随？可以说，造成这一现象的基本原因就在于，查理曼和虔诚者路易这两代君王的声望和权威不可同日而语。查理曼在位近半个世纪，其内政外交的业绩已将之塑造成不可撼动的权威。因此，对于危机事件，他可以淡化，可以封锁，可以动用自身的权威力量达到自己的目的。和其父亲相比，虔诚者路易自始至终就是一个弱君，在这种状态下，当遇到难题时，诉诸昔日的权威也就成为一种自然而然的选择。也正因如此，出于对权威的诉求，被昔日的权威隐藏起来的某些事项又被发掘出来，进而为今日的某些事情提供权威性的支持。

虽然说"修订本"的直接起因与"贝尔纳反叛事件"相关，但这并不意味着"修订本"的修订视野仅限于那些反叛事件。关于这一点，从前文所述的"修订本"文本更新情况中，已可得出明确答案，即除了反叛事件之外，"修订本"对"原创本"的改造还涉及其他很多层面。结合虔诚者路易主政初年的一些史实，不难看出，"修订本"中还有不少新增内容与虔诚者路易面临的其他一些问题也有着丝丝缕缕的关联，也就是说，"修订本"有着多维度的现实关切。

例如，关于查理曼时期的军事失败：查理曼时期，大规模的军事讨伐行动多达50余次，此外还有多次小规模军事行动。和军事上的辉煌相比，查

---

① 参阅 Mathew Innes and Rosamond Mckitterick, "The Writing of History", pp. 202-210。

理曼时期的军事失败毕竟是支流。① 然而,"修订本"偏偏要把这几次早被雪藏的军事失败重新披露出来,而且将责任归之于将士的疏忽与敌人的狡猾,其用意可从虔诚者路易主政初期的周边环境中看出些许端倪。

虔诚者路易继位之初,边地各民族慑于已故皇帝查理曼的余威,总体保持安定,但是,短短两年之后,大约从816年起,法兰克国家四境边民渐次骚动起来,法兰克军队也开始经常陷入久战不决的军事泥潭。和其父查理曼不同,虔诚者路易独自主政之后,很少亲自率兵出征,因此,如果出现军事失败或战局不利情形,其直接责任自然要由带兵的将领承担。基于上述局势,"修订本"对昔日军事失败的苦心挖掘和披露也就顺理成章。

再如,关于法兰克与罗马教皇的关系:在加洛林王朝最初两位君主在位时期,法兰克与罗马教廷的关系总体较为和谐,教俗之间的互惠活动较为频繁。然而,817年,双方关系出现剧烈波折。这一年1月25日,在位仅仅半年的教皇斯蒂芬四世(Stephen IV,816—817年在位)去世。第二天,帕斯卡尔一世(Pascal,817—824年在位)便当选新一任教皇。按照此前的规矩,教皇人选需经过法兰克皇帝的认可方可履职,因此,教廷直接选举帕斯卡尔一世出任教皇似乎有摆脱法兰克控制之嫌,而这一做法显然又是法兰克方面所不能容忍的。

正是因为法兰克方面与教廷关系陷入低谷,对于"原创本"中那些对教廷或教皇表达敬意的文字,"修订本"自然要给予淡化或弱化。787年,教皇哈德良一世痛斥巴伐利亚公爵及其使臣的那段檄文之所以被简化,原因或许正在于此。同样,对于796年纪事文本,或许也正是因为这一原因,"修订本"才会以非常直白的文字强调罗马民众对法兰克国王的"归顺"和"效忠"。

从查理曼时期的"原创本"到虔诚者路易时期的"修订本",《法兰克王家年代记》前半部分文本的面貌经历了一个重要的转变,历史本原与历史记

---

① 参阅陈文海:《法国史》,人民出版社2014年版,第59页。

忆之间的关系在此个案中也得到生动的展示。不论是"原创本",还是"修订本",二者都是选择性的历史记忆,两类文本都是选择的结果。对于某些人某些事,"原创本"选择的是忘却,其意在于构筑伟大。而对于同样的人和事,"修订本"选择的却是牢记,其意在于解释现实。从形式上看,增补了新内容的"修订本"似乎显得更真更全,但就实质而言,相对于真正的历史本原而言,这种增补依旧充满着各式各样的选择。

(3)修订者的身份问题

和"原创本"的情形类似,在"修订本"编纂人究竟是谁这一问题上,学术界也同样无法得出任何有说服力的明确结论。不过,在具体层面上,二者又各有各的问题。和"原创本"编纂者那种自始至终一直处于无名无姓状态的情况不同,"修订本"的文本"所有权"在漫长的历史时期里曾被明确归在艾因哈德的名下,不过,事到如今,这种说法已基本上已不再有人相信。关于这个问题的来龙去脉,前文在讨论"修订本"名称的时候已有初步交代。在这里,我们将探究的视野稍作延展,就"修订本"编纂者为什么不大可能是艾因哈德这个问题再作一简要分析。

人们之所以在艾因哈德与"修订本"编纂者之间或画等号或打叉号,那都是因为,除了《法兰克王家年代记》"修订本"之外,人们还拥有艾因哈德的《查理大帝传》。有些学者在二者之间画等号,就是因为觉得"修订本"中的不少内容与《查理大帝传》有着相似之处。与之相反,说两个文本的作者并非同一人,则是因为这两个文本之间存在不少互不兼容的信息。如今,后一种说法显然已经占据优势。关于两个文本之间的实质性差别,西方学者已有不少分析,这里可以枚举几例,以作概观。

首先是文风方面的差异。"修订本"和《查理大帝传》都深受古典作品的影响,但通过对比研究,文献学家们发现,二者的古典渊源有明显不同,而且对古典作品的承袭方式也大不一样。就艾因哈德的《查理大帝传》而言,不论是在谋篇布局上还是在文辞句法上,该书都是在竭力模仿罗马帝国早期著名历史学家苏维托尼乌斯(Suetonius,约69—约160年)的《神圣的奥古斯都传》。① 而《法兰克王家年代记》"修订本"的情形则另具特色。如前所述,"修订本"虽然在文辞文风上留有众多古典作品的印记,但古典作品对它的影响是熏陶式的、综合性的,很难认定"修订本"具体受到了哪一部古典作品的直接影响。因此,二者之间是风格上的契合,这与《查理大帝传》对《神圣的奥古斯都传》的明显承袭有着显著差别。

虽然说"修订本"和《查理大帝传》都曾受惠于古典作品,但是,其惠泽的成分却泾渭分明。具体而言,"修订本"的文辞文风受到多种古典作品的影响,但是,在其文本中,却找不到苏维托尼乌斯作品的印痕。与之相映成趣的是,《查理大帝传》的文本构造有着苏维托尼乌斯作品的鲜明烙印,但是,至于对《法兰克王家年代记》产生各种影响的那些古典作品,在《查理大帝传》中却几乎难觅踪迹。② 从以上所述的这些差别中,虽然不能直接得出"修订本"与《查理大帝传》并非同一人所作这么一个明确的结论,但是,面对文风上的这些差别,如果要继续论证这两个文本的作者都是艾因哈德,可能更不是一件容易的事。

其次是内容方面的差异。从所记内容的涵盖面来说,"修订本"和《查理大帝传》有其一致的地方,但是,从字面表达角度来看,二者却几乎没有多少相同之处。当然,这种形式上的或细节上的差别并不能说明两个文本就一定不是同一个作者所撰,"修订本"是年代记史书,而《查理大帝传》是传记体史书,从道理上说,不同性质的史书或许可能需要不同的表述方式。再者,即使是同一位作者撰写相同性质的史书,也不一定非得遵循相同的写作风格。因此,在讨论这两个文本时,当然应该关注到二者在形式上的差异,但同时又不宜据此而遽下断语。

实际上,能够在更大程度上说明问题的,一是要考察两个文本是否存

---

① 《神圣的奥古斯都传》是苏维托尼乌斯代表作《罗马十二帝王传》中的第二篇。详见 [古罗马] 苏维托尼乌斯著,张竹明等译:《罗马十二帝王传》,商务印书馆 1995 年版,第 72—193 页。

② 参阅 Roger Collins, "The 'Reviser' Revisited; Another Look at the Alternative Version of the *Annales Regni Francorum*", pp. 206-207.

在着矛盾之处，二是要考察两个文本对同一问题的认知是否存在龃龉。同一个作者在两个不同的场合叙述同一件事，表述上出现不同或细节上出现差异，实乃正常现象，但一般来说，除非是这个作者认识到表述有误之后进行有意识的更正，否则，这种不同或差异应该是互补的，而不应是排斥的，更不应是矛盾的。恰恰是在这个方面，"修订本"和《查理大帝传》之间出现了许多不一致乃至不兼容的表述。关于这个问题，在此可举几例以作说明。

例如，关于矮子丕平的兄长卡洛曼（Carloman）于746年退隐以及一段时期之后又迁居他地之事。按照《查理大帝传》的说法，卡洛曼决定退隐之后，便前往罗马，进入索拉特山上邻近圣西尔维斯特教堂的一座修道院当了僧侣。也就是说，在卡洛曼来到索拉特山之前，在圣西尔维斯特教堂附近就已存在有一个修道院，于是，卡洛曼进入这个修道院当了僧侣。但是，《法兰克王家年代记》"修订本"则说，索拉特山上的这座修道院是由卡洛曼自己修建的。至于卡洛曼后来之所以迁居圣本笃修道院，《查理大帝传》说是"由于许多法兰克贵族为了履行誓言而巡礼罗马，对这位过去的主人又不肯过门不入，因之经常的拜访扰乱了他殷切期望的宁静，于是他不得不更换寓所"。[①] 而"修订本"则说，卡洛曼之所以迁居圣本笃修道院，是"为了更好地伺服上帝"，而且称赞说"他的这一决断是颇为明智的"。

虽然两个文本讲的都是卡洛曼退隐及迁居之事，但是，在前期所居修道院的起源问题上，一个文本说是原来就有的，另一个文本则说是卡洛曼自建的。在卡洛曼迁居问题上，一个文本说是为了躲避旧臣的干扰，另一个文本则说是为了更好地服务于上帝。可以看出，二者的表述存在明显不同，在解释历史现象时亦存在观念上的差异。"躲避旧臣干扰"之类的说法明显具有世俗色彩，而"更好地服务于上帝"这一说法则更多地体现出宗教情怀。在

---

① 译文参见［法兰克］艾因哈德著，戚国淦译：《查理大帝传》，商务印书馆1996年版，第6—7页。

中世纪早期，对于世俗贵族自建修道院的行为及其功效，教内人士是持怀疑或否定态度的，他们认为，只有进入正规的修道院，才能更好地为上帝服务。或许正因如此，"修订本"认为，卡洛曼离开自建的修道院然后转入有着正宗修道传统的圣本笃修道院是一个"明智"的决断。

再如，关于 778 年法兰克远征军在比利牛斯山区的军事失败。对于查理曼军事生涯中的这次惨痛经历，两个文本都有较为详细的描述，但二者在叙事逻辑和文句构造上明显不同，在内容的详略和取舍上也有较大差异。关于查理曼率军远征西班牙的缘由，"修订本"将之归因于几位撒拉森人的反复游说，而《查理大帝传》对缘起问题却只字未提。关于在比利牛斯山区发生遭遇战的法兰克军队和巴斯克人（盖斯孔人），"修订本"对双方的情况均有介绍并作出对比，而《查理大帝传》则将叙述的重点集中在巴斯克人占据的有利地形方面。关于战斗结束后巴斯克人迅速遁迹无踪的原因，"修订本"强调的是，巴斯克人"对当地的地形了如指掌"；而《查理大帝传》则认为，"当时夜幕已降，在夜色的掩护下"，巴斯克人得以迅速四散逃遁。关于法兰克军队在这次战斗中的人员损失，"修订本"只是笼统地说"一大批宫廷官员惨死在敌方手下"；而《查理大帝传》则写得相当详细，根据此书的描述，辎重部队后部和后卫部队全军覆没，包括御膳官埃吉哈德、宫伯安塞尔姆以及布列塔尼边区长官罗兰等都被敌方杀死。①

又如，关于 792 年查理曼之子"驼背"丕平谋反之事。对于这个事件，两个文本均有较为详细的记述，其中存有不少可以相互补充的信息，但也存在一些不可兼容的矛盾表述。按照《法兰克王家年代记》"修订本"的说法，这个丕平是查理曼的"长子"。这样的表述显然意在表明丕平拥有合法的身份。然而，在《查理大帝传》中，丕平则被描述为查理曼"与其情妇所生之子"，而且，作者特别强调说，"我故意没有把他与其他儿子相提并论"。也

---

① 关于《查理大帝传》中的相关记述，详见 [法兰克] 艾因哈德著，戚国淦译：《查理大帝传》，第 13—14 页。

就是说，《查理大帝传》的作者坚持认为，和查理曼的其他几个儿子相比，丕平虽然出生在先，但由于其非婚生身份，因而也就根本没有资格被称为查理曼的"长子"。可以看出，两个文本对丕平身份的认定是相互抵触的，其立场也是相互对立的。此外，在"驼背"丕平的谋反时间上，两个文本也存在明显的矛盾，《查理大帝传》说是发生在查理曼"在巴伐利亚过冬的时候"，而《法兰克王家年代记》则说是发生在"国王在雷根斯堡（Regensburg）避暑期间"。①

《法兰克王家年代记》"修订本"与《查理大帝传》虽然是不同类型的史学作品，但其所涉时空和叙事对象毕竟存在较大程度上的交集，而且，二者产生的时代大致相同，所述内容与宫廷政治生活的联系也都非常紧密。因此，不论这两个文本的作者是一位两位，还是三位四位，所记内容涉及同样的人或事不仅是正常的，也是必然的。也就是说，不能因为两个文本的主题存在交集，就得出两个文本的作者是同一个人这么一个结论。实际上，从以上所举的几个例子中可以看出，对于同样的主题，"修订本"和《查理大帝传》在表述上各异其趣，在观点上也多有不同。而且，两个文本在很多细节问题上都有各具自身特点的表述，既很难说其中的一个文本渊源于另外一个文本，也很难说同一个人会写出这么两种有点格格不入的作品。因此，既然我们已经知道《查理大帝传》是艾因哈德的作品，那么，《法兰克王家年代记》"修订本"的作者也就不太可能是艾因哈德。

如果说证明《法兰克王家年代记》"修订本"的作者不太可能是艾因哈德已不是一件易事的话，那么，仅凭目前所掌握的几近于无的文献信息，要想求证这个文本的作者究竟是谁，似乎就更加没有可能。从最近几十年西方文献学家们对这个问题的讨论情况来看，仅有的途径就是从"修订本"的文字表述中去探求相关的蛛丝马迹，进而作出相应的推测。

---

① 关于《查理大帝传》中的相关记述，详见 [法兰克] 艾因哈德著，戚国淦译：《查理大帝传》，第 24—25 页。

　　例如，对于法兰克传统地域以东的地区，特别是萨克森人以及斯拉夫人所在地区，"修订本"的描述更为精细更为准确。对于法兰克军队在这些地区发起的征讨活动，"修订本"的记载也相当详尽。因此，有学者推测认为，"修订本"的编纂者或许有着萨克森生活背景，甚至说其本人可能就是个萨克森人。如果这个说法成立的话，那么，这个"萨克森人"应该已经归化成了具有浓厚忠君色彩的"法兰克人"。

　　又如，对于教会内部的事务，"修订本"给予更多的关注，而且关注的视角也较为特别。如前文所述，对于矮子丕平的兄长卡洛曼先是自建修道院然后迁居圣本笃修道院一事，"修订本"746年纪事的叙述逻辑和文字表述明显具有修道系统的色彩。在753年纪事中，围绕卡洛曼外交之旅，作者的表述更加耐人寻味。这一年，教皇前往法兰克，请求法兰克国王丕平出兵打击伦巴德人。受所在修院院长之命，卡洛曼也前往法兰克，劝说他的弟弟矮子丕平不要答应教皇的请求。对于这个事件，"原创本"和"修订本"的记述大同小异，但问题在于，在这些记述之后，"修订本"增补了这么一段文字："不过，人们普遍认为，卡洛曼此举是违心的，他之所以这么做，只是因为他不敢怠慢其修院院长的命令；同样，这位院长受命于伦巴德国王，他也不敢违抗其命令。"似乎可以看出，在这里，作者对修士、修道院以及修道院院长赋予了更多的理解、敬重和同情。另外，在792年纪事，"修订本"作者突破"王家年代记"的记事旨趣，在教义及教义之争方面花费了不少笔墨。根据以上这些现象，或许可以认为，"修订本"的作者可能是个教会人士，甚至可能是个修士。①

　　对于"修订本"作者身份的任何推测，其根基都可以说是脆弱不堪。实际上，依据文本本身的文辞或内容来推断作者身份，其科学性是有限的，其可靠程度也是让人怀疑的。对于中世纪前期的史书而言，反复的转抄和承袭

----

① 参阅 Roger Collins, "The 'Reviser' Revisited; Another Look at the Alternative Version of the *Annales Regni Francorum*", pp. 211-214。

是一种司空见惯的现象，很难说哪个文本就一定是某某人的原创作品。因此，在"修订本"的作者问题上，不论说他是个萨克森人，还是说他是个修士，也都仅仅是个推论而已。唯一可以明确的是，不管这个作者来自哪里身份如何，他都是法兰克王家利益的代言人，他都是查理曼的坚定拥护者。

四、《法兰克王家年代记》的王朝政治本色

既然《法兰克王家年代记》存在"原创本"和"修订本"之别，那么，在对这个年代记的主体内容及其核心取向进行考察的时候，首先需要解决的一个问题就是，对于这两个文本，究竟应该是分别对待，还是应该合而论之？正如前文所述，不论是"原创本"，还是"修订本"，二者都有一个应"运"而生的历程。虽然在内容的取舍上存在差异，甚至说在"修订本"中还出现了一系列所谓的"负面信息"，但就实质而言，二者都是为了对加洛林王朝国家在不同阶段面临的不同问题而作出合乎需要的解读。也就是说，不论"修订本"和"原创本"有多少不同，就全局而言，其主题终究是一致的，其根本取向也是相通的。在两类文本的编纂过程中，以君主为代表的加洛林政权应该都扮演着主导性的角色，只不过"原创本"对应的是查理曼及其时代需求，而"修订本"满足的是虔诚者路易及其时代之需。[1] 因此，在考察《法兰克王家年代记》的内容及其特点的时候，将"原创本"和"修订本"作为一个有机整体进行综合探究，既有助于从总体上把握这个年代记的总体旨趣，也有助于从时代变迁的角度看待加洛林政权的兴衰走势。

从促发动因上说，"原创本"和"修订本"都是在特定背景下为达到特定目的而编纂的史书，但从文本的设计思路来看，二者显然不是那种就事论事的应景之作。在总体结构上，二者既有着范围明确的叙事主线，又有着前后关照的逻辑脉络。虽然"原创本"和"修订本"在文辞文风上有俗雅之别，

---

[1] 参阅 Rosamond McKitterick, *History and memory in the Carolingian world*, pp. 21, 129。

但就历史叙事而言,二者都可以说是以构建加洛林盛世为总体目标的深思熟虑的宏大叙事。在这样一种聚焦式的叙事场域中,通过对加洛林君主们在政治、军事和外交领域所获成果的累进式的反复描述,加洛林君主治下的法兰克国家形象开始变得鲜明起来,在这里,法兰克的君主总是至尊而伟大,法兰克的事业总能得到上帝的佑助,法兰克的人民总是与君主息息相通,法兰克的强盛也最终赢得万国来朝。

可以说,不论是"原创本",还是"修订本",在其文本的字里行间,都浸透着上帝对加洛林法兰克人的眷顾,浸透着加洛林君主们的创世足迹,从而造就出法兰克国家的辉煌图谱。因此,可以毫不夸张地说,《法兰克王家年代记》就是一部以加洛林君主为叙事基线的加洛林王朝赞歌和法兰克国家颂歌。当然,有一点也必须说明一下。虽然说可以认定《法兰克王家年代记》是一部体现加洛林君主意志的官修史书,但这并不意味着这个年代记的每一词每一句都是君主意志的产物。实际上,只要不是由君主本人亲自执笔操刀,那么,在文本编纂过程中,不论君主的意志有多么强大,文本的实际编纂者总有可能通过某种或明或暗的方式,在文本中多多少少地传递出具有个人色彩的某些内容。不过,在《法兰克王家年代记》中,这类文字虽然存在,但数量极为有限,它对年代记的主旨并未构成实质性的影响。

1. 上帝护佑下的法兰克军民

在《法兰克王家年代记》成书年代,基督教在西欧世界的传播与发展已有数百年的历史,基督教精神已经渗透到社会生活的各个层面。在这一时期,教会内部的文本自不必说,即便是以世俗社会为记述对象的俗世文本,也都浸染着浓厚的基督教色彩,一切事物的存在与成败都与上帝息息相关。不过,从文本外在形式来说,和以往的史学著作相比,《法兰克王家年代记》在体现基督信仰的道路上又大大迈进了一步,其突出体现是基督纪年法的成熟运用。

如前所述,基督纪年法诞生于 6 世纪早期,但在随后大约两个世纪中,其使用并不普遍。就法兰克国家而言，在《法兰克王家年代记》之前出现的那些史学著作，如格雷戈里的《法兰克人史》以及两部佚名史书《弗莱德加编年史》和《法兰克人史纪》等，虽然其文本内容充满着基督教色彩，但它们采用的全都是君主执政年代纪年法。从线性时间角度来说，这种纪年法在前后观照上显然存在很大的缺陷。在史学著述中，首先采用基督纪年法的是英国史学家比德在8世纪上半叶所撰的《英吉利教会史》。该书属于基督教在不列颠的布道通史，其中很多史事的发生时间无法确证，因此，在书中很多地方，基督纪年也就无法得到系统的体现。

和其他各种体裁的史学著述相比，编年史或年代记对纪年方式的呈现会显得更直观、更全面。在这一领域，真正以年年相继的形式系统运用基督纪年法的第一部史书便是《法兰克王家年代记》。关于其历史渊源，传统上的一个常见说法是，该书在纪年方法上是对比德《英吉利教会史》的承袭。虽然说这一时期的法兰克与英格兰之间的确有着较为密切的社会文化交往，但对于上述说法，英国著名史学家麦基特里克并不认同。她认为，关于9世纪之前的法兰克核心地区是否存在比德作品的流传问题，仅就目前掌握的史料来看，还无法作出明确的回答。实际上，基督纪年法是教皇主导下的产物，而同处西欧大陆的法兰克与罗马教会一直有着深层次的联系，早在墨洛温王朝晚期，法兰克国家就已对基督纪年法表现出较为明显的兴趣，一些时令手册也已开始使用基督纪年法。因此，麦基特里克认为，《法兰克王家年代记》这部史书之所以采用基督纪年，乃因西欧大陆已有先例可循，在这个方面，它没有必要舍近求远到比德那里学习本土早已有之的基督纪年法。①

且不论其渊源究竟如何，对于《法兰克王家年代记》而言，对基督纪年法的贯通式的系统运用，其效用是立竿见影的。其主要表现是，它以显性的方式将加洛林法兰克历史置于基督信仰的框架之中。对于这一时期的西欧世界来说，基督教是一条贯穿万事万物始终的红线，它既是信仰，也是归宿，

---

① 详见 Rosamond McKitterick, *History and memory in the Carolingian world*, pp. 94-97。

而且也是安身立命的终极维系。对上帝的信仰越虔诚，与基督的关联就越密切，获得的果报也就越丰厚。将加洛林法兰克的发展旅程与基督诞生后的线性时间链条捆绑在一起，也就意味着加洛林法兰克是基督家族的组成部分，支持加洛林君主、匡扶法兰克国家也就成了上帝的分内之事。

可以说，有了基督信仰这一基线，加洛林法兰克的辉煌之路就已铺就。也正是在这一基线的牵引下，不论在战场上，还是在战场外，法兰克人都能沐浴着上帝的灵光雨露，法兰克的敌人都会遭到上帝的严正裁决。从《法兰克王家年代记》的文本中可以看出，"上帝"的出现频率颇高，而且，经常与加洛林法兰克惠享神圣的眷爱紧密相连。

首先，在军事征讨行动中，"上帝的佑助"是法兰克军队展现神勇、克敌制胜的常规法宝。在《法兰克王家年代记》中，诸如此类的场景有很多，这里可举几例，以窥其貌。769 年，高卢西南部的阿奎丹地区在胡纳尔德（Hunald）的煽动下发生叛乱，"在上帝的护佑下"，查理曼仅凭为数不多的法兰克人就挫败了对方的敌对图谋。773 年，应教皇之请，查理曼南下讨伐伦巴德人。途中虽然受到伦巴德人的道路封锁，但"在上帝的佑助下"，查理曼及其军队还是成功突入意大利，而且，在这一过程中，"既没有自乱阵脚，也没有出现人员损伤"。774 年，查理曼派军征讨萨克森人，"在上帝的护佑下"，取得胜利。775 年，查理曼再次下令征讨萨克森，"凭着上帝的佑助"，加之法兰克人的英勇奋战，萨克森人被打得四散而逃。

在以上所述的军事行动中，"上帝的佑助"似乎是隐形的。实际上，在《法兰克王家年代记》中，上帝也曾多次通过具体而实的方式给予法兰克人以"佑助"。这里仅以776 年纪事为例。这一年，萨克森人再度起事，他们试图诱使法兰克人放弃绥堡城堡（Syburg）。"在上帝的佑助下"，法兰克人发起抗击。萨克森人动用石弩，准备攻城，但这些石弩却给他们自身带来很大损伤，"此乃上帝的意旨"。随后，萨克森人找来大量柴把，准备火攻这座要塞。不过，"上帝再次显示出比他们更为强大的威力"。当萨克森人准备和城堡内的基督徒开战之时，城堡内的教堂上空"出现了上帝的荣光"。城堡外的异教徒们争相逃窜，出于恐惧，有些人一边奔跑一边回头张望，而跑在前面的那些人肩上扛着长矛，紧跟在后面的那些人则撞上长矛，结果把自己给刺死了。还有一些人毫无目标地自相残杀，从而"以这么一种方式遭受上帝的惩罚"。为了拯救基督徒，"上帝施展出巨大威力"。"至于这一威力究竟大到何种地步，无人能够言表"。查理曼闻悉此事之后，"在上帝的佑助下"，率军突破萨克森人的设防区，萨克森人再度臣服并承诺皈依基督教。从以上所述的一环紧扣一环的描述中不难看出，上帝是永远站在法兰克人一边的。

其次，在战场之外，上帝亦与虔诚的法兰克人同在。对于与法兰克人为敌且屡教不改的"邪恶"之人，上帝会以公正的方式予以裁决。在这个方面，伦巴德国王埃斯图尔夫（Aistulf）的命运是个鲜明的写照。753年，罗马教皇斯蒂芬二世（Stephen II）前往法兰克，请求国王丕平保卫教皇和罗马教会，抗击伦巴德国王埃斯图尔夫的侵略。755年，"为了给罗马教廷讨回公道"，法兰克军队南下意大利讨伐埃斯图尔夫。埃斯图尔夫被迫承诺将尊重罗马教廷的权利，但不久便自食其言。756年，丕平再次远征意大利，被困城内的埃斯图尔夫再次"信誓旦旦地承诺，在教廷权利问题上，上次答应过的坚决照办"。然而，在丕平返回法兰克之后，埃斯图尔夫再次变卦，准备撕毁誓约。可以看出，埃斯图尔夫既是法兰克人的敌人，也是教会的敌人，对于这样一个言而无信的累犯惯犯，上帝最终不再宽恕。有一天，埃斯图尔夫外出狩猎，"在上帝的裁决下"，此人从马上摔了下来，几天之后，便绝世而亡。

上帝在战场之外对法兰克人的"佑助"是全方位的，除了对法兰克的敌人施以公正的裁决之外，还会以其他多种方式"佑助"法兰克人。比如，772年，查理曼向萨克森进军。在取得一系列胜利之后，查理曼准备在当地停留一段时间，以彻底摧毁当地的异教徒神庙。不过，在那一时期，当地正遇旱灾，"连一滴水也找不到"，查理曼的军队似乎也就不可久留。然而，就在法兰克军队一筹莫展之时，"幸蒙上帝之恩，有一条河流突然河水滔滔起来，全军有了足够的水源。"又如，在很长一段时间里，"由于好几任教皇都是一些心术不正的邪恶之徒，罗马社会被弄得混乱不堪，很多人失去自己的财产，身心受到极大伤害"。824年，遵照其父虔诚者路易的指示，罗退尔前往罗马，开始对当地的事务展开整顿。"在上帝的佑助下"，罗退尔一登台，当地的面貌"焕然一新"。

从《法兰克王家年代记》的文本叙述中可以看出，上帝对法兰克人的"佑助"是一种正义之举，是以法兰克人虔诚信仰为前提的酬报。上帝之所以在战场上"佑助"法兰克人，是因为法兰克人的打击对象是异教徒或对上帝三心二意的基督教徒。上帝之所以在战场之外一如既往地"佑助"法兰克人，也同样是因为法兰克人秉承虔信准则，在为基督教世界伸张正义。在这样一种叙述结构下，加洛林君主治下的法兰克人及法兰克国家自然而然地被置于上帝一侧，从而也就占据了与法兰克为敌的其他族群或其他国家所无法比拟的优越地位。

值得一提的是，虽然说"上帝的佑助"是法兰克人虔信上帝的回报，但作为上帝的子民，对于上帝的"悦纳"，加洛林君主及法兰克人民是懂得感恩的。787年，查理曼与妻子在沃姆斯城会合，在那里，他们"共同颂扬上帝的慈恩"。791年，在打败阿瓦尔人之后，法兰克军队返回家园，"一路上，他们一直在颂扬上帝，感谢上帝让他们取得如此辉煌的胜利"。796年，法兰克军队把从阿瓦尔人那里抢来的财宝送到亚琛王宫，查理曼"接受了这些财宝，并对一切美好事物的给予者上帝表示感恩"。以加洛林君主为代表的法兰克人既然是那么的虔诚，又是如此地知道感恩，与上帝的纽带自然更形牢固，"上帝的佑助"当然也就与法兰克人常伴长随，法兰克人的命运以及法兰克国家的国运自然也就安泰昌隆。

2. 至尊至诚的合法君主

在《法兰克王家年代记》的叙述架构中，虽然说法兰克人民和法兰克国家常年沐浴在上帝的恩典之中，但同时也必须认识到，法兰克国家及其人民之所以能够享此惠遇，一个重要的因素在于它拥有虔诚、伟大且光荣的君主，而且，拥有这样非凡资质的君主只能来自伟大的加洛林家族。也就是说，只是在加洛林君主们的带领之下，法兰克国家及其人民才得以惠享"上帝的佑助"。实际上，从《法兰克王家年代记》的文本中也可看出，其叙述主线既不是给予法兰克以"佑助"的上帝，也不是法兰克国家及其人民，而是前后相继的来自加洛林家族的三位君主，即矮子丕平、查理曼和虔诚者路易。正是通过对这三位君主及其辉煌业绩的描述，文本作者构建出一个合法、伟大和虔诚的加洛林王朝形象，《法兰克王家年代记》的王朝政治色彩也因此彰显无遗。

其一，加洛林君主的合法性。加洛林王朝是通过"政变"的方式取代墨洛温王朝而建立的，正因如此，践位的合法性问题也就成为加洛林王朝最难无视的政治问题之一。尤其是在加洛林王朝建立后的最初几十年中，人们对前王朝还保存着较多的历史记忆，在此情形下，为改朝换代之事寻求合理的解释，更是成为加洛林君主们萦绕于怀的一件大事。此外，在加洛林家族内部，虽然说血亲世袭已经成为惯例，但由于各种各样的可控或不可控因素，君位的传承终究还是一个具有很大不确定性的事情。因此，对于君位传承中出现的某些突发事件，王家年代记也必须予以关注并及时作出恰如其分的处理，从而为潜在的新君新主做好登堂入室的准备。

首先，关于加洛林家族对前王朝的取代。对于这个颇为棘手的问题，《法兰克王家年代记》可谓煞费苦心，甚至说，在构思这个文本的纪年体例之时，其作者可能就已在为这个难题寻求脱困之途。《法兰克王家年代记》是从查理·马特去世、其子卡洛曼和丕平继为宫相写起的。虽然说 737—743 年间法兰克王位处于虚悬状态，但从名义上说，此时的法兰克国家尚处墨洛温王朝统治时期。而且，基于国内政治稳定的需要，743 年，加洛林宫相们又从墨洛温王族中拥立了一位傀儡国王希尔德里克三世 (Childeric III, 743—751 年在位)。

因此，对于加洛林家族践行王权之前的这段时间，如果遵循此前惯用的那些编年史纪年体例，将面临难题：对于王位虚悬的那几年，墨洛温王政纪年法将无从生根，宫相擅权的氛围极为浓厚；对于傀儡国王时期，则又要采用"希尔德里克当政的第多少多少年"这样的表述方式，而这显然也有悖于加洛林家族的政治意愿。为了回避诸如此类的问题，《法兰克王家年代记》在纪年体例上转而采用基督纪年法。在这一纪年体例下，年代记的文本叙述脉络既可以摆脱墨洛温王朝世系的纪年羁绊，又可以在加洛林家族与耶稣基督之间建立起一脉相承的信诚关联。可以说，这是颇具匠心的一举多得之法，虽然它有欲盖弥彰之嫌，但在强权政治下，顾左右而言他终究也还是一种可以达成某些功效的应对之策。

正是通过基督纪年这一线性时间架构，在《法兰克王家年代记》中，墨洛温王族及其末代国王希尔德里克三世基本淡出人们的视野，即便偶被提及，也只会以一种无权、无能、无用的负面形象呈现出来，从而成为功高盖世的加洛林家族的反衬。在这里，率领军队外出征战、敉平叛乱的是加洛林宫相，整顿河山、恢复王国秩序的也是加洛林宫相。总而言之，以宫相丕平为首的加洛林家族在法兰克国家中已经享有无可争辩的最高地位，而墨洛温家族的希尔德里克三世只不过是个徒有其名的国王。

对于丕平来说，虽然他已是"无冕之王"，但此时的法兰克国家毕竟还是一个传统社会，历史和惯例在其社会构建中依然扮演着重要角色。因此，如果由丕平本人主动为自己戴上王冠，怎么说都还是有违良俗的。正是出于这一无法心安理得的顾忌，苦心孤诣的《法兰克王家年代记》搬出罗马教皇，并在749年纪事中描述了一个极具戏剧色彩的"王权问答"。虽然这段文字已广为流传，但基于它对法兰克王权转移问题的解释实在太过重要，这里还是有必要照录一遍：

749年 那个时候的实际情形是，法兰克国王并不行使任何的王权。维尔茨堡（Würzburg）主教布尔查德（Burchard）和王家专任神父弗尔拉德（Fulrad）二人受命，前去征询教皇扎迦利（Zacharias），问他这种状况究竟好不好。教皇扎迦利向丕平发出指示说，对于手握王权之人和没有王权之人，两相比较，还是把前者称为国王为好。为了让这个国家免于陷入动荡不安之境，他凭借罗马宗座之权威，发出指令：应该让丕平称王。

关于这段文字的真实性以及由这段文字演绎出来的"历史遗产"，西方社会自中世纪中期以后就已有很多讨论甚至论战。目前，学术界的主流观点认为，这段文字很有可能是《法兰克王家年代记》作者的编造。[①]且不论这段历史讼案孰是孰非，加洛林家族终究通过这段"史实"向人们传递出几个信息。第一，原有的国王在法兰克国家中已经不能发挥任何作用，既然有名无实，让其继续占据王位也就没有任何意义。第二，在王位传承问题上，法兰克方面征询过罗马教皇的意见，教皇主张，应由掌握国家实际权力之人称王为好。教皇享有罗马宗座之权威，因此，他的建议自然具有相应的神圣性。第三，之所以让丕平称王，并不仅仅是因为他在实际上已经掌控国家权力，更重要的是因为，丕平称王，可以让法兰克国家免于陷入动荡。不管以上这些说法能否让人信服，其结论是明确的，即丕平称王具有合理性、神圣性和正义性。

虽然说丕平践位是加洛林家族实力上升的结果，但是，单凭罗马教皇的建议来完成王权交割，似乎还远远不足以消解人们的猜忌，因为对于一个王朝国家来说，王权从一个家族转移到另一个家族，毕竟是个不可小觑的大事。因此，在接下来的750年纪事中，《法兰克王家年代记》又描述了三个历史场景，以进一步增强丕平称王的合法性。第一，按照传统习俗，法兰克人通过推举的方式，选立丕平为王。实际上，自数百年前的墨洛温王族开始，法兰克人就已确立王位的血亲世袭制度，推举程序已成为一个没有实际意义的形式。《法兰克王家年代记》之所以在这里特意强调丕平为王乃民众推举的结果，当然意在表明，改朝换代是法兰克人集体意志的产物。第二，由卜尼法斯（Boniface）为丕平行涂油礼，以此表明丕平称王乃承命于天。值得一提的是，这位卜尼法斯是美因兹（Mainz）大主教，在天主教世界广受尊敬，死后被奉为圣徒。第三，丕平的登基仪式是在苏瓦松城举行的，而

---

① 参阅 Rosamond McKitterick, *History and memory in the Carolingian world*, pp. 24, 133-155。

这个地方此前一直是墨洛温王朝的主要都城。此举或许意在表明，新王依然是克洛维的继承人。

随着丕平登基，新的王朝正式诞生，"原先那位有名无实的国王"希尔德里克三世被送进了修道院。至此，《法兰克王家年代记》对改朝换代之事的合法性所作的铺垫和描述应该说已经相当周全。然而，即便如此，篡位的阴影可能还是迟迟无法消散。或许正是基于这一原因，754年，借教皇斯蒂芬二世前来法兰克求援之机，丕平又让教皇为他重新行了涂油礼，并"确认其为国王"。和大主教相比，教皇的涂油礼自然更具权威，丕平的王权自然也就更具神圣色彩，其合法性当然也就得到进一步强化。

其次，关于加洛林王朝内部的君位承袭。对于《法兰克王家年代记》文本编纂者或主导者而言，如果说对加洛林王朝取代墨洛温王朝的合法性进行辩护是一个巨大挑战的话，那么，相比之下，对加洛林王朝内部的君位承袭进行记载，或许也就不算是什么大问题。就所涉时段来说，该年代记记述了加洛林王朝最初三位君主的行迹，其中，矮子丕平属于自为的"开国君主"，因此，真正涉及君位承袭的只有两位君主，一位是丕平之子查理曼，另一位是查理曼之子虔诚者路易。

从墨洛温王朝开始，虽然说君位传承制度并没有明确化，但在总体上已经形成一套约定俗成的做法，其中有两条基本原则，一是血亲世袭，二是长子居于优势地位。因此，在《法兰克王家年代记》中，编纂者会对人们普遍认定的潜在储君给予较多的关注，并对其德行和业绩作出积极评述，以此为其日后继位提供铺垫。《法兰克王家年代记》的前半部分属于追记式的编年史书，而且编纂于查理曼继位多年之后，因此，对于矮子丕平传位于查理曼以及查理曼在继位前的活动，该年代记的编纂者在撰写文本时是游刃有余的。

和前半部分不同，《法兰克王家年代记》后半部分是属于一年一记式的年度纪事集成。由于这一原因，在对查理曼的潜在继承人的记载上，该年代记遇到一些波折。查理曼先后有四段正式婚姻，另外还有多位情妇，婚生及非婚生子女众多。在婚生儿子中，排行老大的是查理（后世称"小查理"，Charles the Younger，约772—811年）。按照长子优先继位的惯例并从查理曼对小查理的重视程度来看，基本可以确定，小查理应该是储君人选。

正是基于这一判断，《法兰克王家年代记》在集中记载在位君主查理曼的同时，也给予小查理以充分关注和高度颂扬。784年，查理曼派遣小查理率军前去征讨威斯特伐里亚人。"在上帝的佑助下，伟大的查理国王之子查理殿下和法兰克人取得胜利，许多萨克森人被杀身亡。正如上帝所愿，他毫发无损地……回到父亲的身旁。"从文本所述可以看出，小查理拥有非凡的军事才能，而此时的小查理还是个年仅12岁的少年。794年，查理曼和"其最高贵的儿子查理殿下"兵分两路向萨克森进军，萨克森人闻风即降。805年，小查理率军讨伐波希米亚人。806年，他又前去征讨索布人。808年，小查理又"率领一支由法兰克人和萨克森人组成的大军"前去讨伐丹麦人。此外，小查理在外交领域也频频现身。799年，他奉命前往萨克森，一方面要"与斯拉夫人展开谈判"，另一方面还要负责接纳"归顺而来的萨克森人"。804年，罗马教皇利奥来访，小查理奉命负责接待工作。

由此不难看出，查理曼是将小查理作为储君进行培养的，《法兰克王家年代记》也是按照这一预期进行记载的。然而，不幸的是，在查理曼还健在时，小查理却突然去世，年仅39岁。尽管《法兰克王家年代记》此前根据继位预期而对小查理的行迹有着特殊关照且多有褒扬，然而，随着小查理的去世，这一预期立即破灭。既然如此，小查理也就不再拥有特殊地位。对于这一突发事件，811年纪事仅仅就是在文末有一个简而又简的记载："皇帝陛下的长子查理于12月4日去世"。至于他因何去世、在何地去世、死后葬于何处、皇帝对爱子辞世的心情等等，年代记一概没有提及。

在查理曼的婚生儿子当中，次子丕平已于810年"7月8日去世"。随着小查理在811年去世，查理曼的婚生子中仅剩虔诚者路易一人。在储君问题上，《法兰克王家年代记》自然要面临着一个预期转向，而这个预期对象也只能是虔诚者路易。在此前的年度纪事中，作为相对次要的人物，虔诚者路易虽也有被提及,但其地位明显是被边缘化的,而且,年代记也从未在这个阿奎丹国王身上使用过任何褒扬或恭维性的词句。然而,到了虔诚者路易成为查理曼的唯一合法继承人之后,《法兰克王家年代记》也就势必不能对之继续使用过去那种平淡的记载方式。

在接下来再次提及虔诚者路易的时候,年代记的表述方式发生明显变化。813 年,查理曼"把自己的儿子、阿奎丹国王路易请过来,让其出席在亚琛召开的民众大会。他为路易戴上皇冠,与其共享皇帝头衔"。在这里,作为父亲和皇帝,查理曼是通过"请"的方式让虔诚者路易来到首都亚琛的。可以说,单单一个"请"字,就已将路易置于一个相当隆崇的位置。而且,通过出席民众大会,并经由查理曼在民众大会上为之加冕,虔诚者路易已经成为具有合法地位的共治者。虽然随后路易又返回阿奎丹,但其储君的地位已得到明确。814 年,查理曼去世。虔诚者路易赶赴亚琛,"在所有法兰克人的一致同意和支持下,他继承了其父的皇位"。由此也就可以看出,虔诚者路易践位为皇,既是法兰克集体意志的产物,也是加洛林血亲承袭的结果,其合法性也就是毋庸置疑的了。

其二,加洛林君主的崇高地位。对于加洛林君主而言,践位的合法性当然非常重要,但它终究只是证明君主们的权力来源正当合理。在这个基础上,他们更需要证明自己是伟大、杰出、正义和光荣的,只有如此,才能表明他们的权力是名至实归的;也只有如此,才能表明他们拥有不容撼动的权威。在这个方面,《法兰克王家年代记》可谓不吝笔墨,而且颇具匠心,它通过对远近各地一批又一批使节甚至最高领导人前来求助、求和、结盟、归顺及送礼等等事项的记述,将加洛林君主们的国际形象推上一个令人瞩目的崇高位置。对此,我们可分几次层面进行简要梳理。

首先,关于来自境外的求助。在《法兰克王家年代记》中,这类求助现象几乎贯穿于文本始终。例如,753 年,教皇斯蒂芬二世亲自来到法兰克,请求国王丕平出兵"保卫教皇和罗马教会,抗击伦巴德人的侵略"。再如,773 年,教皇哈德良一世派遣使节,历经辗转,来到法兰克觐见查理曼,"向光荣的国王及其法兰克人发出邀请，让他们为了捍卫上帝的事业和教廷的权利，帮助教廷打击德西德里乌斯国王和伦巴德人"。又如，805 年，生活在遥远的中欧地区的匈奴人先后两次前来求援。第一次：一位匈奴人首领前来觐见查理曼，请求查理曼在法兰克人控制下的中欧地区划出一块地方，"让他们在那里安家立业"。查理曼"热情接待了他，也同意了他的请求，而且在他回去的时候还给他送上了礼物"。第二次：匈奴可汗（khagan）派使节前来觐见查理曼，希望查理曼给予援助，"让可汗在匈奴人中间重新获得曾经拥有的那种地位"。查理曼答应其请求并发出指令："依据匈奴人的传统习俗，可汗将成为整个匈奴王国的共主"。另外，虔诚者路易主政之后，来自丹麦的王公显要也曾多次前来求助求援。对于加洛林君主来说，来自境外的这类求助，其含义及其所发挥的宣扬功效是多方面的，它既表明法兰克君主及其国家具有强大的威力，也表明这样的威力已经声名远播，而且还表明法兰克君主是匡扶正义的国际仲裁者。

其次，关于来自境外的归顺请求。如果说来自境外的求助求援已让加洛林君主声望倍增的话，那么，外族主动要求归顺之事，则将加洛林君主推上一个更加崇高的神坛。按照《法兰克王家年代记》的说法，图丹（tudun）是阿瓦尔王国中一个颇有权势的职位。795 年，图丹的使节前来觐见查理曼并向其汇报说，"这位图丹希望带着他的领土和子民一起归顺国王，他将遵循国王的指示接受基督教信仰"。796 年，这位图丹果然带领族民"前来归顺国王，并将其领土和子民全都献了出来"。不过，《法兰克王家年代记》"修订本"有言，这位图丹后来背信弃义，但也因此"遭到应有的惩罚"。797 年，巴塞罗那城总督扎腾（Zatun）亲自来到王宫，"代表其本人以及他的这座城市向国王陛下表示归顺"，将这座城市归还给法兰克。除了以上这类实人实地的归顺，王家年代记中还多次提及外族向加洛林君主奉献城池锁钥或城旗之事。796 年，罗马教皇利奥三世（795—816 年在位）"让使节将圣彼得墓葬的锁钥以及罗马城的城旗转交给国王"。799 年，位于西班牙东北部的韦斯卡城总督遣使来朝，"将该城的锁钥献给国王"。800 年，为了表达其美好意愿，耶路撒冷宗主教让使节"带来耶稣墓地锁钥和加尔瓦略山（Calvary）^①锁钥"，"他们还带来耶路撒冷城锁钥以及锡安山（Mount Zion）^②锁钥，此外还带来一面旗帜"。虽然说这只是一种象征意义上的"归顺"，但它也充分表明那些地方对加洛林君主所怀的景仰之情。

再次，关于来自境外的和平请求。在《法兰克王家年代记》中，有关加洛林君主特别是查理曼军事征伐行动的文字占了大量篇幅，这一方面体现了法兰克时代武功立身、武功立国的社会政治理念，另一方面也是在借此展示法兰克国家在当时的欧洲大陆具有强大的威慑力量。也正因如此，寻求签订和平协议，也就成为诸多境外国家向加洛林君主示弱、示好的一种象征，而这也就从另外一个层面印证出加洛林君主及法兰克国家的强盛与伟大。在各种和平请求中，来自君士坦丁堡（东罗马帝国）的最为频繁，也最令人注目。798 年，女皇伊琳娜（Irene，797—802 年在位）遣使法兰克，希望修复并加强两国关系。802 年，伊琳娜再次遣使，"前来签署法兰克人与希腊人之间的一项和平协议"。810 年，君士坦丁堡方面派来使节，"谋求建立和平关系"。811 年，东罗马帝国皇帝尼斯福鲁斯（Nicephorus，802—811 年在位）再次遣使，商谈和平协议；"为了落实双方的这一和平条约"，查理曼随后也派出回访使节。813 年，东罗马帝国皇帝米凯尔（Michael，811—813 年在位）派遣使节前来签署和约，"他们在亚琛觐见皇帝，满怀虔敬地从他手中接过载有条约文本的文件，然后按照他们的习俗用希腊语向他发出欢呼，把他称作'皇帝'和'巴塞勒斯'（Basileus）"。这也就意味着，东罗马帝国方面已经认可法兰克君主的皇帝身份，这对于加洛林君主国际地位的提升自然具有非同寻常的意义。除了东罗马帝国之外，西班牙、丹麦、潘诺尼亚以及斯拉夫等地也都曾多次遣使，谋求与法兰克建立和平关系。

---

① 加尔瓦略山，耶路撒冷城外的一个小山丘，曾被用作刑场。按照基督教的说法，耶稣就是在这个地方被钉死在十字架上的。因此，加尔瓦略山也就是指耶稣受难之地。

② 锡安山，耶路撒冷老城南部的一座山。"锡安"一词后来经常用指耶路撒冷全城和以色列全地。

一个颇有意思的现象是，在详细记录一次又一次境外使节来访之事的同时，《法兰克王家年代记》还不失时机地记录下他们所带礼品情况。从该年代记文本所述中可以看出，不论是丕平时期，还是查理曼时期，抑或是虔诚者路易时期，法兰克君主都曾从境外来使手中收到过大量礼物，其中，礼物主要来自东罗马帝国皇帝、罗马教皇、阿瓦尔首领、西班牙半岛各国君主、耶路撒冷宗主教、波斯国王、达尔马提亚首领以及丹麦国王等等。对于某些奇珍异品或欧洲人平时难得一见的物品，王家年代记更是不厌其烦地予以大书特书。关于加洛林君主收到的特殊礼物，这里可以略举几例。

比如，管风琴。757 年，东罗马帝国皇帝君士坦丁五世（Constantine V，741—775 年在位）给法兰克国王丕平送来一些礼物，《法兰克王家年代记》特别强调，"其中有一架管风琴"。关于管风琴，在这部年代记末尾部分还有提及。826 年，来自威尼斯的一个神父声称会制作管风琴。于是，皇帝虔诚者路易请他制作一件，而且还为此专门吩咐王室财务官员，"只要是属于制作这个乐器所需"，不论这位神父需要什么，"都将予以提供"。由此可以看出，在法兰克时代，管风琴应该是一种非常稀少、制作工艺复杂而且造价昂贵的乐器。

又如，大象。801 年，波斯国王给查理曼送来大量礼物，其中竟然还包括一头大象。波斯国王专门派人前往利古里亚（Liguria），让其在那里组织一支船队，"把那头大象"以及其他"物品都能给运送过去"。值得注意的是，《法兰克王家年代记》对这头大象的关注并未就此结束，在其后的文本中，还有多次提及。在 801 年纪事末尾，编纂者写道：这一年 10 月，查理曼几年前派出去的使节伊萨克（Issac）带着那头大象抵达意大利西北部，由于"此时的阿尔卑斯山已是积雪皑皑，他无法翻山越岭"，于是便留在当地过冬。802 年 7 月，伊萨克带着"大象及其他礼物到达亚琛，然后将之献给皇帝"。810 年，"大象突然死掉"。

再如，精品礼物组合。继 801 年送来大象之后，807 年，波斯国王再次遣使觐见皇帝，并让他们带来大量的精美礼品。这些礼物大致可以分为三

类。一是日用品：其中
包括一顶帐篷和多幅帷
幕。"这些帷幕色彩斑斓，
尺寸巨大，美轮美奂。
不论是帷幕本身，还是
缝制帷幕所用的串线，
用的都是质地上好的
亚麻，而且都被染成各
种不同的颜色"。此外，
"还有许多价值连城的丝
绸袍服，还有香料、油
膏和香脂"。二是时钟：对于这台质地为黄铜的机械钟，《法兰克王家年代记》

波斯国王送给查理曼的大象

作了非常详尽的介绍，其中写道，"这是一台设计精妙、结构神奇的机械钟。
与水钟一样，这台机械钟的转动周期为 12 个小时。与此相对应，它有 12 个
小铜球，每隔一个小时，就会有一个小球坠落在相应的钟点上，从而带动下
面的铜钹发出鸣响。在这台机械钟上面，还装有 12 名骑手和 12 扇小窗，每
个小时快要结束的时候，就会有一名骑手从小窗中迈步而出，走动一下之
后，便将先前敞开的那个小窗关上"。即便如此，年代记的编纂者显然还是
言犹未尽："这台机械钟还有其他许许多多奇妙之处，在这里实在无法一一
描绘"。三是烛台：波斯国王送来的礼物中，有两个铜烛台，"其尺寸又高又
大，令人着迷"。

作为一部具有浓厚政治色彩的王家史书，《法兰克王家年代记》对来自
境外的礼品之所以给予浓墨重彩般的描绘，其核心用意自然不可能是礼物本
身。比如管风琴：既然管风琴如此珍贵，东罗马帝国皇帝还要将之送给法兰
克国王，这当然可能表明东罗马帝国皇帝比较慷慨，但在《法兰克王家年代
记》看来，更主要的原因应该在于法兰克君主的地位非同一般。再如大象：
这部王家年代记先后四次述及自来波斯的这头大象，一方面可能是因为，在

西欧世界，大象的确是难得一见的奇特动物；但另一方面，它更是要借此表明，查理曼声威远扬，法兰克名震天下。同样，对于来自波斯的帐篷、帷幕、时钟以及烛台的描述，其根本用意也是在于显示加洛林君主在国际社会中的特殊地位。

其三，加洛林君主的基督教守护者形象。如前文所述，在法兰克时代，基督教信仰已经成为西欧世界的主流价值观念，信徒的虔诚与上帝的"佑助"已构成一种相辅相成的互动关系。而且，这种关系绝不仅仅体现在纯粹的宗教领域，它与俗世间的兴衰成败也都有着直接的因果关联。因此，对于加洛林君主而言，上帝的"佑助"自然绝对不可或缺，同样，虔敬的基督教守护者形象也绝非可有可无。在这一方面，《法兰克王家年代记》的文本构思可谓颇为缜密。尽管加洛林君主的军事征伐活动连绵不绝，法兰克国家的疆土不断扩展，但所有这一切都是与弘扬基督教信仰联系在一起的。在这里，加洛林君主不仅是基督教会的护卫者，而且也是基督教信仰的伸张者，其护教宣教的行为最终赢得基督教世界的认可和敬重。

例如，护教。在法兰克时代，作为使徒彼得的传承者，罗马教皇已经成为正统基督教会的最高代表，教皇及其领导的教廷在基督教世界拥有至高的精神权威。因此，是否致力于维护正统教会的权威，往往成为检验一个基督徒是否虔诚的一个重要标志。755年，法兰克国王丕平南下意大利，对伦巴德人发动战争。对于南征伦巴德，《法兰克王家年代记》给出的缘由是"应教皇之请"，是"为了给罗马教廷讨回公道"。756年，丕平再次率军讨伐伦巴德人，其原因是，"在罗马教廷权利问题上"，伦巴德国王埃斯图尔夫"自食其言"。773年，教皇向查理曼派出使节，"向光荣的国王及其法兰克人发出邀请，让他们为了捍卫上帝的事业和教廷的权利，帮助教廷打击德西德里乌斯国王和伦巴德人"。"高贵的查理国王陛下与法兰克人展开细致商讨，最终决定"，对于教皇的"所有请求，一律照办"。

从《法兰克王家年代记》的这些叙述中可以看出，法兰克君主每一次南下讨伐伦巴德人，其目的都是在于"护教"。在此之后，加洛林君主在"护教"之路上继续前行，一次又一次地给予教皇以及时的援助。799 年，教皇利奥三世遭到罗马城内敌对势力的袭击，身心遭到严重摧残，查理曼的属下将之营救出来。随后，查理曼以"最高礼遇"接待了教皇，又以"最高礼遇"将教皇送回。当然，加洛林君主的热心"护教"并非没有其他效益。在帮助教皇打败伦巴德人之后，位于意大利北部的伦巴德王国最终于 773 年被纳入"大法兰克"国家版图。在把教皇利奥三世救出来之后，查理曼于 800 年成为"万寿无疆，永胜无敌"的"伟大的爱好和平的罗马人皇帝"。

又如，宣教。加洛林家族主政之后，从矮子丕平开始，法兰克国家便开始走上军事征伐之路，西南方的西班牙，南方的意大利，东方的巴伐利亚、萨克森以及斯拉夫地区等等，都成为法兰克人的攻略目标。从世俗的角度来说，这当然是明显的领土扩张行为。然而，在《法兰克王家年代记》编纂者的笔下，法兰克国家对周边民族的讨伐是顺天意而为的正义之举，自始至终得到上帝的"护佑"。具体而言，法兰克国家的对外征讨，是对信仰不够虔诚的伪基督徒们的讨伐，是对不信上帝的异教徒们的讨伐，其根本目的就是要正本清源，将他们转变为真正的基督子民。从这个意义上说，法兰克国家的对外军事讨伐也就成了一种宣教历程，只不过这种宣教具有武力色彩而已。

在这个方面，对萨克森人的征服具有典型意义。按照《法兰克王家年代记》的记载，丕平和卡洛曼在担任宫相期间，即从 743 年起，法兰克军队就开始向不信基督的萨克森人发起征讨行动，但直至丕平 768 年去世为止，萨克森人也没有被法兰克人征服。查理曼继位后，从 772 年起，开始对"异教徒"萨克森人展开持续征讨，在此过程中，萨克森人的"异教"象征物被清除，大量的萨克森"恶人"遭到灭杀。例如，772 年，查理曼率领军队，一直打到萨克森异教神物伊尔明神柱 (Irminsul) [①] 那里并将之摧毁。782 年，萨克

---

① 伊尔明 (Irmin)，萨克森原始宗教中的神灵，一般认为其角色是战神、智慧之神或商业之神。在早期，伊尔明神柱可能就是那种粗大的树桩。后来，伊尔明神柱可能是一种圆柱形建筑，其上方立有战神伊尔明。

森人一次就有 4500 人被处死。783 年，又有"无计其数的萨克森人被处死，只有少数人得以逃脱"；在随后的一次战役中，"萨克森人的死伤人数绝不比上一次少"。经过查理曼长达 30 余年的征讨，萨克森人最终臣服，从此也就被归化为纯正的基督教徒。

从《法兰克王家年代记》的字里行间中可以看出，加洛林君主们对基督信仰的维护与伸张不仅为法兰克国家带来光荣与伟大，而且使得基督教信仰得到更加广泛的传播，同时也赢得了基督教世界的普遍敬重，其中，最具象征意义的当数耶路撒冷宗主教的遣使来访。799 年，"受耶路撒冷宗主教之托"，其派来的使节向查理曼"献上祝福"，而且还向查理曼献上"基督坟墓中的圣骨圣物"。800 年，"受耶路撒冷宗主教的委派"，又有两位使节向查理曼表达"美好意愿"，并献上象征圣地权威的锁钥和旗帜。807 年，查理曼再一次接待"耶路撒冷宗主教托马斯派来的一个使团"。耶路撒冷是基督教的传统圣地，耶路撒冷宗主教在基督教世界亦居于特殊地位。既然这么一个神圣的地方都派人前来觐见加洛林君主，加洛林君主在基督教世界中的崇高地位也就不言自明。

3. 团结统一的法兰克国家

就成分而言，法兰克人原本并不是一个具有共同血统的统一族群集团，它只是罗马世界对当时生活在高卢东北方向的众多日耳曼部落的统称。根据现代学者研究，被称为"法兰克人"的各自独立的日耳曼部落或部族至少有十余个，到公元 3 世纪初，分散的法兰克人部落开始逐渐聚合成为几个较大的部落联盟。① 虽然说"法兰克人"这一名号原本是个外来的称谓，但在这一名号的使用上，占据主导地位的部落联盟却并不愿意与其他部落联盟共享。

在墨洛温王朝中前期，只有生活在高卢西北部地区（纽斯特利亚）的居

---

① 参见陈文海：《法国史》，第 36—37 页。

民才算是正宗的"法兰克人"。及至墨洛温王朝中后期，这一名号的使用范围出现有限的开放，高卢东北部（奥斯特拉西亚）的居民有时也开始被称为"法兰克人"。此外，在这一时期，作为一个相对统一的政治共同体，在法兰克王国内，除了上述两支"法兰克人"之外，还有勃艮第人以及若即若离的阿奎丹人，当然还有更多的原罗马高卢时期居民的后代。

因此，从上述意义上说，法兰克国家在其形成初期，就已经是一个由多民族组成的共同体，在"法兰克国家"内生活的绝不仅仅只有"法兰克人"。不过，在这个共同体内部，族群矛盾极为复杂，不同地域之间的攻伐从未停息。可以说，这一时期的法兰克王国很难说是一个真正意义上的统一的国家，即便说它是统一的，其内部的团结也无从谈起。加洛林家族兴起之后，法兰克国家急剧膨胀，族群格局更形复杂，因此，对团结统一也就有着更加迫切的需求。在对这个问题的处理上，《法兰克王家年代记》同样也有着颇为精心的设计。

按照目前学术界的基本共识，《法兰克王家年代记》的早期文本是在查理曼彻底完成对巴伐利亚的征服（788 年）前后开始编纂的。在此之前的几十年间，矮子丕平和查理曼父子向阿奎丹人、阿拉曼尼亚人、伦巴德人、巴伐利亚人、萨克森人以及布列塔尼人等数十个民族发起军事讨伐和征服行动，虽然有些族群和某些地方尚未被征服，但法兰克国家的领土规模已经今非昔比。

对于法兰克国家的扩张行为，《法兰克王家年代记》一方面将之描述成秉承上帝意旨的宣教之举，另一方面又从俗世的角度对之进行阐释。在"修订本"开篇的 741 年纪事，其编纂者写道：宫相查理·马特去世之后，"有些省份从法兰克人治下分离出去"，卡洛曼和丕平出任宫相之后，便"开始着手收复这些失地"。742 年纪事又说，在此之前，"阿拉曼尼亚也背叛了法兰克人"，于是，在 742 年这一年，"卡洛曼将这个地方夷为废墟"。按照这两个纪事所言，法兰克国家之所以要出兵征讨某些地区和某些族群，就是因为，被征讨对象原本就是属于或附属于法兰克国家的。对于法兰克国家而言，收复失地是天经地义的，惩处背叛行为也是正当合理的。

可以说，《法兰克王家年代记》在其文本开篇，就已为加洛林君主的军事征伐行动作了颇为周全的铺垫，由多民族、多地区构成的"大法兰克国家"不仅符合上帝的意旨，而且也是对历史的正当复原。也就是说，不论是哪个族群，也不论是哪个地区，只要是在加洛林君主统治之下，就都是"大法兰克国家"的组成部分。及至800年查理曼加冕为"罗马人皇帝"之后，以多民族共存共生为重要特点的共同体观念在帝国架构下得以进一步凸显。有基于此，构建"大法兰克国家"身份特征、营造"大法兰克国家"内部多元统一和多元团结，也就成为加洛林君主的一项政治使命，《法兰克王家年代记》自然也就成为这项使命的代言者。关于这个问题，我们可从以下两个方面予以剖析。

第一，法兰克国家的军事力量虽然多元，但却团结统一，威力强大。军事力量是国家实力的重要体现，对于以尚武为重要特点的中世纪日耳曼国家来说，军队的重要性更是不言而喻。首先应当明确的是，在加洛林时代的法兰克社会政治话语系统中，由纽斯特利亚人和奥斯特拉西亚人构成的"本土法兰克人"居于优越地位，他们既是加洛林君主的执政基础，也是法兰克国家军事讨伐行动的核心力量。747年，宫相丕平"亲率法兰克大军"，前往萨克森，追讨其同父异母弟弟格里夫欧。766年，丕平对阿奎丹发起打击，为了对阿奎丹实施有效控制，丕平"委派法兰克人"驻守其地。775年，为了镇压伦巴德人的骚乱，查理曼"率领法兰克大军挺进意大利"；第二年，查理曼"将攻占来的城市置于法兰克人控制之下"。778年，法兰克军队与萨克森人展开厮杀，"法兰克人大获全胜"。786年，为了将伦巴德王国归并过来，查理曼"迅速集结法兰克军队，冒着严寒，进军意大利"。如此等等。

从《法兰克王家年代记》所述的历次军事行动中可以看出，"法兰克人"永远都是跟随加洛林君主冲锋陷阵的主力军。即便到了对外征服活动基本终结了的虔诚者路易时期，"法兰克人"也还是有别于其他族群的优等民族。虽然"本土法兰克人"一直居于核心地位，但在"大法兰克国家"形成过程中，不断又有其他民族汇入其中。从《法兰克王家年代记》的文本叙述中可以看出，这些民族一旦真正臣服于加洛林君主，就会与法兰克人一道，心悦诚服地为"大法兰克国家"尽忠效力；同时，当这些民族遭遇危急情况时，法兰克军队亦会给予支援。在这部年代记中，这类描述同样也是不胜枚举，这里仅举几例予以说明。

778 年，查理曼远征西班牙，随其出征的，除了法兰克人之外，其他人马也"从勃艮第、奥斯特拉西亚、巴伐利亚、普罗旺斯以及塞提马尼亚"等地纷纷赶往前线，"还有一部分伦巴德人也来了"。782 年，查理曼派遣几位使节，"让他们带领一支由法兰克人和萨克森人组成的军队，前去讨伐一小撮寻衅滋事的斯拉夫人"。787 年，查理曼兵分三路，对巴伐利亚公爵塔希洛发起打击，一支军队由法兰克人组成，另一支"由东法兰克人、图林根人和萨克森人组成"，此外又"在意大利征召"了一支军队。788 年，伦巴德人与希腊人爆发战争，法兰克军队前去支援伦巴德人，最终"法兰克人和伦巴德人取得胜利"；同一年，巴伐利亚人与阿瓦尔人发生冲突，查理曼派遣"法兰克大军前去支援"巴伐利亚人，"胜利最终归于法兰克人和巴伐利亚人一方"。789 年，查理曼远征维尔齐人（Wilzi）①，"在他率领的这支军队中，既有法兰克人，也有萨克森人"。791 年，"在与法兰克人、萨克森人以及弗里西亚人仔细商议之后"，查理曼决定向阿瓦尔人发起军事讨伐。

可以看出，在"大法兰克国家"发起的军事行动中，只要涉及多民族军队联合参战的，《法兰克王家年代记》都会不厌其烦地将之枚举出来，其中既有法兰克军队支援其他民族的，也有其他民族跟随法兰克军队的。通过对这一现象的反复叙述，"大法兰克国家"内部的多民族团结统一的形象也就得以被塑造出来。在这个政治共同体中，尽管各民族尚有自己的特点，但毕竟已经融为休戚与共的一个整体。从这个意义上说，和当年罗马帝国的情形

---

① 维尔齐人，亦称维莱提人（Veleti），中世纪西斯拉夫人中的一支，主要生活在易北河的东面，即今天德国东北部地区。在中世纪日耳曼语文献中，包括维尔齐人在内，易北河与奥得河之间的斯拉夫人通常被称为文德人（Wends）。

相似，不论是哪一个民族，只要是生活在"大法兰克国家"之内，只要是接受加洛林君主的统治，那么，就都是"法兰克人"，尽管这个"法兰克人"与"本土法兰克人"还是两个不同的概念。

第二，法兰克国家的各族民众积极参政议政，与加洛林君主同心同德。虽然说法兰克国家政权在总体上已经形成血亲世袭体制，但在特定情况下，这种体制也有被打破的时候。在这种情形下，民意就会成为一种颇具价值的政治工具。另外，在法兰克政治生活中，由最高领袖召集各地军政头领举行"民众大会"也是久而有之的一个传统，其主要职能是，处理国之要事，通过新的法律，发动新的军事行动，等等。正是基于这一传统，同时结合现实之需，《法兰克王家年代记》为人们描绘了一幅同心共襄的法兰克政治生活画卷。

和军事行动一样，在政治生活方面，加洛林君主的直接支柱当然也还是"本土法兰克人"。750年，"在苏瓦松城，法兰克人将丕平拥立为国王"。806年，查理曼"召开由法兰克贵族和高官参加的大会"，讨论对帝国进行内部分割并将之交由皇帝的三个儿子分治的事情，"法兰克高官显贵们以宣誓的方式，对这一决定表示认可"。814年，查理曼去世，"在所有法兰克人的一致同意和支持下"，虔诚者路易"继承了其父的皇位"。821年，虔诚者路易召集民众大会，讨论国家分割方案，"在这次民众大会上，这一方案得到全体贵族的宣誓赞同"。822年，皇帝在法兰克福"召开了一次民众大会"，"他与奉命前来参会的高官显贵们一道，对事关王国东部各地区民生福祉的一切事务，都作了认真讨论"。

随着法兰克国家征服行动的展开，在加洛林君主召开的各种集会上，除了居于主导地位的"本土法兰克人"之外，新纳入加洛林君主统治之下的其他民族也会有其代表置身其中。777年，查理曼"在帕德博恩（Paderborn）①召开大会"，"所有的法兰克人都聚集到那里"；"除了维杜金德（Widukind）

---

① 帕德博恩，西欧古城，今属德国北莱茵—威斯特法伦州，是帕德博恩县首府。

之外，其他萨克森人也都从萨克森各地群集而至"。788年，查理曼召开大会，讨论对巴伐利亚公爵塔希洛的处置问题，"法兰克人、巴伐利亚人、伦巴德人、萨克森人以及各省前来参会的所有人都对"塔希洛"表示谴责"，"所有人都异口同声地说，查理国王陛下应该判处塔希洛死刑"。823年，虔诚者路易在法兰克福召开民众大会，出席大会的不仅有"本土法兰克人"，"而且还有来自东法兰克、萨克森、巴伐利亚、阿拉曼尼亚以及邻近的勃艮第等地的贵族，莱茵兰地区的贵族也都奉命前来参加此次大会"。且不论以上所述的各种情况中有多少情非所愿，通过诸如此类的反复描述，《法兰克王家年代记》终究营造出这样一幅政治图谱，即生活在加洛林君主治下的各个民族已经形成"大法兰克"共同体意识，他们不仅将自己视为法兰克的一员，而且还积极参与到法兰克国家的政治生活中来。

《法兰克王家年代记》在纂修主旨的呈现方面不同于专题史书，作为编年体史书，它只能将之分散在一个又一个年度纪事之中。由于每一年度所记史事千差万别，因此，在某些情况下，其修史主旨会被某些无关宏旨的琐事细事所淹没。不过，通过以上所作的主题式梳理，应该可以明显看出，这部史书的主题是前后贯通的，这就是：以基督信仰为叙事架构，以加洛林君主为颂扬对象，进而构建出一个强盛的法兰克国家形象。就此而言，兰克当年将这部年代记定性为"官方史书"并将之定名为"王家年代记"，是颇有见地的。

法兰克王家年代记

[排版说明]

在《法兰克王家年代记》的抄本系统中，741—801年间的年度纪事有两类呈现形式。按照学术界的传统说法，相对简约的文本属于"原创本"，另外一类则属于"修订本"。"修订本"对"原创本"的修订主要有两种情况，一是增补，二是修改。对于这部分内容，本书采用混排体例。对于增补或修改的内容，本书均将之置于方括号内，以仿宋字体呈现，并标明"修订本增补"或"修订本修改"。与"修订"后文字相对应的"原创本"原有文字，则以楷体呈现。

——中译者

37   741 年

宫相查理（Charles）^① 去世。^②

[**修订本增补**：他身后留下三个儿子，即卡洛曼（Carloman）、丕平（Pepin）和格里夫欧（Grifo）。^③ 在这三人当中，格里夫欧年龄最小。他的母亲名曰斯瓦娜希尔德（Swanahilde），是巴伐利亚公爵奥迪洛（Odilo）的侄女。^④ 在她

---

① 即名闻后世的查理·马特（Charles Martel，约 686—741 年），法兰克时代著名政治家和军事将领，718—741 年任法兰克王国宫相，是法兰克王国的实际统治者。查理·马特的母亲阿尔佩达（Alpaida）实际上是赫斯塔尔的丕平（Pepin of Herstal）的情妇，不具有法律意义上的妻子身份，因此，查理·马特被视为是丕平的私生子。参阅 Mark Grossman, *World military leaders: a biographical dictionary*, New York: Facts On File Inc, 2007, p. 63。但是，凭借出色的谋略，查理·马特挫败"正统"势力，从而成为法兰克王国的无冕之王。另，其绰号"马特"（意即"锤子"）是在查理去世多年以后才出现的，据考证，其最早出现于 9 世纪的加洛林编年史书之中。参阅 Paul Riche, *The Carolingians: A Family Who Forged Europe*, trans. Michael Idomir Allen, University of Pennsylvania Press, 2002, p. 44。丕平家族（the Pippinids，即后来的加洛林家族，the Carolingians）的崛起有一个逐步发展的过程，一般认为，其起步阶段是在 7 世纪早期。及至查理·马特时代，该家族已在法兰克政治舞台上占据优势地位。正是基于查理·马特奠定下的坚实基础，其子矮子丕平（Pepin the Short，约 714—768 年）于 751 年顺利登上王位，加洛林王朝正式开始。

② 按照《弗莱德加编年史续编》的说法，查理·马特于 741 年 10 月 22 日在瓦兹河畔的吉耶兹（Quierzy）去世。详见 J. M. Wallace-Hadrill, ed., and trans., *The Fourth Book of the Chronicle of Fredegar with its Continuations*, London: Thomas Nelson and Sons Ltd, 1960, p. 97。也有研究认为，《弗莱德加编年史续编》中所载的查理·马特去世时间可能不准确，确切时间可能是 741 年 10 月 15 日。见 Bernhard Walter Scholz, with Barbara Rogers, trans., *Carolingian Chronicles: Royal Frankish Annals* and Nithard's *Histories*, The University of Michigan Press, 1970, p. 178。

③ 查理·马特先后结过两次婚。第一位妻子名叫罗特鲁德（Rotrude，724 年去世），她和查理·马特生育了 5 个子女，其中两个是儿子，即卡洛曼（出生年不详，754 年去世）和丕平（约 714—768 年）。第二位妻子是斯瓦娜希尔德，她和查理·马特育有一子，即格里夫欧（726—753 年）。此外，查理·马特与其情妇还生有几个孩子。详见 Pierre Riche, *The Carolingians: A Family Who Forged Europe*, pp.76-77。

④ 奥迪洛（出生年不详，748 年去世），736—748 年间为巴伐利亚公爵。741 年，奥迪洛与查理·马特的长女希尔特鲁德（Hiltrude，亦写作 Chiltrudis）结婚。详见 J. M. Wallace-Hadrill,

的蛊惑下，格里夫欧蠢蠢欲动，试图攫取整个王国。[1] 他不仅占据了拉昂城（Laon）[2]，而且还向其兄长们宣战。卡洛曼和丕平迅速集结军队，前去围困拉昂城，最终把格里夫欧抓了起来。此后，他俩开始致力于恢复王国秩序。另外，在其父亲去世之后，有些省份从法兰克人治下分离出去，因此，他们也开始着手收复这些失地。为了确保在外征战时国内不出乱子，卡洛曼把格里夫欧带在身边，然后将之关押在位于阿登山脉地区的纳沙托（Neufchateau）[3]。据说，在卡洛曼前往罗马之前，格里夫欧一直被关在那个地方。[4]]

742 年

然后，卡洛曼和丕平这二位宫相率领军队，前去攻打阿奎丹公爵胡纳尔德（Hunald）[5]。他们攻克了罗什（Loches）[6] 城堡。这场战役刚一结束，他俩便在老普瓦捷城（Vieux Poitiers）[7] 达成协议，两个人就把法兰克王国瓜分掉

---

ed., and trans., *The Fourth Book of the Chronicle of Fredegar with its Continuations*, p. 98。

[1] 格里夫欧"造反"事件有着深刻的历史缘由。虽然查理·马特没有称王，但他还是按照王室的做法，将法兰克国家的统治权分给自己的儿子。作为查理·马特之子，格里夫欧原本应该获得一定的份额。然而，在卡洛曼和丕平的操控下，他们的这个同父异母兄弟被剥夺了继承权。详见 J. M. Wallace-Hadrill, ed., and trans., *The Fourth Book of the Chronicle of Fredegar with its Continuations*, p. 97。

[2] 拉昂，法兰克北部城市，今为法国埃纳省（Aisne）省会。

[3] 纳沙托，位于今天比利时时的卢森堡省。

[4] "卡洛曼前往罗马"，指卡洛曼归隐修院之事，详见下文"745 年"和"746 年"纪事。

[5] 在《弗莱德加编年史续编》中，胡纳尔德（Hunald，735—744 年间为阿奎丹公爵）写作库诺阿尔德（Chunoald）。详见 J. M. Wallace-Hadrill, ed., and trans., *The Fourth Book of the Chronicle of Fredegar with its Continuations*, p. 98。

[6] 洛什，高卢中部偏西的一个城镇，在图尔西南约 47 公里处，今属法国安德尔–卢瓦尔省（Indre-et-Loire）。

[7] 老普瓦捷城（Vieux Poitiers），高卢中部偏西的一个城镇，今名楠特雷（Naintré），在普瓦捷（Poitiers）以北 23 公里处，今属法国维埃纳省（Vienne）。

了。① 同是在那一年，卡洛曼将阿拉曼尼亚（Alamannia）夷为废墟。[**修订本修改**：此前，阿拉曼尼亚也背叛了法兰克人。同是在那一年，卡洛曼将这个地方夷为废墟。]

38   743 年

然后，卡洛曼和丕平开始对巴伐利亚公爵奥迪洛发动战争。[**修订本修改**：卡洛曼和丕平率领联军，前去攻打巴伐利亚公爵奥迪洛。]② 也就是在那一年，卡洛曼独自开赴萨克森。按照条约，他获得一个名曰霍亨希堡（Hohenseeburg）③ 的城堡，并使萨克森人狄奥多里克（Theodoric the Saxon）臣服于他。④

---

① 按照《弗莱德加编年史续编》的说法，查理·马特在去世前已经做好了分割方案："他把长子卡洛曼擢升为奥斯特拉西亚、士瓦本（Swabia，如今人称阿拉曼尼亚，Alamannia）和图林根的统治者，其次子丕平则被他安排掌控勃艮第、纽斯特里亚和普罗旺斯。"详见 J. M. Wallace-Hadrill, ed., and trans., *The Fourth Book of the Chronicle of Fredegar with its Continuations*, p. 97。

② 按照《弗莱德加编年史续编》的说法，卡洛曼和丕平兄弟二人的姐姐希尔特鲁德是偷偷溜到巴伐利亚然后与奥迪洛结婚的，"她的这一做法不仅有违其同胞兄弟的意愿，而且也没有征得他们的同意"。详见 J. M. Wallace-Hadrill, ed., and trans., *The Fourth Book of the Chronicle of Fredegar with its Continuations*, p. 98。

③ 这个城堡的名称在德文中写作 Hohensyburg。该城堡如今仅存废墟，位于今天德国西部城市多特蒙德（Dortmund）境内。

④ 对于这一年在法兰克国家中发生的重大事件中，《法兰克王家年代记》一书刻意隐去了一件大事：卡洛曼和丕平将出自墨洛温家族的希尔德里克（Childeric，亦写作 Childerich，约717—约754年）推上王位，此即墨洛温王朝的末代国王希尔德里克三世（Childeric III，743—751年在位）。提乌德里克四世（Theuderic IV，约712—737年，721—737年在位）于737年去世之后，墨洛温王朝中断，王位虚悬，查理·马特成为事实上的最高统治者。查理·马特去世之后，卡洛曼和丕平成为"共治"的宫相，但二人的地位并不稳固，国内政局动荡不安。正是在这种情形下，为了增强自身权力的合法性，他们扶植了一位出自墨洛温王族的傀儡国王。卡洛曼和丕平的这一举动表明，此时的他们尚未完全具备取代墨洛温王朝的实力。参阅 I. Halphen, *Charlemagne et l'empire carolingien*, Paris: Albin Michel, 1947, pp. 18-20。

744 年

卡洛曼和丕平再次侵入萨克森，萨克森人狄奥多里克再次被俘。①

745 年

然后，卡洛曼向其胞弟丕平吐露心扉说，他想远离尘世生活。那一年，他俩虽然没有外出征战，但也都没有闲着。卡洛曼在为自己的远行作准备，丕平则在为其兄长的临行作安排，他要让兄长带着礼品和荣誉一起上路。②

746 年

卡洛曼启程前往罗马③，他行了剪发礼，然后在索拉特山（Mount Soratte）上建起一个修道院，以纪念圣西尔维斯特（St. Sylvester）。④ 在那里

---

① 丕平并未随卡洛曼一起参加这次战役，当时，他在阿尔萨斯地区作战。见 Bernhard Walter Scholz, with Barbara Rogers, trans., *Carolingian Chronicles: Royal Frankish Annals* and Nithard's *Histories*, p.179。

② 卡洛曼正式前往意大利的时间是在 747 年 8 月 15 日之后。见 Bernhard Walter Scholz, with Barbara Rogers, trans., *Carolingian Chronicles: Royal Frankish Annals* and Nithard's *Histories*, p.179。

③ 卡洛曼只是向南朝着罗马方向出发，其目的地并不是罗马城，他的落脚点是在罗马城外的山野，先是在索拉特山，后是在卡西诺山。详见本段文字中的余下表述。

④ 索拉特山，位于意大利罗马省境内，在罗马城以北大约 45 公里处。圣西尔维斯特（？—335 年），即罗马教皇西尔维斯特一世（Sylvester I），314—335 年在位。关于这位教皇的生平，存世史料极少。让其声名远扬的主要是 8 世纪中后期罗马教会伪造的文件《君士坦丁的赠礼》，该文件宣称："君士坦丁大帝已经把拉特兰宫和王冠、主教法冠、紫色斗篷等转给教皇西尔维斯特，而且为了增添教会的尊贵和荣耀，把罗马城、意大利和西部地区的所有宫殿和区域交割给神圣罗马教会永远拥有。"参见 Bertrand Russell, *A History of Western Philosophy*, London: Routledge, 2004, p. 366。

待了一段时间之后，他便迁往位于卡西诺山（Monte Cassino）上的圣本笃修道院（St. Benedict）①，在那里，他成了一名修士。②

[**修订本修改**：卡洛曼出发前往罗马。他弃绝俗世荣华，更换装束，在索拉特山上建起一个修道院，以纪念圣西尔维斯特。在皇帝君士坦丁（Constantine）③治下，对基督徒仍有过一段迫害时期，有传言说，在此时期，圣西尔维斯特曾密居于此。卡洛曼在这里住了一段时间，然后决定离开此地。他的这一决断是颇为明智的。为了更好地伺服上帝，他转而迁往圣本笃修院。该修院位于萨莫奈省（Samnium）境内，和卡西诺城堡相距不远。在那里，他穿上了修士服装。]

747 年

格里夫欧逃往萨克森。④ 于是，丕平取道图林根（Thuringia），进入萨

---

① 卡西诺山位于罗马东南方向，距罗马大约 130 公里。530 年，本笃（约 480—约 543 年）在卡西诺山上创建修院，此即闻名后世的圣本笃修院。

② 卡洛曼在圣西尔维斯特修道院生活了大约六七年时间，大约在 754 年迁居圣本笃修道院。按照艾因哈德的说法，卡洛曼之所以迁居，主要是为了求得生活上的清静。圣西尔维斯特修道院位于罗马以北，法兰克贵族前往罗马朝圣时，都会路过这个修道院。卡洛曼毕竟是他们过去的主人，他们不忍过门而不入，因此，通常都会顺道去拜访卡洛曼。卡洛曼不堪其扰，于是决定搬迁。圣本笃修道院位于罗马东南方一百多公里，于是，法兰克故人们通常也就不会绕道去拜访他了。详见 [法兰克] 艾因哈德等著，戚国淦译：《查理大帝传》，商务印书馆 1996 年版，第 6—7 页。

③ 君士坦丁（272—337 年），即罗马帝国皇帝君士坦丁一世，306—337 年在位。在其当政初期，君士坦丁对基督教依然采取镇压措施。至于他何时开始改变对基督教的态度，学术界存有异议。可以明确的是，313 年，君士坦丁和东部皇帝李锡尼（Licinius，308—324 年在位）联合颁布《米兰敕令》，给予基督教以合法地位。这是基督教发展历程中的一个重大转折。

④ 在此之前，格里夫欧一度被囚禁，后被释放。参阅本书第 741 年纪事。另见 Bernhard Walter Scholz, with Barbara Rogers, trans., *Carolingian Chronicles: Royal Frankish Annals* and Nithard's *Histories*, p.179。

克森，最终抵达舍宁根（Schöningen）① 附近的迈绍（Meissau）河畔。在奥鲁姆(Ohrum)② 附近的奥克(Oker)③ 河畔，格里夫欧加入了萨克森人的阵营。

[**修订本修改**：格里夫欧是卡洛曼和丕平的弟弟，尽管他已享有荣耀的地位，但仍不愿受制于其兄长丕平。他纠集一小撮人马，逃往萨克森。在萨克森，他征召了一支由当地人组成的军队，然后在奥鲁姆附近的奥克河畔安营扎寨。值得一书的是，丕平亲率法兰克大军，取道图林根，踏上讨伐之路。丕平明知他的这个弟弟耍了种种诡计，但他仍决意挺进萨克森，并在舍宁根附近的迈绍河畔屯兵扎营。不过，双方最终并未交战，在订立一份条约之后，便各自散去。]

39

748 年

逃离萨克森之后，格里夫欧来到巴伐利亚。他征服了这个公国，并将希尔特鲁德(Hiltrude) 和塔希洛(Tassilo) 抓了起来。④ 苏伊德格尔(Suidger) ⑤ 成了格里夫欧的帮凶。听闻此事之后，丕平率领军队，驰往巴伐利亚，将上

---

① 舍宁根，德意志中部偏北的一个小镇，今属德国下萨克森州，位于希尔德斯海姆 (Hildesheim) 和马格德堡（Magdeburg）之间。

② 奥鲁姆，位于德意志中部偏北的一个小镇，今属德国下萨克森州。奥鲁姆在舍宁根的西面，两地相距不远，均在今下萨克森州的东南部。

③ 奥克河，阿勒河（Aller）的一条支流，发源于哈茨山脉（Harz Mountains）地区，其主体流域位于今德国中部的高原地区。

④ 希尔特鲁德是卡洛曼和丕平的亲姐姐，同时也是格里夫欧的同父异母姐姐。关于他们之间的关系，参见本书 741 年、742 年纪事及相关注释。塔希洛（约 741—约 796 年）是希尔特鲁德与巴伐利亚公爵奥迪洛（748 年 1 月去世）所生之子，亦即丕平的外甥，748—788 年间任巴伐利亚公爵。788 年，塔希洛在与查理大帝的斗争中失败，被褫夺公爵头衔，并被贬入修道院。详见本书 787、788 年纪事。另外，关于塔希洛与法兰克、伦巴德以及教皇政权之间的复杂关系，详见 Kathy Pearson, *Conflicting Loyalties in Early Medieval Bavaria: a View of Socio-Political Interaction, 680 - 900*, Aldershot: Ashgate, 1999。

⑤ 苏伊德格尔是巴伐利亚的一位伯爵。

述人等一一打败。他押解着格里夫欧和朗特弗里德 (Lantfrid) [1] 返回故地。出于仁慈，他让塔希洛做了巴伐利亚公爵。他又把格里夫欧送到纽斯特里亚 (Neustria)，并赐予他 12 个伯爵领地。格里夫欧又从纽斯特里亚出逃，跑到加斯科尼 (Gascony)，投奔阿奎丹公爵瓦伊法尔 (Waifar)。[2]

749 年

那个时候的实际情形是，法兰克国王并不行使任何的王权。维尔茨堡 (Würzburg) [3] 主教布尔查德 (Burchard) [4] 和王家专任神父弗尔拉德 (Fulrad) [5] 二人受命，前去征询教皇扎迦利 (Zacharias) [6]，问他这种状况究竟好不好。教皇扎迦利向丕平发出指示说，对于手握王权之人和没有王权之人，两相比较，还是把前者称为国王为好。为了让这个国家免于陷入动荡不

---

① 朗特弗里德是阿拉曼尼亚公爵。按照中世纪其他史料的说法，查理·马特于 730 年率军攻打阿拉曼尼亚公爵朗特弗里德，也就是在这一年，这位公爵去世。关于阿拉曼尼亚公爵家族谱系，并无完整的材料可供稽查。在中世纪相关史料中，将朗特弗里德的行迹延至 730 年之后的，只有《法兰克王家年代记》一书。一般认为，《法兰克王家年代记》中的这一说法可能有误，参阅 Bernhard Walter Scholz, with Barbara Rogers, trans., *Carolingian Chronicles: Royal Frankish Annals* and Nithard's *Histories*, p.179。

② 瓦伊法尔（亦称维奥法尔，Waiofar），阿奎丹公爵胡纳尔德之子。胡纳尔德遁隐修道院之后，瓦伊法尔继位为阿奎丹公爵（约 744—768 年）。阿奎丹长期处于半独立状态，与法兰克王国不断发生冲突。及至 768 年前后，阿奎丹最终被法兰克王国征服。

③ 维尔茨堡，德意志南部城市，位于今德国拜恩州（巴伐利亚州）的西北部。

④ 布尔查德，盎格鲁－撒克逊人，8 世纪 30 年代，跟随卜尼法斯（Boniface，约 675—754 年），从英格兰前往德意志传教，741—754 年担任威尔茨堡主教。

⑤ 弗尔拉德（710—784 年），法兰克王国著名政治家，750 年成为圣德尼修院院长，与加洛林家族以及教皇政权均有密切关系，对加洛林家族的崛起和壮大起过重要的推动作用。参阅 Matthew Bunson and Stephen Bunson, *Our Sunday Visitor's Encyclopaedia of Saints*, Indiana: Our Sunday Visitor Inc., 2003, p. 345。

⑥ 扎迦利（679—752 年），罗马教皇，741—752 年在位。

安之境，他凭借罗马宗座之权威，发出指令：应该让丕平称王。①

750 年

按照法兰克人的习俗，丕平被推选为国王。大主教卜尼法斯（Boniface）② 为他行了圣膏礼。这位大主教死后广受尊崇，被人们奉为圣徒。在苏瓦松城（Soissons），法兰克人将丕平拥立为国王。③ 希尔德里克（Childerich）④，即原先那位有名无实的国王，接受剪发礼，并被送入修道院。⑤

753 年

丕平率军讨伐萨克森。在一座名曰伊堡（Iburg）⑥ 的城堡中，希尔德

---

① 这段文字中所记之事应该发生于 750 年，参见 Egbert J. Bakker and Ahuvia Kahane, eds., *Written Voices, Spoken Signs: Performance, Tradition, and the Epic Text*, Cambridge, MA: Harvard University Press, 1997, p. 43。

② 卜尼法斯（Boniface，约 675—754 年），中世纪早期著名教会人士，生于英格兰的威塞克斯（Wessex），后前往欧洲大陆传教，成为美因兹（Mainz）第一任大主教，在归化德意志、改革法兰克教会以及促成加洛林家族与教皇政权的联盟等方面发挥了重要作用。754 年，在传教过程中，卜尼法斯被杀。

③ 有学者认为，《法兰克王家年代记》特意指出丕平的登基地点是在苏瓦松，这一写法具有强烈的政治蕴涵，因为从克洛维时代开始，苏瓦松就一直是墨洛温王朝的主要都城；作者采取这一手法，意在表明，丕平就是克洛维的继承者。详见 Rosamond McKitterrick, *History and Memory in the Carolingian World*, New York: Cambridge University Press, 2004, p. 152。

④ 关于墨洛温王朝末代国王希尔德里克三世，参见本书 743 年纪事中的相关注释。

⑤ 此纪事所记事件发生于 750 年 11 月。750 年纪事之后，有两年（751 年和 752 年）处于空白状态。

⑥ 伊堡，全称是巴特伊堡（Bad Iburg），德国西北部的一个小镇，位于奥斯纳布吕克（Osnabrück）以南大约 16 公里处。在 8 世纪中后期，围绕对伊堡的控制权，法兰克人和萨克森人有着长期争斗。

40　加（Hildegar）^①主教被萨克森人杀害。尽管如此，丕平仍然获得胜利，并一直打到雷默（Rehme）^②一带。此前，他的弟弟格里夫欧已经逃往加斯科尼。在此次出征的返程途中，丕平得知，格里夫欧已经被人杀掉。^③

　　就在那一年，为了维护圣彼得的权利^④，教皇斯蒂芬（Stephen）^⑤来到法兰克，以寻求援助和支持。卡洛曼既是修士，同时也是丕平国王的兄长，受其所在修院院长之命，他也来到法兰克，想让丕平不要答应教皇的请求。

　　[修订本修改]：就在那一年，教皇斯蒂芬来到吉耶兹（Quierzy）^⑥行宫面见国王丕平，请求国王保卫教皇和罗马教会，抗击伦巴德人的侵略。卡洛曼是国王的兄长，但他早已出家做了修士。受其所在修院院长之命，他也前来游说，试图阻止其弟答应罗马教皇所提的那些请求。不过，人们普遍认为，卡洛曼此举是违心的，他之所以这么做，只是因为他不敢怠慢其修院院长的命令；同样，这位院长受命于伦巴德国王^⑦，他也不敢违抗其命令。^⑧]

---

① 希尔德加，750—753 年间为科隆主教，加洛林家族的支持者。753 年 8 月 8 日，希尔德加在战斗中被杀。详见 Bernard Bachrach, *Early Carolingian Warfare: Prelude to Empire*, Philadelphia: University of Pennsylvania Press, 2001, p. 287。

② 雷默，古代地名，位于今德国北莱茵—威斯特法伦州东北边境，其原址是今德国城镇巴特恩豪森（Bad Oeynhausen）的一个组成部分。

③ 关于格里夫欧被杀经过，详见 J. M. Wallace-Hadrill, ed., and trans., *The Fourth Book of the Chronicle of Fredegar with its Continuations*, p. 103。

④ 圣彼得的权利，意指罗马教皇的权利或罗马教廷的权利。按照天主教会的说法，圣徒彼得是罗马天主教会的首任教皇。

⑤ 即斯蒂芬二世（715—757 年），罗马教皇，752—757 年在位。

⑥ 吉耶兹，法兰克北部小镇，在努瓦永（Noyon）的东面，位于瓦兹河畔，今属法国埃纳省（Aisne）。

⑦ 这里的"伦巴德国王"是指埃斯图尔夫（Aistulf，756 年去世），749—756 年在位，当政期间推行扩张政策，后被法兰克国王矮子丕平打败，756 年暴死于打猎途中。参阅本书755 年和 756 年纪事。

⑧ 对于教皇斯蒂芬二世与法兰克国王丕平的这次会面，《弗莱德加编年史续编》中有着更为详细的描述。详见 J. M. Wallace-Hadrill, ed., and trans., *The Fourth Book of the Chronicle of Fredegar with its Continuations*, p. 104。

754 年

教皇斯蒂芬为丕平行圣膏礼，确认其为国王。[**修订本修改**：国王丕平答应保卫罗马教会。获此承诺之后，教皇斯蒂芬为丕平举行了祝圣仪式。]与此一道，他还为丕平的两个儿子，即查理① 殿下和卡洛曼② 殿下，行了圣膏礼，以此确认这两个人也拥有国王身份。大主教圣卜尼法斯③ 在弗里西亚(Frisia)④ 传播上帝圣言，在传道过程中，成为为基督而献身的殉教者。

755 年

为了给罗马教廷讨回公道，应教皇之请，国王丕平进军意大利。伦巴德人的国王埃斯图尔夫(Aistulf)⑤ 拒不接受这一正义裁决。他转移到伦巴德人控制下的克吕斯(Cluses)⑥，向国王丕平以及法兰克人发起进攻。[**修订本修**

---

① 查理（约 742—814 年），即后来的查理大帝（查理曼），768—814 年为法兰克国王，800—814 年为"罗马人的皇帝"，为加洛林帝国的开创者。虽然 754 年教皇斯蒂芬赋予矮子丕平的两个儿子以国王身份，但在丕平在世期间，二人并未真正享有王权。

② 卡洛曼（751—771 年），矮子丕平之子，查理曼的弟弟，768—771 年为法兰克国王，与查理曼共治天下。兄弟二人之间存在着权位之争。771 年，卡洛曼突然死亡。参阅 Joanna Story, "Cathwulf, Kingship, and the Royal Abbey of Saint-Denis", *Speculum*, 1999(1): 1–21。注意不要将矮子丕平的哥哥卡洛曼（?—754 年或 755 年）与儿子卡洛曼（751—771 年）相混淆。

③ 关于卜尼法斯，参阅本书 750 年纪事及相关注释。

④ 弗里西亚（Frisia），西北欧地名，属于北海东南海岸地带，北起丹麦西南部海岸，向南经德国西北部延伸到荷兰海岸。

⑤ 关于埃斯图尔夫，参阅本书 753 年纪事及相关注释。

⑥ 克吕斯，今为法国东南部的一个小镇，属于上萨瓦省。克吕斯位于塞尼峰（Mont Cenis）山脚下的苏萨山谷（Susa）。塞尼峰，亦译仙尼斯峰，阿尔卑斯山脉西段中的一处高地和山隘（高度 2081 米），介于格雷安阿尔卑斯山（Graian Alps）和柯提安阿尔卑斯山（Cottian Alps）之间，位于今天法国萨瓦省。苏萨山谷，阿尔卑斯山脉中的一个大型山谷，是意大利境内最长的山谷。该山谷位于意大利北部的皮埃蒙特（Piedmont）地区，山谷的北侧是格雷安阿尔卑斯山（Graian Alps），山谷的南侧是柯提安阿尔卑斯山（Cottian Alps）。

改：伦巴德人发起抵抗，坚守意大利的屏障——阿尔卑斯山脉，因此，在克吕斯这个地方，厮杀极为惨烈。] 双方开始交手。在上帝的佑助下，并在使徒圣彼得的代祷下，丕平及其法兰克军队获得胜利。

同样是在这一年，作为丕平国王陛下的使者，弗尔拉德①及其随员将教皇斯蒂芬送回罗马教廷。② [**修订本修改**：在法兰克大队人马的护卫下，教皇斯蒂芬重返罗马教廷。] 埃斯图尔夫国王被围困在帕维亚（Pavia）③ 城内，在此情形下，他被迫承诺将尊重罗马教廷的权利。丕平国王接收对方呈交的40名人质，双方立约并宣誓守约。随后，丕平国王返回法兰克。

修士卡洛曼④与王后贝尔特拉达（Bertrada）⑤一同待在维埃纳（Vienne）⑥。此间，卡洛曼一直处于病患之中，在气若游丝的状态中熬过多日之后，他平静地辞世。

[**修订本增补**：按照国王之命，他的遗体被运至圣本笃修院。当年，卡洛曼就是在这里穿上修士服装的。⑦] ⑧

山谷呈东西走向，全长约50余公里，东起法国边境地区，西至意大利都灵城郊。

① 关于弗尔拉德，参阅749年纪事。

② 返回教廷之后不久，教皇便致信法兰克国王，说伦巴德国王埃斯图尔夫根本不愿归还一寸土地。有基于此，法兰克国王丕平率军南下征讨伦巴德人。参见 Bernhard Walter Scholz, with Barbara Rogers, trans., *Carolingian Chronicles: Royal Frankish Annals and Nithard's Histories*, p.180。

③ 帕维亚，伦巴德王国的首都，位于米兰之南约35公里处。如今的帕维亚市是意大利帕维亚省的首府。

④ 修士卡洛曼，即矮子丕平的哥哥卡洛曼。

⑤ 贝尔特拉达（？—783年），矮子丕平之妻，741年与丕平结婚，751年成为王后，她与丕平至少生有7个子女，其中最为有名的是查理曼。

⑥ 维埃纳，位于法兰克东南部，今属法国伊泽尔省（Isère）。

⑦ 参见本书的746年纪事。

⑧ 《法兰克王家年代记》的英译者对753年、754年、755年、756年法兰克主要史事作了整理，并根据《弗莱德加编年史续编》等材料增补了一些细节，详见 Bernhard Walter Scholz, with Barbara Rogers, trans., *Carolingian Chronicles: Royal Frankish Annals* and Nithard's *Histories*, p.180。具体内容如下：

753年10月14日：罗马教皇斯蒂芬二世出发前往法兰克。

756 年

在罗马教廷权利问题上，伦巴德国王埃斯图尔夫此前已有承诺，然而，他却自食其言。得知这一情况之后，国王丕平再次远征意大利。他对帕维亚展开围城行动，将埃斯图尔夫困在城内。埃斯图尔夫更加信誓旦旦地承诺，在教廷权利问题上，上次答应过的坚决照办。此外，丕平国王还征服了拉文纳（Ravenna）①、五城区（Pentapolis）② 以及整个总督辖区（Exarchate）③，并

---

754 年 1 月 6 日：教皇斯蒂芬和丕平在蓬蒂翁（Ponthion，法兰克东北部小镇，位于今天法国马恩省东南部）会面。随后，教皇前往圣德尼修道院（Saint-Denis）过冬。国王派遣使团前去面见伦巴德国王埃斯图尔夫，试图对其行为进行遏制。

754 年 4 月 14 日：在吉耶兹召开的一次集会上，丕平签署特许状，向教皇承诺说，他将帮助教皇夺回被伦巴德人掠走的财产。

754 年春：丕平在圣德尼修道院接受涂圣膏礼。

754 年夏秋：法兰克方面与埃斯图尔夫多次交涉，但没有取得成果。

755 年春：丕平出兵意大利。

755 年年末：丕平从意大利返回。

756 年 1 月 1 日：埃斯图尔夫兵临罗马城下。

有些学者认为，丕平第一次出兵征讨埃斯图尔夫的时间应该是在 754 年，而不是 755 年。

① 拉文纳，意大利古城，位于意大利半岛北部东海岸，402—476 年为西罗马帝国首都，493—554 年为东哥特王国首都。554 年拜占庭帝国占领意大利半岛北部地区之后，拉文纳成为拜占庭帝国在意大利的行政中心（总督府）。751 年，伦巴德人占领拉文纳，结束了拜占庭帝国在北意大利的统治。随后，法兰克人侵入意大利，此后的一千余年中，拉文纳被多次转手，但在大部分时间里都被罗马教廷掌控。1861 年，拉文纳成为意大利王国的组成部分。

② 五城区，中世纪早期意大利半岛东海岸五个港口城市组成的一片地区，一度居于公国地位。五城区所临海岸线呈西北—东南走向，从西北到东南，五个城市依次是里米尼（Rimini）、佩扎罗（Pesaro）、法诺（Fano）、西尼加格里亚（Sinigaglia）和安科纳（Ancona）。554—751 年，五城区处于拜占庭帝国统治之下，是拜占庭帝国拉文纳总督辖区的核心区域之一。

③ 总督辖区，即"拉文纳总督辖区"，亦称"意大利总督辖区"，584—751 年间拜占庭帝国在意大利半岛的管辖区域，其行政中心在拉文纳，所辖地区分散在意大利半岛各地以及附近岛屿；其中，在意大利半岛上，拜占庭控制的区域主要位于沿海，内陆腹地多为伦巴

将之转交给教廷。① 等到丕平国王返回故土之后，卑鄙无耻的埃斯图尔夫国王就开始变卦，他打算舍弃人质，撕毁誓约。值得一说的是，有一天，他外出狩猎，在上帝的裁决下，他遭到毁灭性打击，从而结束了尘世生活。

[**修订本修改**：*在狩猎时，他从马上摔了下来。这场事故使他染上疾患，几天之后，他便绝世而亡。*]

德西德里乌斯（Desiderius）② 为何能够登上王位，他又是如何登上王位的，关于这些话题，我们在后文再作交代。

757 年

君士坦丁皇帝③给丕平国王送了一些礼物，其中有一架管风琴，这件乐器也被送到了法兰克。④ 丕平国王召集法兰克人，在贡比涅（Compiègne）⑤开会。巴伐利亚公爵塔希洛⑥也来到那里。他双手合十，主动要求成为丕平

德人所控制。参阅 T. S. Brown, "Byzantine Italy, c. 680 - c. 876", in Rosamond McKitterick, *The New Cambridge Medieval History*: II. c. 700 - c. 900, Cambridge University Press, 1991。

① 丕平对拉文纳总督辖区的征服活动是应教皇的请求而发动的。在此之前，总督辖区已被伦巴德人占领，拜占庭的势力已经退出该地区。

② 德西德里乌斯（约 786 年去世），伦巴德王国的末代国王，757—774 年在位。德西德里乌斯原为伦巴德王国高官，757 年 3 月，成为新一任国王。770 年，他将自己的女儿德西德拉塔（Desiderata）嫁给法兰克国王查理曼。然而，第二年（771 年），查理曼便与德西德拉塔离婚，并将之遣送回去。773 年，查理曼率军南下征讨伦巴德王国。774 年 6 月，德西德里乌斯投降，随后被流放到一家修道院。伦巴德王国灭亡，"伦巴德人的国王"头衔由法兰克国王查理曼兼领。

③ 指君士坦丁五世（Constantine V），拜占庭帝国皇帝，生卒年为 718—775 年，741—775 年在位。

④ 在此之前，丕平曾遣使拜占庭帝国，以建立友善关系。因此，757 年拜占庭皇帝遣使法兰克，属于回访性质。按照《弗莱德加编年史续编》的说法，"由他们着手建立的这种友善关系并不一定能够取得成功"。详见 J. M. Wallace-Hadrill, ed., and trans., *The Fourth Book of the Chronicle of Fredegar with its Continuations*, p. 109。

⑤ 贡比涅，旧译"康边"，法兰克北部城镇，位于今法国瓦兹省（Oise）。

⑥ 塔希洛，丕平的外甥，详见 748 年纪事。

国王的附庸，同时立下无数誓言。他触摸着诸位圣徒的遗骨遗物并承诺道，按照法律规定，并依照附庸对领主应尽之责，他将效忠于丕平国王及其儿子查理和卡洛曼，他将诚实守信，忠心耿耿。就这样，正如此前其所立誓言那样，塔希洛面对着圣迪奥尼修斯（St. Dionysius）、鲁斯提库斯（Rusticus）、埃留提利乌斯（Eleutherius）、圣日耳曼努斯（St. Germanus）和圣马丁（St. Martin）的遗骸起誓，他将忠心不二，坚守一生。[①] 就像在前文以及在其他地方所说的那样，他手下的那些高官显贵们也都和他一起许下了同样的誓言。

758 年

丕平国王进军萨克森，在西腾（Sythen）[②] 这个地方，攻克了萨克森人的诸多要塞，萨克森人遭遇血腥败绩。于是，他们向丕平保证，不论他发出何种旨令，他们都将做到令行禁止。在丕平召开的集会上，他们还许诺说，他们每年都会献上 300 匹马作为礼品。时间转至 [③]

759 年

丕平国王又得一子。[④] 国王用自己的名字来给这个孩子命名。因此，和

43

---

① 圣迪奥尼修斯，即圣德尼（Saint Denis）。按照基督教传统说法，圣德尼是 3 世纪中叶巴黎主教，后被罗马当局砍头，其同伴鲁斯提库斯和埃留提利乌斯一同殉教。圣日耳曼努斯（约 496—576 年），6 世纪中叶的巴黎主教。圣马丁（316—397 年），4 世纪中后期图尔主教。

② 西腾，今为德国西部的一个小镇，位于北莱茵—威斯特法伦州西北部。

③ 从行文格式上看，从本纪事（758 年）起，一直到 808 年纪事，每个纪事的末尾都有一个相同的转承句式，告诉读者有关本年度的记载已经结束，接下来将转入下一年度。因此，从这个角度来说，该年代记 758—808 年纪事在文风上具有一定的统一性。

④ 这一年，丕平大约 44 岁，此前已和王后贝尔特拉达生育了几个孩子，其中包括查理、卡洛曼和吉塞拉（Gisela，女儿，757—810 年）。

101

其父亲一样，这个孩子也叫丕平。他只活了两年，三岁的时候便死掉了。

[**修订本修改**：随后便早夭而亡。]

这一年，他①在隆格利耶(Longlier)②庆祝圣诞节，在瑞皮耶(Jupille)③庆祝复活节。时间转至

760 年

在阿奎丹公爵瓦伊法尔④掌控的地域范围内，有一些教堂是属于法兰克的。对于这些教堂，瓦伊法尔拒绝给予任何权利，甚至说连一点权利也不给。知悉这一情形之后，为了让这些教堂在阿奎丹获得应有的权利，丕平国王和法兰克人决定发动一场战役。

[**修订本修改**：丕平国王在阿奎丹拥有一些教会财产，而阿奎丹公爵瓦伊法尔试图继续掌控这些教产，他不愿将这一权力交还给这些神圣场所的神父们。国王遣使向他发出警告，但他对此置若罔闻。正是由于瓦伊法尔的这种蔑视和挑衅，促使国王向之开战。]

他⑤一路挺进，最终抵达泰多阿德(Tedoad)⑥这个地方。见此情形之后，瓦伊法尔随即派遣奥特贝尔（Otbert）和达丁（Dadin）去见丕平国王，并将阿达尔加尔（Adalgar）和埃特尔（Either）作为人质交给国王，以此作保，在教产争端方面，不论国王索要什么，他都将一并应承。

[**修订本增补**：国王原本对他已是怒火中烧，但通过上述这些行动，他

---

① 指国王矮子丕平。

② 隆格利耶，位于今比利时东南部的卢森堡省，是纳沙托市（Neufchâteau）的一个区。

③ 瑞皮耶，位于今天比利时的东部，属于列日市（Liège）的一部分。丕平二世（赫斯塔尔的丕平，约635—714年）即是在瑞皮耶这个地方去世的。有观点认为，矮子丕平及其儿子查理曼等人均出生于瑞皮耶。

④ 关于瓦伊法尔，参阅本书748年纪事。

⑤ 指国王矮子丕平。

⑥ 该地位于奥弗涅（Auvergne），但具体位置不详。

还是让国王平息了怒气。于是，丕平立即停止了对他的讨伐。国王在接收人质以确保对方信守承诺之后，便鸣金收兵，打道回府了。] ①

丕平在吉耶兹 ② 庆祝圣诞节，此外还庆祝了复活节。时间转至

761 年

阿奎丹公爵瓦伊法尔全然不顾其送出去的那些人质，也无意遵守自己立下的那些誓言。为了复仇，他调遣军队前去攻打丕平国王，这支军队一直打到夏龙城 (Chalon) ③。当时，国王正在迪伦 (Düren) ④ 行宫召开大会。在此期间，他得知，瓦伊法尔此前所作所为皆为骗局。丕平国王 [**修订本增补**：从各处召集人马]，和其长子查理一道，再次对那个地区 ⑤ 发起征讨行动，攻取许多城堡，其中有波旁 (Bourbon)、尚特勒 (Chantelle) 以及克莱蒙 (Clermont) 等。以上这些城堡都是通过武力攻占的，此外，在奥弗涅 (Auvergne)，通过签订条约，他又将其他许多堡纳入自己的统治之下。他一直打到利摩日 (Limoges)。为了惩罚瓦伊法尔公爵的傲慢无礼，国王对这个省份进行彻底的扫荡。⑥

[**修订本增补**：在这场战事中，陪同国王一起出征的是其长子查理。在其父去世之后，这位查理接管了整个帝国的最高统治权。]

他在吉耶兹行宫庆祝圣诞节，复活节也是在那里庆祝的。时间转至

---

① 关于 760 年的这场战事，详见 J. M. Wallace-Hadrill, ed., and trans., *The Fourth Book of the Chronicle of Fredegar with its Continuations*, pp. 109-110。

② 关于吉耶兹，参见 753 年纪事及相关注释。

③ 夏龙，勃艮第地区的一个小镇，位于索恩河 (Saône) 西岸，今属法国索恩—卢瓦尔省 (Saône-et-Loire)。

④ 迪伦，原为高卢东北部的一个城镇，今位于德国西部边境地区，为德国北莱茵—威斯特法伦州迪伦县首府，位于亚琛与科隆之间。

⑤ 指瓦伊法尔掌控下的阿奎丹。

⑥ 关于 761 年的这场战事，详见 J. M. Wallace-Hadrill, ed., and trans., *The Fourth Book of the Chronicle of Fredegar with its Continuations*, pp. 110-111。

762 年

丕平国王第三次征讨阿奎丹。他攻取了布尔日城（Bourges）和图瓦尔城堡（Thouars）①。他在让蒂伊行宫（Gentilly）②庆祝圣诞节，复活节也是在那里庆祝的。时间转至

763 年

丕平国王在讷韦尔（Nevers）③召开集会，准备对阿奎丹展开第四次征讨。就是在那个地方，塔希洛罔顾其舅舅丕平国王曾经赐予他的一切大恩大德。他背弃自己的誓言和所有承诺，找了个卑劣的托辞 [**修订本修改**：假装说自己身体有恙]，然后溜之大吉。④就这样，他以谎言为借口，临阵脱逃，随后前往巴伐利亚，而且再也不想见国王的面。丕平国王继续在阿奎丹征战，他一直打到了卡奥尔（Cahors）⑤。在将阿奎丹夷为一片废墟之后，他取道利摩日，回到法兰克。

这一年的冬天非常寒冷。丕平国王在隆格利耶⑥行宫庆祝圣诞节，复活节也是在那里庆祝的。时间转至

764 年

然后，丕平国王在沃姆斯（Worms）⑦召开集会，但没有发起任何新的

---

① 图瓦尔，法兰克西部城镇，位于今天法国德塞夫勒省（Deux Sevres）北部。
② 让蒂伊，巴黎南郊的一个市镇。
③ 讷韦尔，法兰克中部城镇，今为法国勃艮第大区涅夫勒省（Nièvre）省会。
④ 关于塔希洛与丕平国王的关系，详见 748 年纪事及相关注释。
⑤ 卡奥尔，法兰克西南部城市，今为法国洛特省（Lot）省会。
⑥ 关于隆格利耶，参阅 759 年纪事及相关注释。
⑦ 沃姆斯，德意志西南部城市，位于今德国莱茵兰—普法尔茨州东南部，在莱茵河西岸。

军事行动。他待在法兰克，其主要精力都用于处理瓦伊法尔和塔希洛的事情。[**修订本增补**：6月4日6点，发生了一次日食。]他在吉耶兹行宫庆祝圣诞节，复活节也是在那里庆祝的。时间转至

765 年

丕平国王在阿蒂尼（Attigny）① 召开集会，但没有发起任何新的军事行动。他在亚琛（Aachen）行宫庆祝圣诞节，复活节也是在那里庆祝的。② 时间转至

766 年

46

丕平国王对阿奎丹发起征讨行动，并在奥尔良召开集会。此前，阿尔让通（Argenton）③ 城堡已被瓦伊法尔摧毁，丕平国王下令将之修复。在把这个城堡重建好了之后，丕平国王委派法兰克人驻守在那里，以此实施对阿奎丹的控制，同时，他在布尔日也安排了一支法兰克驻军。④

---

① 阿蒂尼，法兰克北部小镇，位于埃纳河（Aisne）与默兹河（Meuse）交汇处，今属法国阿登省（Ardennes）。

② 在对外关系方面，这一年曾发生一些重要事件，但由于事涉多方利益且较为敏感，《法兰克王家年代记》未作记述。这一年，拜占庭帝国派遣使团来到法兰克，讨论双方结盟事宜。罗马教廷对此深为不安。教皇保罗一世（757—767 年在位）向法兰克国王矮子丕平提出一系列要求，如：必须承认罗马教廷在基督教世界的首要地位；圣象崇拜具有合法地位；先在罗马召开一次教务会议，在把相关问题解决之后，法兰克才可接待拜占庭使团。不过，教皇的建议并未取得成效。详见 Bernhard Walter Scholz, with Barbara Rogers, trans., *Carolingian Chronicles: Royal Frankish Annals* and Nithard's *Histories*, p.181.

③ 阿尔让通，全称是克勒斯河畔阿尔让通（Argenton-sur-Creuse），高卢中部偏西的一个市镇，位于今天法国安德尔省（Indre）西南部。

④ 关于这一年的史事，详见 J. M. Wallace-Hadrill, ed., and trans., *The Fourth Book of the Chronicle of Fredegar with its Continuations*, pp. 114-115.

他在萨穆西 (Samoussy) ① 庆祝圣诞节，在让蒂伊庆祝复活节。时间转至

767 年

然后，丕平国王陛下在让蒂伊召开教务会议，和罗马人及希腊人一起，讨论有关"圣三"和圣像等问题。② 随后，他取道阿奎丹，向纳博讷 (Narbonne) 进军，征服了图卢兹 (Toulouse)、阿尔比 (Albi) 以及热沃当 (Gevaudan) 等地。③ 平安返回家园之后，他在维埃纳城庆祝复活节。

同年 8 月，他再次进军阿奎丹，并深入到布尔日。在那里，他因循惯例，在营地召开了由所有法兰克人参加的集会。随后他率军继续挺进，一直深入到加龙河 (Garonne) 一带，占领了许多山地和岩洞，并将阿力 (Ally)、蒂雷纳 (Turenne) 以及佩吕斯 (Peyrusse) 等城堡收入囊中，然后返回布尔日。④ 就在布尔日那个地方，他收到了保罗教皇去世的消息，圣诞节也是在那里度过的。时间转至

768 年

丕平国王陛下发起讨伐行动，抓获了雷米斯塔格鲁斯 (Remistagnus) ⑤。他

---

① 萨穆西，法兰克北部的一个小镇，位于今天法国埃纳省东部。

② 8 世纪早期，拜占庭帝国宣布反对圣像崇拜，掀起圣像破坏运动。帝国皇帝君士坦丁五世时期 (741—775 年在位)，圣像破坏运动达到最高峰。754 年，君士坦丁五世召开教务会议，通过反对圣像崇拜的决议。9 世纪中叶，拜占庭帝国宣布恢复圣像崇拜。另，在767 年法兰克的这次教务会议上，圣像崇拜得到了认可，这与拜占庭帝国当时的宗教政策是相左的。

③ 阿尔比，位于今天法国的达恩省 (Tarn)；热沃当，位于洛泽尔省 (Lozère)。

④ 阿力，位于今天法国的康塔尔省 (Cantal)；蒂雷纳，位于科雷兹省 (Corrèze)；佩吕斯，位于阿韦龙省 (Aveyron)。

⑤ 雷米斯塔格鲁斯，亦写作雷米斯塔尼乌斯 (Remistanius)，原阿奎丹公爵尤多 (Eudo，735 年退位) 之子，瓦伊法尔的叔叔。雷米斯塔格鲁斯曾归顺法兰克国王丕平，丕平对之

一直打到桑特城(Saintes)①，在俘获瓦伊法尔的母亲、姊妹以及侄女之后，继续向加龙河一带进军。随后，他又开赴蒙斯 (Mons) ②，赫尔维希 (Herwig) 押着（瓦伊法尔）公爵的另一个姊妹也到了这里。从蒙斯平安返回之后，他③在塞尔斯(Sels) 城堡④ 庆祝复活节。之后，他再次开始其征伐之旅，和王后贝尔特拉达夫人一道，来到桑特城。他将王后及其随行人员留在桑特城，而他自己则继续向佩里戈尔(Perigord)⑤ 挺进。瓦伊法尔被杀身亡⑥，[**修订本增补**：对丕平国王而言，这似乎也就意味着战争就此结束。] 于是，他凯旋桑特城。

他在那里逗留了一些日子，就是在此期间，他的身体出了问题。在返回故土途中，他路过图尔，在圣马丁教堂作了祈祷，然后抵达圣德尼修道院(St.-Denis)。9 月 24 日，他在那里去世。⑦

查理和卡洛曼两位陛下登上王位。国王陛下查理于 10 月 9 日⑧ 在努瓦

颇为优待，但不久之后，雷米斯塔尼乌斯再次叛离，后被法兰克方面擒获并被吊死。详见 J. M. Wallace-Hadrill, ed., and trans., *The Fourth Book of the Chronicle of Fredegar with its Continuations*, pp. 114-119。

① 桑特，今属法国滨海夏朗德省 (Chanrente-Maritime)，是该省的第二大城市。

② 蒙斯，具体位置不详，大致位于今天法国西部，在夏朗德河流域 (Charente)。

③ 指矮子丕平。

④ 塞尔斯，今名尚托索 (Chantoceaux)，法兰克西部小镇，位于卢瓦尔河下游，位于今天法国曼恩－卢瓦尔省 (Maine-et-Loire) 境内。

⑤ 佩里戈尔，阿奎丹北部地区，大致相当于今天法国的多尔多涅省 (Dordogne)。

⑥ 按照《弗莱德加编年史续编》的说法，瓦伊法尔被自己的随从刺杀身亡，"据说，此举是在得到国王默许之后作出的。"详见 J. M. Wallace-Hadrill, ed., and trans., *The Fourth Book of the Chronicle of Fredegar with its Continuations*, p. 120。

⑦ 临终前，在圣德尼修道院，丕平将王国分给两个儿子。"大儿子查理成为奥斯特拉西亚人的国王，而他的小儿子卡洛曼获得勃艮第王国、普罗旺斯、塞提马尼亚 (Septimania)、阿尔萨斯以及阿拉曼尼亚等地。"详见 J. M. Wallace-Hadrill, ed., and trans., *The Fourth Book of the Chronicle of Fredegar with its Continuations*, p. 121。

⑧ 关于兄弟二人的登基时间，《弗莱德加编年史续编》的说法是："在同一个日子里，即 9 月 18 日，星期天，他们接受教会的祝圣，并经由达官要员们的推举，登上王位。"详见 J. M. Wallace-Hadrill, ed., and trans., *The Fourth Book of the Chronicle of Fredegar with its Continuations*, p. 121。

47　永（Noyon）登基，卡洛曼的登基地点是在苏瓦松。光荣的查理国王陛下，**[修订本增补**：其年龄比卡洛曼要大]，他是在亚琛行宫庆祝圣诞节的，复活节则是在鲁昂（Rouen）庆祝的。时间转至

769 年

胡纳尔德①试图在整个加斯科尼以及阿奎丹地区搅动局势、重启战端，于是，光荣的查理国王陛下前往阿奎丹，发起征讨行动。在上帝的护佑下，查理国王仅凭为数不多的法兰克人就挫败了胡纳尔德的敌对图谋。在此次讨伐途中，伟大的国王与其胞弟②曾在杜阿斯迪维斯（Duasdives）③会合。然而，卡洛曼却突然从这里动身返回法兰克。至仁至慈的查理国王陛下前往昂古莱姆城（Angoulême）。在那里，他强力征召许多法兰克人，并为他们配备武器和装备。他带领这些人来到多尔多涅（Dordogne）河畔，在那里修筑起名曰弗隆萨克（Fronsac）④的城堡。就是在那个地方，他派遣信使前往加斯科尼人卢波（Lupo the Gascon）⑤那里，决意要把胡纳尔德及其妻子给搜出来。

[修订本修改：兄弟二人已经继承其父之王位，并将王国一分为二。阿奎丹行省当初已被分给长兄查理国王。⑥由于昔日的战争，阿奎丹已是敌意

---

① 胡纳尔德，瓦伊法尔的父亲，735—744 年间为阿奎丹公爵，768—769 年再次成为阿奎丹的首领。参阅 742 年纪事。

② 指卡洛曼。

③ 杜阿斯迪维斯，今名蒙孔图尔（Moncontour），在今天法国维埃纳省境内。

④ 弗隆萨克，位于波尔多东北约 40 公里处，在多尔多涅河北岸，今属法国吉伦特省（Gironde）。

⑤ 加斯科尼人卢波，即加斯科尼公爵卢波二世（Lupo II of Gascony，约 778 年去世），亦即下文中的卢普斯（Lupus），他与胡纳尔德曾是盟友关系。参见 Archibald R. Lewis, *The Development of Southern French and Catalan Society, 718–1050*, Austin: University of Texas Press, 1965, p. 26。

⑥ 在阿奎丹的归属问题上，《法兰克王家年代记》对《弗莱德加编年史续编》中的相关表述

重重，此后，这里的军事抵抗活动也一直没有停息。有这么一个人，他叫胡纳尔德。此人意欲称王，于是便煽动该省民众展开新的冒险行动。既然这个省已被分给查理国王，因此，他便率领自己的军队，前去讨伐这个人。值得一说的是，查理未能从其弟弟那里获得任何援助，他仅仅是在杜阿斯迪维斯那里与之有过一次交谈。其弟弟之所以如此行事，原因在于其手下的那些高官显贵向他提供邪恶建议，阻止他提供援助。在其胞弟返回自己王国之际，查理向地处阿奎丹的昂古莱姆城进发。他率领从四处招募来的军队，从那里开始追击落荒而逃的胡纳尔德，而且差一点就把他给抓到了。不过，胡纳尔德熟悉地形，知道藏在哪里可以躲过国王的军队，因此，他得以逃脱。溜出阿奎丹之后，他开始逃往加斯科尼，他认为，到了那里，他就可以高枕无忧了。当时，卢普斯（Lupus）身为加斯科尼公爵，胡纳尔德毫不犹豫地投身于他的怀抱。国王派遣使节去见卢普斯，令其交出逃犯，而且对之晓谕：如果他拒不听命，国王就将对加斯科尼开战；在其俯首听命之前，国王决不收兵。面对国王的威胁，卢普斯胆战心惊。他立即交出胡纳尔德及其妻子，并承诺一切听从吩咐。]

48

当查理国王和法兰克人待在弗隆萨克期间，胡纳尔德及其妻子被押解过来。胡纳尔德已经被俘，城堡也已建好，于是查理返回法兰克。

他在迪伦① 行宫庆祝圣诞节，在王家市镇列日（Liège）② 庆祝复活节。时间转至

作了重要修改，而且，对修改后的文字还进行反复强调。《弗莱德加编年史续编》中有言：阿奎丹是法兰克国王丕平通过征服行动获得的，在其去世前，"他也将这个行省分给了他的两个儿子"。也就是说，按照"续编"所述，阿奎丹这个地方本应由查理和卡洛曼分承，但《法兰克王家年代记》却称，丕平国王将整个阿奎丹都送给了长子查理。详见 J. M. Wallace-Hadrill, ed., and trans., *The Fourth Book of the Chronicle of Fredegar with its Continuations*, p. 121。

① 关于迪伦，可参见 761 年纪事及相关注释。

② 列日，位于今天比利时的东部。

770 年

查理国王陛下在沃姆斯城召开集会。卡洛曼与王太后贝尔特拉达在塞尔茨（Seltz）① 会面。同年，王太后贝尔特拉达取道巴伐利亚，前往意大利。

[修订本修改：值得一提的是，两位国王的母亲贝尔特拉达在塞尔茨与其小儿子卡洛曼作了一次会谈，随后，为了（与伦巴德人）建立和平关系，她前往意大利。她办妥了此行所要解决的问题，接着便前往罗马，在神圣的使徒教堂作了祷告，然后重返高卢，回到儿子们身边。②]

查理国王陛下在美因茨城（Mainz）③庆祝圣诞节，在赫斯塔尔（Herstal）④庆祝复活节。时间转至

771 年

查理国王陛下在瓦朗希埃纳（Valenciennes）⑤召开集会。同年 12 月 4 日，卡洛曼国王在萨穆西行宫去世。⑥查理国王陛下来到柯贝尼（Corbény）

---

① 塞尔茨，位于阿尔萨斯地区的维桑堡（Wissembourg）附近。

② 关于贝尔特拉达的意大利之行，不论是原创本，还是修订本，都写得较为隐晦含蓄。在这次意大利之行中，贝尔特拉达先是前去拜访伦巴德国王德西德里乌斯（Desiderius），主要议题是两国王室联姻之事，即请求德西德里乌斯将其女儿德西德拉塔（Desiderata）嫁给法兰克国王查理。对于这桩婚事，罗马教皇持反对态度，不过，反对终究无效。查理与德西德拉塔的婚姻仅维持一年，随后他便将之送回了伦巴德王国。大约在 771 年末或 772 年初，查理又和出身于巴伐利亚贵族家庭的希尔德加德（Hildegard）成婚。详见 Bernhard Walter Scholz, with Barbara Rogers, trans., *Carolingian Chronicles: Royal Frankish Annals* and Nithard's *Histories*, p.182。

③ 美因茨，法兰克王国东部城市，位于莱茵河右岸。美因茨今属德国，位于德国中部偏西。

④ 赫斯塔尔，加洛林王朝早期的"圣地"，位于今天比利时的东部，在列日（Liège）附近。

⑤ 瓦朗希埃纳，法兰克北部城镇，位于今天法国北部省（Nord），与比利时接壤。

⑥ 卡洛曼去世时年仅 20 岁。卡洛曼与其兄长查理之间的关系相当紧张，甚至几近公开决裂，因此，关于其突然死亡及其原因，人们多有揣测，认为此事可能与政治权斗具有莫大的关联。参阅 Russell Chamberlin, *The Emperor Charlemagne*, Stroud, Gloucestershire: Sut-

行宫①。大主教维尔卡尔(Wilchar)②、王家专任神父弗尔拉德③以及其他各位主教和神父也都来到这里，前来此地的还有瓦林（Warin）伯爵、阿达拉尔(Adalhard) 伯爵以及曾经效忠于卡洛曼的其他高官显贵。不过，卡洛曼的遗孀④却带着一小撮法兰克人跑到意大利去了。[**修订本增补**：对于这些人出走意大利之举，国王宽怀大度地容而忍之，尽管说他原本没有必要宽宥他们的这种行为。]⑤高贵而光荣的查理国王在阿蒂尼行宫⑥庆祝圣诞节，在赫斯塔尔庆祝复活节。时间转至

772 年

[**修订本增补**：在罗马，教皇斯蒂芬去世之后，哈德良继承教皇之位。⑦]然后，至仁至慈的查理国王陛下在沃姆斯召开集会。他从沃姆斯启程，生平

---

ton Publishing, 2004, p. 70; Joanna Story, "Cathwulf, Kingship, and the Royal Abbey of Saint-Denis", *Speculum*, 1999 (1): pp. 1–21。

① 柯贝尼，法兰克北部城镇，位于今天法国埃纳省的东部边境。
② 维尔卡尔，桑斯（Sens，法兰克东部城市，位于欧塞尔西北方向，今为法国约讷省第二大城市）大主教，任职时间大约是 769—787 年。在《法兰克王家年代记》"修订本"中，维尔卡尔的头衔被改为希腾城（Sitten）主教。希腾城主教维尔卡尔在职时间是 764—780 年。希腾（德语地名，Sitten），亦称锡安（法语地名，Sion），今为瑞士瓦莱州（Valais）首府。
③ 关于弗尔拉德，参阅 749 年纪事及相关注释。
④ 卡洛曼的妻子名曰热尔贝尔加（Gerberga，生活于 8 世纪中后期）。
⑤ 热尔贝尔加出走意大利之事较为复杂。热尔贝尔加和卡洛曼生有两个儿子。卡洛曼突然去世之后，热尔贝尔加试图让其长子丕平（Pepin）继承王位，她自己则担任摄政。此举遭到国王查理的反对，于是，热尔贝尔加带着两个儿子以及一批追随者逃往伦巴德王国，寻求伦巴德国王德西德里乌斯以及罗马教皇哈德良一世（Hadrian I, 772—795 年在位）的支持。不久之后，查理对伦巴德王国展开征服行动，最终将这个王国纳入法兰克的管辖范围。
⑥ 关于阿蒂尼，参阅 765 年纪事及相关注释。
⑦ 教皇斯蒂芬三世，768—772 年在位。教皇哈德良一世，772—795 年在位。

第一次向萨克森进军。① 在攻克埃雷斯堡（Eresburg）② 这个城堡之后，他继续挺进，一直打到伊尔明神柱（Irminsul）③ 那里。他将这一异教神物摧毁，并把所能找到的黄金白银全部运走。当地正遭遇一场严重的旱灾，因此，在原本立有伊尔明神柱的那个地方，连一滴水都找不到。光荣的国王想在那里停留两三天，以便把那座神庙彻底摧毁，但是，他们却苦于没有水源。中午时分，全军将士都在休息，对于当时的风云变幻，大家一无所知。就在这个时候，幸蒙上帝之恩，有一条河流突然河水滔滔起来，于是，全军有了足够的水源。然后，伟大的国王来到威悉河畔。在这里，他与萨克森人展开和谈，在获得 12 个人质之后，返回法兰克。

他在赫斯塔尔庆祝圣诞节，复活节也是在这里庆祝的。时间转至

773 年

然后，查理国王陛下前往蒂永维尔（Thionville）④ 行宫过冬。教皇大人哈德良派遣一位使节来到蒂永维尔。这位使节名曰彼得，他先是经海路到达马赛，然后由陆路来到查理国王陛下这里。他此行的目的就是要向光荣的国王及其法兰克人发出邀请，让他们为了捍卫上帝的事业和教廷的权利，帮助教廷打击德西德里乌斯国王和伦巴德人。

[**修订本修改**：对于德西德里乌斯的骄横以及伦巴德人的欺压，哈德良

---

① 查理曼于 772 年开启对萨克森的征服行动，直到 804 年才最终征服萨克森。
② 埃雷斯城堡，位于今德国北莱茵—威斯特法伦州东部，在迪摩尔（Diemel）河畔。迪摩尔河是威悉河西面的一条支流。
③ 伊尔明（Irmin），萨克森原始宗教中的神灵，一般认为其角色是战神、智慧之神或商业之神。关于伊尔明神柱的质地问题，学术界尚无统一的认识。在早期，伊尔明神柱可能就是那种粗大的树桩。后来，伊尔明神柱可能是一种圆柱形建筑，其上方立有战神伊尔明。
④ 蒂永维尔，法兰克东北部城镇，位于今天法国摩泽尔省（Moselle）境内，在摩泽尔河左岸。

已是忍无可忍。他决意派遣特使前来面见法兰克人的国王查理，请求查理国王施以援助，帮助他和罗马人打击伦巴德人。]

教皇特使之所以经由海道而来，是因为伦巴德人已将陆路封锁，禁绝罗马人通行。围绕接下来的行动方案，高贵的查理国王陛下与法兰克人展开细致商讨，最终决定，对于教皇大人哈德良通过其特使所转达的所有请求，一律照办。[①] 然后，光荣的国王与法兰克人在日内瓦城召开大会，并在那里兵分两路。他本人率领一路人马，取道塞尼峰 (Mont Cenis)[②] 向前开进；另外一些封臣则由其叔父贝尔纳 (Bernard)[③] 率领，经由大圣伯纳山口 (Great

---

① 关于查理此次行动，背景较为复杂，涉及法兰克、伦巴德和罗马教廷三方之间的关系。伦巴德国王德西德里乌斯主动要求与教皇结盟，试图共同打击法兰克人。与此同时，他又占领了法恩泽 (Faenza)、费拉拉 (Ferrara) 和科马基奥 (Comacchio) 等地，而这些地方是当年由法兰克国王矮子丕平及其儿子们征服并转送给罗马教廷的。卡洛曼的遗孀带着两个儿子来到德西德里乌斯的宫廷之后，德西德里乌斯便开始形成自己的霸权方案：由教皇为这两个孩子加冕为法兰克国王，从而使法兰克处于分裂状态，切断教皇与法兰克人的联系，进而将罗马以及整个意大利纳入自己的统治范围。面对德西德里乌斯的威胁，教皇遂遣使前往查理处求援。也就是在此期间，德西德里乌斯及其儿子阿达尔吉斯 (Adalgis) 一道，带着卡洛曼的两个儿子，开赴罗马，准备迫使教皇为这两个孩子行涂油礼并加冕为王。当行进到维泰博 (Viterbo，意大利城市) 的时候，他们接到教皇的威胁性谕令，其中有言，如果他们继续一意孤行，将被开除教籍。德西德里乌斯一行只得折返。查理在与手下的高官显贵商议之后，决定援助教皇。在此期间，德西德里乌斯向法兰克人报信称，他已将之前侵占的那几座城市还给了教皇。查理遣使罗马，以查证此言之虚实，结果证明德西德里乌斯是在说谎。于是，查理的使节与教皇的使者一道前往伦巴德，要求对方交出那几座城市。德西德里乌斯拒绝这一要求。查理的使节带着教皇的信件返回法兰克，在信中，教皇恳请查理国王继续履行其父丕平对教皇许下的承诺。查理随后又派遣使团前往德西德里乌斯处，希望以和平方式解决争端，即，如果德西德里乌斯交还那几座城市，那么，他将获得 1.4 万索里达 (solidi) 补偿金。然而，德西德里乌斯还是拒绝法兰克方面的建议。于是，查理最终出兵。详见 Bernhard Walter Scholz, with Barbara Rogers, trans., *Carolingian Chronicles: Royal Frankish Annals* and Nithard's *Histories*, p.183。
② 关于塞尼峰，参阅 755 年纪事中的相关注释。
③ 贝尔纳是查理·马特的私生子，矮子丕平的同父异母弟弟，生于 732 年之前，死于 787 年，详见下文中的 811 年和 812 年纪事。

St. Bernard Pass)^①向意大利进军。两路人马在克吕斯^②会合，这时，德西德里乌斯也调兵遣将，准备迎战查理国王陛下。查理国王陛下命令法兰克人在这个山谷地带安营扎寨，随后派出一支军队翻越山岭。德西德里乌斯见势不妙，便从克吕斯撤退。在上帝的佑助下并在使徒圣彼得的代祷下，查理国王陛下与法兰克人进入意大利，在全军穿越山谷过程中，既没有自乱阵脚，也没有出现人员损伤。他一直打到帕维亚城下，对德西德里乌斯实施包围，并对这座城市展开围困。

[**修订本增补**：对这座城市的围攻行动相当艰难，颇费周折，而且用了整整一个冬季时间。^③]

查理陛下在其营地庆祝圣诞节，在罗马庆祝复活节。^④这一年，应教皇之请，为了保护上帝的神圣罗马教会，他前往罗马。在此期间，与萨克森人毗邻的边境地区处于无人防守状态，而且与萨克森人签订的任何条约也都无法确保这里的安全。萨克森人率领大军扑向邻近的法兰克土地，一直打到博莱堡（Büraburg）^⑤城堡。边境地区的居民见到这一情景之后，恐慌不已，于是都逃进城堡之中。萨克森人蛮性大发，开始焚烧城堡外的房屋。在弗里

---

① 大圣伯纳山口，亦译"大圣伯纳关隘"，位于阿尔卑斯山西段南侧，是阿尔卑斯山的重要山口，在今瑞士境内，出了这个山口，向南很快便进入意大利境内；反之，从意大利进入山北的高卢地区，通常也需要通过这个山口。

② 关于克吕斯，参阅755年纪事及相关注释。

③ 在帕维亚被围困期间，德西德里乌斯之子阿达尔吉斯与卡洛慢的遗孀吉尔贝加及其两个儿子逃往维罗纳（Verona，意大利北部城市）。查理跟踪追击来到维罗纳，吉尔贝加及其儿子主动投降，阿达尔吉斯则逃往君士坦丁堡。详见 Bernhard Walter Scholz, with Barbara Rogers, trans., *Carolingian Chronicles: Royal Frankish Annals* and Nithard's *Histories*, p.183。

④ 查理于774年4月2日到达罗马，在这里，他对其父丕平当年的"献土"之事再次予以确认。载有"献土"内容的特许状如今已经散佚。另外，对于特许状上列出的所献之土，罗马教廷也从未能够全部获得。详见 Bernhard Walter Scholz, with Barbara Rogers, trans., *Carolingian Chronicles: Royal Frankish Annals* and Nithard's *Histories*, p.183。

⑤ 博莱堡城堡位于今天德国中部偏西，在黑森州北部，靠近小镇弗里茨拉尔。

茨拉尔(Fritzlar)①，他们看到一座教堂。这座教堂是由卜尼法斯②祝圣过的。卜尼法斯不久以前已经殉教，他圣洁有加，令人敬仰，他曾预言说，这座教堂是绝不会被烧掉的。然而，萨克森人决心已定，他们开始向这座教堂发起进攻，为了烧掉它，他们用尽了各种方法。就在这时，出现了两个骑着白马的年轻人，他们护卫着教堂，使之免受大火的侵袭。这一幕，城堡内的一些基督徒看到了，萨克森军队里的一些异教徒也看到了。正是由于这两个年轻人对教堂的保护，异教徒们对教堂已是无从下手，不论是在教堂内，还是在教堂外，都点不着火，也毁不掉它。面对上帝神威，他们惊恐万状，尽管后无追兵，他们还是转身溃逃。后来，人们发现，有个萨克森人死在了教堂旁边，他保持着蹲姿，手里拿着火把和柴火，似乎是要把柴火点着然后再去焚烧教堂。③ 时间转至

774 年

从罗马折返途中，查理国王陛下再次前往帕维亚城，这一次，他不仅占领了这座城市，而且还俘获了德西德里乌斯及其妻子和女儿，王宫中的所有珍宝也都成为他的囊中之物。所有的伦巴德人都从意大利各城赶往这里，他们纷纷表示臣服于光荣的查理国王陛下及法兰克人。不过，德西德里乌斯国王的儿子阿达尔吉斯却逃了出去，他经由海路，躲往君士坦丁堡。**[修订本增补：**在那里，他被授予地方行政长官之职，而且，一直到老，他都待在这个位置上。**]** 光荣的查理国王陛下不仅征服了意大利，而且恢复了那里的社会秩序。在帕维亚留下一支由法兰克人组成的卫戍部队之后，在上帝的佑助下，他与他的妻子以及其他法兰克人一道，凯旋法兰克。**[修订本**

---

① 弗里茨拉尔，德意志城镇，位于今天德国黑森州北部，在法兰克福以北160公里处。

② 卜尼法斯754年殉教。关于卜尼法斯，参阅750年纪事及相关注释。

③ 在《法兰克王家年代记》"修订本"中，两个骑白马的年轻人护卫教堂之事被移至774年纪事之下，且文字大为简化。

增补：作为囚犯，德西德里乌斯也被他一同带往法兰克。] [1] 到达英格尔海姆 51 (Ingelheim)[2] 之后，他派遣四支队伍进军萨克森，其中的三支队伍与萨克森人展开战斗，在上帝的护佑下，取得胜利。第四支队伍并没有与萨克森人真正开战，他们带着大量的战利品，毫发无损地返回家园。光荣的国王在吉耶兹行宫庆祝圣诞节，复活节也是在这里庆祝的。时间转至

775 年

[**修订本增补**：在吉耶兹行宫过冬期间，国王决定对奸诈成性、出尔反尔的萨克森部落发起打击。其计划是，要么将之打败并迫令他们接受基督教，要么把这群人全部消灭，不达目的，决不收兵。]

虔诚而高贵的查理国王陛下在迪伦[3]行宫召开集会。在这里，他下令军队向萨克森进军。[**修订本增补**：在首次进攻行动中，]国王的军队便占领绥堡(Syburg)[4]城堡。在重建埃雷斯堡[5]城堡之后，军队深入到布劳恩斯贝格 (Braunsberg)[6]附近的威悉河畔。萨克森人试图守住威悉河河岸，因此，准备在那里展开反击。凭着上帝的佑助，英勇善战的法兰克人把萨克森人打得

---

① 帕维亚于 774 年 6 月被法兰克军队攻克。德西德里乌斯、其妻奥萨（Ausa）以及他们的一个女儿都被押往法兰克，囚禁地点不确，有科尔比（Corbie）和列日（Liège）两种说法。详见 Bernhard Walter Scholz, with Barbara Rogers, trans., *Carolingian Chronicles: Royal Frankish Annals* and Nithard's *Histories,* p.183。

② 英格尔海姆，位于今天德国的尼德—英格尔海姆市（Nieder-Ingelheim），地处莱茵河畔，与美因兹毗邻。768 年至 774 年间，查理曼在此建造了一座王宫。

③ 关于迪伦，参阅 761 年纪事及相关注释。

④ 绥堡，德国西部的一个古城堡，位于今天德国北莱茵—威斯特法伦州的中部，隶属于多特蒙德市（Dortmund）。

⑤ 关于埃雷斯城堡，参见 772 年纪事及相关注释。

⑥ 布劳恩斯贝格，法兰克时代萨克森的小镇，如今已不复存在，其地点大致位于今天德国明登市（Minden）境内。明登是德国北莱茵—威斯特法伦州的城市，位于威斯特法伦东部的威悉河畔。

四散而逃。法兰克人占领了威悉河两岸，许多萨克森人被杀身亡。

接着，查理国王陛下分兵两路。根据自己的作战需要，他集结一支规模庞大的军队，向奥克河（Oker）① 方向进发。在哈希（Hassi）带领下，奥斯特雷勒迪部族（Austreleudi）② 的所有萨克森人全都前来拜见查理国王。他们按照查理国王的要求，交出相应数目的人质，并向查理国王陛下宣誓效忠。当至仁至慈的国王从奥克河畔返回之时，盎格拉里亚部族（Angrarii）的萨克森人在布鲁诺（Bruno）及其他高官显贵的带领下，来到比克高（Bückegau）③。和东萨克森人（Austrasians）一样，他们也献出人质 [**修订本增补**：并宣誓效忠]。此前，按照国王的命令，另外一部分军队驻守在威悉河畔。从前线返回途中，国王与这部分军队会合。在吕贝克（Lübbecke）④，萨克森人与他们展开一场较量。法兰克人取得胜利，而这群萨克森人当中，有许多人被杀身亡。此乃上帝的意旨。

[**修订本修改**：在大军东征的同时，还有一部分军队被国王派往威悉河畔，他们在名曰吕贝克的那个地方安营扎寨。然而，这路人马做事粗心，中了萨克森人的诡计。一群法兰克士兵外出征集粮秣，大约9点钟的时候，他们返回军营。萨克森人混入他们中间，给人感觉就是自己人。就这样，萨克森人混进法兰克人的军营，对呼呼大睡或半睡半醒的士兵发动袭击。当时，很多人都是毫无防备，因此，据说死伤甚众。不过，那些醒着的法兰克士兵则奋勇作战、拼死抵抗，最终将这群人驱逐出去。这群偷袭者强忍着失败之痛，与法兰克人签订了在当时那种情况下对他们最为有利的和约，然后撤离法兰克营地。]

53

---

① 关于奥克河，参阅747年纪事及相关注释。

② 奥斯特雷勒迪部族，萨克森的三大部族之一，属于东萨克森人，亦称"伊斯特伐里亚人"（Eastphalians）。另外两大部族分别是盎格拉里亚人（Angrarians）和威斯特伐里亚人（Westphalians）。

③ 比克高，其位置大约相当于今天德国明登市东部的比克堡（Bückeburg）。

④ 吕贝克，德意志城市，位于今天德国北莱茵—威斯特法伦州北部，在明登与奥斯纳布吕克（Osnabrück）之间。

听闻此事之后，查理国王陛下再次率军征讨萨克森人，不仅将之打得大败，而且使得这些萨克森人遭到同样严重的损失。此外，查理国王还从威斯特伐里亚人（Westphalians）那里斩获数量可观的战利品。和其他萨克森人一样，他们也献出了人质。查理国王陛下已经收纳众多人质，斩获大量战利品，对萨克森人先后实施三次大规模屠杀，此后，在上帝的佑助下，他返回法兰克家园。

伦巴德人赫罗德高德（Hrodgaud）不守信用，他撕毁了此前所作的一切誓言，准备在意大利煽动叛乱；[**修订本增补**：而且，有好几座城市已经背叛了查理国王陛下。]① 得此消息之后，查理国王随即率领法兰克大军挺进意大利。

他在塞莱斯塔（Schlettstadt）② 行宫庆祝圣诞节。时间转至

776 年

查理国王陛下经由弗留利（Friuli）③ 进入意大利。杀了赫罗德高德之后，查理国王陛下在特雷维索城（Treviso）④ 庆祝复活节。他将攻占来的城市置于法兰克人控制之下，这些城市包括奇维达莱（Cividale）⑤、特雷维索以及

---

① 参阅本书 776 年纪事。关于这一事件，当时有以下说法：弗留利（Friuli）公爵赫罗德高德与斯波莱托（Spoleto）公爵希尔德布兰德（Hildebrand）、贝内文托（Benevento）公爵阿里吉斯（Arighis）以及丘西（Chiusi）公爵莱金巴尔德（Reginbald）等人结盟，他们计划与已经逃往东罗马的阿达尔吉斯联合，并借助于东罗马军队，攻占罗马城，重建伦巴德王国。不过，后世学术界认为，这个故事显然有些危言耸听。详见 Bernhard Walter Scholz, with Barbara Rogers, trans., *Carolingian Chronicles: Royal Frankish Annals* and Nithard's *Histories,* p.184。

② 塞莱斯塔，法兰克东北部城镇，今属法国下莱茵省，在斯特拉斯堡附近。

③ 弗留利，意大利东北部的一个地区，今为意大利弗留利 – 威尼斯朱利亚大区（Friuli-Venezia Giulia）的重要组成部分。

④ 特雷维索，意大利北部城市，今属意大利北部威尼托大区（Veneto）特雷维索省，是特雷维索省首府所在地。

⑤ 奇维达莱，意大利东北部城市，今属意大利弗留利 – 威尼斯朱利亚大区乌迪内省（Udine）。

此前发生叛乱的其他一些地方。随后，他带着成功和胜利的荣誉再次回到法兰克。

然后，信使来报：萨克森人又在造反起事，他们完全不顾其献出的所有人质之安危，毁约弃誓，通过奸计和骗人的条约，成功诱使法兰克人放弃埃雷斯堡城堡。埃雷斯堡就这么被法兰克人舍弃，随后，萨克森人便将其围墙和房舍夷为平地。萨克森人从埃雷斯堡继续挺进，试图以同样的方式来解决绥堡城堡，但这一次，他们完全没有得逞，这是因为，在上帝的佑助下，法兰克人发起了英勇抗击。就像对付前一座城堡时的那样，萨克森人还想通过劝降的方式来让卫兵放弃抵抗，但未能奏效。于是，他们开始架起军事器械，准备对城堡发动猛攻。他们事先已精心准备好了石弩，然而，这些石弩却给他们自身带来很大损伤，其严重程度远大于给城堡内造成的伤害。此乃上帝的意旨。萨克森人意识到，用这些器械对付城堡内的守军根本不起作用。于是，他们找来大量柴把，准备一举攻下这座要塞。不过，正如刚刚所述的那样，上帝再次显示出比他们更为强大的威力。一天，他们正准备和城堡内的基督徒开战，就在这时，在城堡内的教堂上空，出现了上帝的荣光。城堡内外的许多人都目睹了这一景象，而且，他们当中的许多人现在都还活在人世。据说，他们看到，有两个盾牌形状的红色东西在教堂上空盘旋，上面还有着火苗。见到这一奇迹之后，城堡外的异教徒们随即乱作一团，他们惊恐万分，拔腿就向自己的营地逃跑。这些人全都陷入慌乱之中，他们一个挨着一个争相逃窜，最终反而丢了性命，这是因为，出于恐惧，有些人一边奔跑一边回头张望，而跑在前面的那些人肩上扛着长矛，紧跟在后面的那些人则撞上长矛，结果把自己给刺死了。还有一些人毫无目标地相互打斗，自相残杀，从而以这么一种方式遭受上帝的惩罚。为了拯救基督徒，上帝施展出巨大威力，严惩这些异教徒。至于这一威力究竟大到何种地步，无人能够言表。毫无疑问，萨克森人越是惊慌失措，基督徒们就越是宽慰开怀，屈尊为其众仆展示威力的全能上帝就越应得到颂扬。一见萨克森人开始逃跑，法兰克人便尾随其

55

后，一直追到里普（Lippe）① 河畔，然后将他们屠戮殆尽。这个城堡转危为安，法兰克人随即凯旋故里。②

查理国王陛下来到沃姆斯，闻悉以上所发生的这个事情。于是，他下令就在那个地方召开集会。他主持了全员集会，经过深思熟虑之后，在上帝的佑助下，以迅疾之势，突破萨克森人的设防区。萨克森人惊恐万状，他们从四面八方汇聚到里普河源头所在地，将自己的土地献给法兰克人。他们作出担保，承诺皈依基督教，而且决定接受查理国王陛下和法兰克人的统治。[**修订本增补**：他们保证一定信守诺言，不过，他们所说的都是一派谎言；然而，国王却听信了他们的承诺。]

查理国王陛下与法兰克人一道，重建埃雷斯堡城堡，又在里普河畔另建了一座城堡。萨克森人带着妻儿老小，浩浩荡荡地来到那里接受洗礼，并按国王陛下要求的数目献出人质。在以上所述的两座城堡竣工之后，国王任命法兰克卫戍部队驻守其地 [**修订本修改**：国王留下一支实力强大的卫戍部队]，随后他便返回法兰克。

他在赫斯塔尔庆祝圣诞节，在奈梅亨（Nijmegen）③ 行宫庆祝复活节。时间转至

777 年

查理国王陛下首次在帕德博恩（Paderborn）④ 召开大会。所有的法兰克人都聚集到那里。除了维杜金德（Widukind）之外，其他萨克森人也都从萨

---

① 里普河，莱茵河右岸支流，在今天德国西部北莱茵—威斯特法伦州。这条河流源出巴特利普施普林格（Bad Lippspringe）附近的条顿堡林山（Teutoburg Forest）西南坡，自东向西流，在韦塞尔城（Wesel）附近注入莱茵河干流。
② 在《法兰克王家年代记》"修订本"中，776 年纪事删除了这一奇迹，而只是简略地记载了法兰克人获胜情况。
③ 奈梅亨，西北欧古城，位于今天荷兰东南部。
④ 帕德博恩，西欧古城，今属德国北莱茵—威斯特法伦州，是帕德博恩县首府。

克森各地群集而至。[**修订本增补**：他们是应查理国王之命而前来参加会议的；他们的顺从和臣服都是装出来的。] 维杜金德和其他一小撮人联合起来叛乱起事，后来，他带着同伙逃去了诺德曼尼亚（Nordmannia）①。[**修订本修改**：维杜金德是威斯特伐里亚（Westphalian）的一名贵族，他深知自己罪孽深重，出于对国王的畏惧，他逃到了丹麦国王西吉弗里德（Sigifrid）那里。] 伊本·阿拉比（Ibn al-Arabi）②、其儿子德伊乌泽菲（Deiuzefi，其拉丁 56 文名字是约瑟夫 Joseph）及女婿等来自西班牙的萨拉森人（Saracens）③也参加了这次大会。[**修订本增补**：他不仅表示其本人要臣服于查理国王，而且还将萨拉森国王送给他的那几座城市也都献了出来。] 许多萨克森人接受了洗礼，而且，他们按照其本族的习俗，信誓旦旦地向国王保证说，他们愿以自由和财产作担保，如果他们再次以他们那种令人厌恶的方式做出朝秦暮楚之事，如果他们没有坚守基督教信仰，如果他们没有坚守对查理国王陛下及其诸子和法兰克人的效忠，那么，他们将甘愿失去全部自由和所有财产。

① 从下文的"修订本"文字表述可以判断，诺德曼尼亚就是丹麦。
② 750 年，阿拉伯帝国发生政权更迭，倭马亚王朝（661—750 年）被推翻，取而代之的是阿拔斯王朝（750—1258 年）。倭马亚家族遭到新王朝的大屠杀，但有一名幸存者拉赫曼（al-Rahman，生卒年 731—788 年，756—788 年在位）逃至西班牙，并在那里建立政权，此即后倭马亚王朝（756—1031 年）。在本纪事所言的 8 世纪 70 年代，伊本·阿拉比是巴塞罗那（Barcelona）和希罗纳（Girona）两地的总督（wali），他支持阿拉伯帝国的阿拔斯王朝入主西班牙，因而与后倭马亚政权发生严重对立。为壮大自己的实力，阿拉比投靠法兰克，同时与萨拉戈萨（Zaragoza）总督侯赛因（Husayn）以及韦斯卡（Huesca）总督阿布·塔赫尔（Abu Taher，亦写作阿布·塔乌尔 Abu Taur）结成军事同盟，准备与后倭马亚政权抗衡。正是在这一背景下，出现了阿拉比与其儿子、女婿出席法兰克大会的场景。随后，法兰克国王查理率军前往西班牙，但却遭遇严重挫败。详见本书 778 年纪事。
③ 在历史上，萨拉森人这一名称的指代有着复杂的演化过程。在古典时代晚期，萨拉森人是指生活在阿拉伯半岛沙漠地带的一个原始民族，一般认为，他们生活在两河流域以北地区，与阿拉伯人有着明确的区别。中世纪早期，这个名称亦被用指阿拉伯人。8 世纪以后，拜占庭文献中经常使用这一名称指代穆斯林。12 世纪以后，在西欧文献中，萨拉森人成为穆斯林的同义词。

他 在 杜 济 (Douzy) ① 行 宫 庆 祝 圣 诞 节， 在 阿 奎 丹 的 沙 瑟 纳 伊 (Chasseneuil) ② 庆 祝 复 活 节。 时 间 转 至

778 年

查理国王陛下兵分两路向西班牙进军。[**修订本增补**：当时，前文所述的那几位萨拉森人把事情说得很有把握，而且作了种种保证，于是，国王就想前往西班牙攻占几座城市，有这种想法也是合情合理的。]③其中的一路人马取道潘普洛纳 (Pamplona)④，由伟大的国王亲自率领，一直深入到萨拉戈萨 (Saragossa)⑤。国王的其他人马则从勃艮第、奥斯特拉西亚、巴伐利亚、普罗旺斯以及塞提马尼亚 (Septimania)⑥纷纷赶到萨拉戈萨，还有一部分伦巴德人也来了。两路人马在萨拉戈萨会师。伊本·阿拉比、阿布·塔赫尔

---

① 杜济，法兰克东北部小镇，今属法国阿登省，在色当附近。

② 沙瑟纳伊，法兰克中部偏西的一个小镇，今属法国维埃纳省，位于普瓦捷北面。

③ 阿拉比与后倭马亚王朝的抗衡行动以阿拉比失败而告终，其主要原因之一在于，以阿拉比为首的军事同盟内部发生矛盾，萨拉戈萨总督变卦，最终导致同盟瓦解。陷入困境的阿拉比求助于法兰克国王查理，但事实证明，查理的慷慨允诺对于阿拉比而言也是一个陷阱。为了得到查理的援助，阿拉比攻占萨拉戈萨并准备将之献给查理。阿拉比的这一举动在西班牙的穆斯林世界引发众怒，查理国王于是决定返回法兰克。后倭马亚王朝君主拉赫曼一世 (al-Rahman，756—788 年在位) 占领萨拉戈萨，阿拉比被视为穆斯林事业的叛徒并遭暗杀。除了阿斯图里亚斯 (Asturias) 和加利西亚 (Galicia) 等地之外，西班牙大部都被后倭马亚王朝征服。详见 Bernhard Walter Scholz, with Barbara Rogers, trans., *Carolingian Chronicles: Royal Frankish Annals and Nithard's Histories,* p.185。

④ 潘普洛纳，西班牙北部边境城市，现为西班牙纳瓦尔 (亦译纳瓦拉，Navarre) 省首府。

⑤ 萨拉戈萨，位于伊比利亚半岛东北部，今为西班牙阿拉贡自治区以及萨拉戈萨省的首府。

⑥ 塞提马尼亚，意即"七邦之地"，即今天法国纳博讷 (亦译纳尔榜，Narbonne) 地区。纳博讷，在罗马帝国时期，是纳博讷高卢 (Gallia Narbonensis 纳尔榜高卢) 行省的首府；罗马帝国晚期至 8 世纪初，纳博讷成为西哥特王国塞提马尼亚省首府；719—759 年，纳博讷成为科尔多瓦伊斯兰国家的组成部分；759 年，加洛林王朝的矮子丕平征服此地，纳博讷成为法兰克国家的领土。

(Abu Taher)① 以及其他许多萨拉森人都向国王献出人质。国王摧毁了潘普洛纳，征服了西班牙的巴斯克人（Basques）和纳瓦拉（Navarre）地区的民众。然后，他返回法兰克。

[**修订本增补**：在比利牛斯山高处，巴斯克人设下埋伏，对法兰克后卫部队发动袭击，使得整支军队陷入混乱之中。虽然说法兰克军队在武器装备和作战勇气方面明显更胜一筹，但是，由于处在不利的地理位置，加之对方使用的是不公平的作战手段，因此，法兰克军队最终还是遭遇失败。此前，国王曾调集众多的宫廷官员随军出征，并给他们安排了各种军事指挥官职位。在这次遭遇战中，一大批宫廷官员惨死在敌方手下，辎重装备也被劫掠一空。敌人对当地的地形了如指掌，因此，他们可以轻松地四散而去，遁迹无踪。虽然国王在西班牙取得了成功，但是，由于有了这一惨痛的遭遇，他对这次远征始终耿耿于怀。] ②

萨克森人闻知查理国王陛下及法兰克人都远在西班牙，于是，他们故态

---

① 阿布·塔赫尔，西班牙韦斯卡（Huesca）地区总督，参见 777 年纪事中的相关注释。

② 11、12 世纪，随着"武功歌"（Chanson de geste）文学体裁的兴起，以法兰克人与巴斯克人这场遭遇战为叙事对象的文学作品逐步成型，此即名闻遐迩的《罗兰之歌》（*La chanson de Roland*）。作为文学作品，《罗兰之歌》中所述内容与历史事实已经相去甚远，例如：原先的"法兰克王国"被替换成三家分晋之后的"可爱的法兰西"，布列塔尼边区长官罗兰被安排做了查理曼的外甥，原本只有 36 岁的查理曼成了"200 岁"甚至"200 多岁"的白髯老人，跟随查理曼出征的普通军事将领变成了有名有姓的 12 位法兰西"重臣"（pairs），作为一个偷袭群体的巴斯克人被浓缩成一个"卖国贼"加奈隆（Ganelon），原本处于模糊状态的战斗场景开始有了一个确切的交战地点"隆索沃"（Roncevaux）。不过，在《罗兰之歌》中，最具震撼力的改造还在于对敌方身份的彻底颠覆。就史实而言，"隆索沃之战"是法兰克军队与小股巴斯克人之间的一场短兵相接。作为打家劫舍的偷袭者，这群巴斯克人与法兰克人一样，都是基督教徒。然而，到了《罗兰之歌》这里，"一小撮巴斯克基督徒"摇身变成了"40 万穆斯林大军"，巴斯克人的首领变成了十恶不赦的"异教徒"国王马西拉（Marsilla），与巴斯克人的战斗变成了对"不敬上天"的异教徒的讨伐，"法兰西"军队虽然损失惨重，但最终还是踏平坎坷，得胜回朝。虽然已是天马行空，但《罗兰之歌》还是要让听歌的人信以为真，告诉大家"这些都有过文字记录"，"这事见于古代史纪"。参阅杨宪益译：《罗兰之歌》，上海译文出版社 1981 年版。

复萌，循着他们那种令人厌恶的惯常做法，在维杜金德及其同伙的煽动下，再次造反起事。查理国王陛下在奥塞尔城（Auxerre）① 得知这一消息。于是，他派遣一支法兰克军队火速前去阻击萨克森人。需要一说的是，这些造反者一路向前挺进，一直深入到多伊茨（Deutz）② 附近的莱茵河畔，他们沿着河岸一路烧杀抢劫，干出许多残暴之事，比如，烧毁了多家修道院中的教堂，此外还有其他许多恶行，不过，他们的行为实在令人发指，不宜在此一一枚举。[**修订本增补**：不论是教会的东西，还是俗世的物品，他们全都不分青红皂白地一律予以摧毁和破坏。这帮敌人对沿途民众疯狂施暴，不论男女老幼，一律惨遭毒手。] 这些萨克森人突然听闻，查理国王陛下已经回来，而且已经派出部队前来围剿他们。他们立即从莱茵河畔撤退，取道拉恩高（Lahngau）③，返回萨克森。法兰克军队并没有直接遇到这群萨克森人，但却发现了他们的行踪，于是跟踪追击，一直追到雷萨（Leisa）附近的埃德尔（Eder）④ 河畔。在那里，双方展开厮杀，在上帝的佑助下，法兰克人大获全胜。萨克森人毙命甚众，还有一些人虽然得以逃脱，但他们却是在丢尽颜面的状态下回到萨克森的。

　　至仁至慈的国王在赫斯塔尔行宫庆祝圣诞节，复活节也是在那里庆祝的。时间转至

779 年

　　查理国王陛下前往纽斯特里亚，抵达贡比涅行宫。在国王返回奥斯特拉

---

① 奥塞尔（亦译欧塞尔），勃艮第地区的一个城市，位于巴黎和第戎之间，今为法国约讷省（Yonne）首府。

② 多伊茨，现为德国科隆的一部分，位于莱茵河右岸。

③ 拉恩高，中世纪西欧地区名，主要由今天德国拉恩河（Lahn）中下游流域组成，位于今天德国中西部。

④ 埃德尔河，德国北部的重要河流，源于北莱茵—威斯特法伦州，流经黑森州，与富尔达河（Fulda）合流。

西亚途中，斯波莱托（Spoleto）公爵希尔德布兰德（Hildebrand）① 带着大量礼物，来到韦尔泽奈（Verzenay）② 行宫，觐见伟大的国王。

国王在迪伦行宫召开集会，然后下令向萨克森发起进攻。法兰克军队在里普海姆（Lippeham）③ 附近渡过莱茵河，而萨克森人则准备在博霍尔特（Bocholt）④ 进行抵抗。在上帝的掌控下，萨克森人未能实现其意图，于是不得不遗弃所有防御据点，仓皇而逃。前进之路已为法兰克人敞开，他们开始向威斯特伐里亚人的土地进军，随后将那里的人全部征服。查理国王陛下抵达梅多弗里（Medofulli）⑤，生活在威悉河对岸的其他萨克森人纷纷前来呈献人质，并宣誓效忠。然后，光荣的国王返回法兰克。他在沃姆斯庆祝圣诞节，复活节也是在那里庆祝的。时间转至

780 年

在前去处理萨克森事务的途中，查理国王陛下经过埃雷斯堡城堡，随后前往里普河发源地，并在那里召开集会。接着，他继续向易北河方向进军。通过这次军事行动，巴登高（Bardengau）⑥ 的所有民众以及许多诺德留第人（Nordliudi）⑦ 都接受了洗礼，受洗地点是在奥克河对岸的奥鲁姆

---

① 希尔德布兰德，8 世纪 70—80 年代的斯波莱托公爵。斯波莱托，意大利古城，位于今天意大利中部佩鲁贾省（Perugia）境内，在罗马北面大约 126 公里处。另参阅 776 年纪事及相关注释。
② 韦尔泽奈，法兰克东北部的一个小镇，位于兰斯附近，今属法国马恩省。
③ 里普海姆，位于韦塞尔（Wesel，德国西北部城市）附近，里普河在此汇入莱茵河。里普河，位于莱茵河右岸，是莱茵河的一条支流，位于今天德国北莱茵－威斯特法伦州。
④ 博霍尔特，威斯特伐里亚地区的一个城市，位于今天德国北莱茵—威斯特法伦州西北部。
⑤ 梅多弗里，具体位置不确，可能位于明登的西南部。
⑥ 巴登高，位于易北河左岸，与吕内堡（Lüneburg）邻近。
⑦ 诺德留第人，意即"北方人"，也就是指生活在萨克森公国北部地区的萨克森人。在中世纪，萨克森公国北部称为诺达尔宾吉亚（Nordalbingia），意指易北河下游以北地区，范围大致相当于今天德国北部的荷尔斯泰因地区（Holstein）。

(Ohrum)。①[**修订本增补**：和过去一样，他们虽然接受洗礼，但完完全全都是虚心假意的。] 高贵的国王又前往奥赫热河（Ohre）与易北河合流地带。在那里，他解决了和萨克森人及斯拉夫人相关的所有事务，随后返回法兰克。

然后，他决定带着妻子希尔德加德王后（Hildegard）②[**修订本增补**：以及几位子女] 一同前往罗马做祷告。他在帕维亚城庆祝圣诞节。时间转至

59　**781 年**

他继续赶路，抵达罗马之后，在当地庆祝了复活节。在那里，哈德良教皇为伟大的查理国王陛下之子丕平殿下（Lord Pepin）③ 施洗，同时他还成为丕平殿下的教父。查理国王陛下的两个儿子丕平殿下和路易殿下④ 被膏立为国王，主持仪式的仍然是上述这位教皇。就这样，丕平殿下成为意大利国王，路易殿下则成为阿奎丹国王。返程途中，查理国王陛下来到米兰城，在那里，大主教托马斯为国王陛下的女儿吉塞拉（Gisela）公主⑤ 施洗，同时也成为她的教父。随后，国王从米兰返回法兰克。大约就是在这一时期，哈德良教皇和查理国王陛下各派两名使节，一同前去面见塔希洛公爵。教皇派出的是福尔摩苏斯（Formosus）和达马苏斯（Damasus）两位主教，国王派出的是教会执事里库尔夫（Riculf）⑥ 和侍酒官艾伯哈德（Eberhard）。从前，塔希洛曾许下效忠誓言，宣称一定忠于丕平国王陛下、伟大的查理国王

---

① 关于奥克河以及奥鲁姆，参阅 747 年纪事及相关注释。

② 关于希尔德加德，参阅 770 年纪事及相关注释。

③ 丕平（约 777—810 年），原名卡洛曼（Carloman），后更名为丕平，查理与王后希尔德加德所生之子。

④ 路易（约 778—840 年），即后世所言的"虔诚者路易"，查理与王后希尔德加德所生之子。此前，法兰克人没有在意大利和阿奎丹设国王的先例。

⑤ 吉塞拉（781—808 年），查理与王后希尔德加德所生之女。

⑥ 里库尔夫，后来成为美因兹大主教（787—813 年）。

陛下以及法兰克人，而且永不变心。上述几位使节此行的目的是，警醒并敦请塔希洛要铭记自己的那些誓言，不能出尔反尔。于是，巴伐利亚公爵塔希洛答应，将向查理国王陛下呈献人质，并将前去觐见国王。国王陛下同意这一安排。公爵前往沃姆斯城，觐见这位笃信至诚的国王。在那里，他重申自己的誓言。当年，关于自己未来将对查理国王陛下及其附庸应尽之本分问题，他曾向丕平国王陛下许愿发誓过。如今，他将自己手下的 12 位重要人物献为人质，作为自己履行誓言的担保。在吉耶兹行宫，国王从主教森伯特（Sinbert）[1] 手中收纳了这些人质。不过，塔希洛公爵并没有长期坚守自己的诺言。

光荣的国王陛下在吉耶兹行宫庆祝圣诞节和复活节。时间转至

782 年

[**修订本增补**：*初夏时节，粮秣充足，军队前往萨克森也就有了后勤保障。*] 于是，查理国王陛下发起军事行动，在科隆附近渡过莱茵河。他在里普河发源地召开集会。除了造反起事的维杜金德之外，其他所有萨克森人都前来参加集会。作为北方的西吉弗里德国王[2] 的使节，哈尔普塔尼（Halptani）及其随从也出席了集会。受可汗（khagan）以及尤古尔（jugur）[3] 之遣，阿瓦尔人（Avars）也参加了这次大会。[4] 集会结束后，查理国王陛

---

① 森伯特，雷根斯堡（Regensburg）主教（756—791 年）。

② 关于西吉弗里德，参阅 777 年纪事。

③ 可汗是阿瓦尔汗国最高首脑的称谓。在汗国内部，则有多个地方政权，"尤古尔"应该是某个地方政权首领的称谓。在阿瓦尔汗国，地方政权首领的称谓多种多样，下文还将出现其他多种称谓。参阅 Bernhard Walter Scholz, with Barbara Rogers, trans., *Carolingian Chronicles: Royal Frankish Annals* and Nithard's *Histories,* p.192。

④ 和突厥人一样，阿瓦尔人属于蒙古人种。6 世纪，阿瓦尔人在亚洲建立的政权（柔然帝国）被突厥人摧毁。一些突厥部落开始沿用原来阿瓦尔人的部落名称。大约 6 世纪中叶，他们迁居到南俄以及巴尔干半岛，当地的斯拉夫人有的被他们征服，有的则成为他们的盟友。6 世纪末期，阿瓦尔汗国势力强势，其疆域几乎囊括整个中欧和巴尔干半岛大部，

下返回法兰克。

国王刚一离开，萨克森人就在维杜金德的煽动下，像往常一样立即发动叛乱。在得知这一消息之前，查理国王陛下就已委派阿达尔吉斯（Adalgis）①、盖洛（Gailo）以及沃拉德（Worad）等几位使节，让他们带领一支由法兰克人和萨克森人组成的军队，前去讨伐一小撮寻衅滋事的斯拉夫人。[**修订本增补**：也就是在这一时期，国王收到消息称，索布人②闯入与其毗邻的萨克森人及图林根人的土地，在那里烧杀抢掠，把好几个地方都弄得生灵涂炭，荒无人烟。索布人是斯拉夫人的一支，他们生活在易北河与萨勒河（Saale）③之间的平原地带。]在进军途中，上述几位使节听闻萨克森人反叛的消息。于是，他们开始追击这支萨克森敌军，刚一追上，便猛扑过去。也就是从这时起，他们把查理国王陛下委托给他们的使命放到一边去了。他们向萨克森人开战，而且十分勇猛。法兰克人杀死许多萨克森人，最终取得胜利。不过，在桑特尔山（Süntel Mountains）④之战中，阿达尔吉斯和盖洛这两位使节却战死沙场。

[**修订本修改**：他们听说萨克森叛军正在某地集结。于是，他们不再前去讨伐斯拉夫人，转而和东法兰克军队一道，杀向萨克森人的集结地。也就

从而给拜占庭帝国和邻近的斯拉夫各部落以及日耳曼各部落带来威胁。而且，对于法兰克王国来说，阿瓦尔人也是一个威胁。7世纪，斯拉夫人、拜占庭人、克罗地亚人、保加尔人以及哈札尔人（Khazars）发起抗击，阿瓦尔人的统治区域大为缩小，不过，随着法兰克墨洛温王朝的衰败，阿瓦尔汗国的实力逐渐增强，成为中欧的一个强国。参阅 Bernhard Walter Scholz, with Barbara Rogers, trans., *Carolingian Chronicles: Royal Frankish Annals* and Nithard's *Histories,* p.186。

① 阿达尔吉斯，国王查理的内侍（chamberlain）。不要将此人与伦巴德国王德西德里乌斯之子阿达尔吉斯相混淆。

② 索布人，西斯拉夫人的一支，今为欧洲的一个少数民族，主要生活在德国和波兰两国边境地区。

③ 萨勒河，易北河左岸支流，位于德国东部，源出德国南部巴伐利亚的菲希特山（Fichtelge-birge），流经图林根盆地，在马格德堡东南29公里处汇入易北河。

④ 桑特尔山，位于今天德国北部的下萨克森州，在哈默尔恩（Hameln）与明登之间。

是在萨克森这片土地上，他们和狄奥多里克（Theodoric）伯爵会合。狄奥多里克是国王的亲属，在听闻萨克森人反叛的消息之后，他便急忙在里普阿尔（Ripuaria）① 尽可能地广招军队，然后率军向萨克森挺进。他派出专门的信使，向几位使节转达他的建议：首先，让侦察兵尽快探明萨克森人的具体方位和动向；然后，如果地形条件许可，就立即对之发起进攻。他们觉得这个建议切实可行。于是，他们与伯爵一道，一直挺进到桑特尔山脉，而萨克森人的营地便建在此山的北侧。狄奥多里克在山里安营扎寨之后，东法兰克人按照原先与伯爵商定的计划，渡过河流，这样做的目的是为了更容易地绕过山地。随后，他们在河岸扎营。这些人开始在私下里密议，他们担心，如果入了狄奥多里克的伙然后同他一起作战的话，那么，胜利的荣耀最终有可能会被狄奥多里克一人独享。于是，他们决定撒开他，而由他们自己独自与萨克森人交战。他们一个个全都操起武器，跨上战马，以最快的速度冲向敌营。看他们那个架势，似乎不是要去直面列队待战的敌人，而是像在追赶逃亡者，或者说，像是在抢夺战利品。萨克森人已在营地外面排好了兵布好了阵。战斗过程和他们的进兵方式一样糟糕透顶。战斗刚一打响，他们就被萨克森人团团包围，最终几乎全军覆没。有一些人得以逃脱，不过，他们并未逃回自己的营地，而是逃到山的另外一侧狄奥多里克的营地。这一战给法兰克人造成严重损失，至于其惨重程度，已不能单看伤亡人数，这是因为，阿达尔吉斯和盖洛两名使节、4 位伯爵以及其他多达 20 名高官显贵都在战斗中被杀；至于追随他们的那些人，则更是无法枚举，那些人宁愿跟着自己的主人一同死去，也不愿独自苟活。]

查理国王陛下知悉了此事，[**修订本增补**：他认为事体重大，绝不能有丝毫耽搁。] 他率领在匆忙之中所能召集到的所有法兰克人，杀向事发地点，一直挺进到阿勒尔河（Aller）② 与威悉河的交汇处。随后，所有的萨克森人

61

---

① 里普阿尔，里普阿尔法兰克人生活的地方，位于莱茵河西面。

② 阿勒尔河，威悉河右岸支流，在今德国北部。该河发源于德国中部马格德堡平原（Magdeburg Börde）之西，向西北流，在费尔登（Verden）西北约 4 公里处注入威悉河。

再次来朝，表示服从国王陛下的统治，并把罪该处死的作恶多端者交了出来。这些恶人共有 4500 名，他们对此次叛乱负有主要罪责。这些人最终都被处以死刑。不过，维杜金德不在其列，因为他已逃往诺德曼尼亚。[**修订本增补**：所有人都对维杜金德表示谴责，认为他是这次邪恶反叛事件的煽动者。] 在处理完这一事件之后，国王陛下返回法兰克。

他在蒂永维尔①行宫庆祝圣诞节，复活节也是在那里庆祝的。时间转至

783 年

德行高尚的王后希尔德加德于 4 月 30 日去世，这一天刚好是该年耶稣升天节的前一天。萨克森人再次起事，于是查理国王陛下下令讨伐萨克森。他带着为数不多的法兰克人，向代特莫尔德（Detmold）②挺进。萨克森人准备在那里的一个平原地带与法兰克军队交战，但是，和往常一样，查理国王陛下和法兰克人向他们发起猛烈进攻，萨克森人落荒而逃。在上帝的佑助下，法兰克人取得胜利。在这个地方，无计其数的萨克森人被处死，只有少数人得以逃脱。光荣的国王从代特莫尔德启程，一路凯旋，到达帕德博恩③，然后在那里集结人马。萨克森人又在哈瑟（Hase）④河畔聚众生事，于是，国王率军前去讨伐。在那里又打了一仗，萨克森人的死伤人数绝不比上一次少。在上帝的佑助下，法兰克人取得胜利。国王的征讨行动仍在继续，他渡过威悉河，一直打到易北河，然后从那里返回法兰克。

同年 7 月 12 日，王太后贝尔特拉达去世，她的离去让后人追念不已。查理国王陛下来到沃姆斯，与王后法斯特拉达（Fastrada）成婚。[**修订本增**

---

① 关于蒂永维尔，参阅 773 年纪事及相关注释。
② 代特莫尔德，萨克森人的城市，位于今天德国北莱茵—威斯特法伦州的东部。
③ 关于帕德博恩，参阅 777 年纪事及相关注释。
④ 哈瑟河，位于今天德国下萨克森州境内，埃姆斯河（Ems）的右侧主要支流。

补：法斯特拉达为他生了两个女儿。]① 他在赫斯塔尔行宫庆祝圣诞节，复活节也是在那里庆祝的。时间转至

784 年

和往常一样，萨克森人再次反叛，一些弗里西亚人（Frisians）② 也参与其中。于是，查理国王陛下带兵出征，在里普海姆附近渡过莱茵河。进入萨克森之后，他便四处出击，横扫乡野，一直打到霍克莱夫（Hockeleve）③。由于当地发生严重洪灾，他决定取道图林根，从东面进入伊斯特伐里亚人（Eastphalians）的土地；同时，指派其子查理殿下④，让他率领一支队伍去攻打威斯特伐里亚人。接下来的行动就是按照这一方案进行的。查理国王陛下取道图林根，一路挺进，抵达易北河，然后又从那里前往施泰因福特（Steinfurt）⑤，最后到达舍宁根。光荣的查理国王与他的儿子在那里会合，然后，国王返回法兰克。

然而，威斯特伐里亚人准备在里普河沿岸聚众起事。查理国王陛下的儿子闻悉此事之后，便率领此前受命领有的那支军队，前去讨伐。他们在德雷因高（Dreingau）⑥ 摆开战场。在上帝的佑助下，伟大的查理国王之子查理殿

62

---

① 法斯特拉达（约 765—794 年），法兰克国王查理的第三位妻子，她和查理所生的两个女儿分别是狄奥德拉达（Theoderada，784 年生）和希尔特鲁德（Hiltrude，787 年生）。

② 弗里西亚人，日耳曼人的一个支系，弗里西亚地区是其传统聚居地。弗里西亚（Frisia），北海东南海岸地带，北起丹麦西南部海岸，向南经德国西北部延伸到荷兰海岸。

③ 霍克莱夫，即今天德国的彼得斯哈根（Petershagen），位于北莱茵—威斯特法伦州的东北边境。

④ 查理（约 772—811 年），即"小查理"（Charles the Younger），法兰克国王查理（查理曼）与其妻子希尔德加德所生之子。其父查理曼 800 年加冕为"罗马人的皇帝"，小查理同时加冕为"法兰克人的国王"。

⑤ 施泰因福特，当时是奥赫热（Ohre）河畔的一个小村庄，今为德国西部的一个城镇，位于北莱茵—威斯特法伦州西部，为施泰因福特县首府。

⑥ 德雷因高，中世纪时期萨克森人的一个市镇，大致位于今天德国北莱茵—威斯特法伦州北部。

下和法兰克人取得胜利，许多萨克森人被杀身亡。正如上帝所愿，他毫发无
损地前往沃姆斯，回到父亲的身旁。在沃姆斯，国王陛下与法兰克人商定，
等到冬季来临，国王还将再次讨伐萨克森。他的确实施了这一方案。他在
吕格德 (Lügde) ① 行宫庆祝圣诞节，这个行宫和威斯高 (Weissgau) ② 地区
的希德 (Schieder) ③ 相距不远，威斯高地区位于埃默 (Emmer) ④ 河畔。时
间转至

785 年

查理国王陛下继续在萨克森境内进行征讨行动，他一路挺进，来到雷
默 (Rehme)。这个地方位于威悉河畔，地处韦雷河 (Werre) ⑤ 河口。由于雷
默发大水，他便从那里返回，然后前往埃雷斯堡城堡。他吩咐，让妻子法斯
特拉达王后以及儿子、女儿们都来与他会合。这位最为杰出的国王在那里度
过整个冬天，而且在那里庆祝了复活节。在暂居埃雷斯堡城堡期间，他派出
多支队伍外出作战，他本人也曾带兵出征。他把造反起事的萨克森人打得溃
不成军，而且还攻克他们的城堡，突破他们的防御工事，并确保在正式开战
之前保持道路畅通。他在帕德博恩召开民众大会，接着，从那里出发，随其
所愿地穿行于萨克森全境。道路畅通无阻，没有任何人敢于反抗。他来到巴
登高 ⑥ 之后，派人去传唤维杜金德和阿比(Abbi) ⑦，并让人把他俩带到自己
面前。[**修订本增补**：这两个人都清楚自己所犯的罪行，因此，对于能否得

---

① 　吕格德，萨克森人的一个市镇，位于今天德国北莱茵—威斯特法伦州东部边境。

② 　威斯高，今德国北部埃默河沿岸地区。

③ 　希德，萨克森人的一个市镇，位于今天德国北莱茵—威斯特法伦州东部边境。

④ 　埃默河，威悉河的支流，位于今天德国下萨克森州。

⑤ 　韦雷河，威悉河的左侧支流，位于今天德国北莱茵—威斯特法伦州，在该州东北部的巴
　　特恩豪森（Bad Oeynhausen）附近汇入威悉河。

⑥ 　关于巴登高，参阅 780 年纪事及相关注释。

⑦ 　二人都是萨克森人的首领。

到国王的信任，他们是满腹狐疑的。] 国王警告他们说，如果他们不到法兰克去见他一回，那么，他们就别想溜走。他们则提出，必须确保他们的人身安全，而且必须要有担保。国王答应了他们的要求。查理国王陛下回到法兰克，随后便让使节阿马尔威（Amalwin）把人质送到维杜金德和阿比那里。使节们也同样收纳了对方的人质，然后便带着维杜金德和阿比一同前往阿蒂尼行宫觐见查理国王陛下。维杜金德、阿比以及他们的随从在那里接受了洗礼。至此，整个萨克森都被征服。人们常常提及的这位光荣的国王在上面所说的行宫庆祝圣诞节，复活节也是在那里庆祝的。

63

[**修订本增补**：萨克森人奸诈成性，顽固不化，在随后几年中，他们的这一秉性有了收敛，究其原因，主要是因为他们一时还找不到合适的反叛机会。同样是在这一年，在莱茵河对岸的东法兰克人那里，有人密谋反对国王。毫无疑问，这个阴谋集团的头领是哈德拉德（Hardrad）伯爵。不过，密谋最终败露，相关消息很快传到国王那里。国王随即采取行动，在该阴谋尚未酿成严重威胁之前，便迅速将之摧毁。这次密谋的始作俑者全都遭到惩处，先被挖掉眼睛，然后再被放逐。[1]]

时间转至

786 年

查理国王陛下委派宫廷总管奥杜尔夫（Audulf）为使节，率军前往布列塔尼（Brittany）。[**修订本修改**：不列颠岛被盎格鲁人和撒克逊人侵占之后，其原居民中，有相当一部分人漂过大海，占据位于高卢边缘尖角地带的瓦讷

---

[1]　这一事件可能发生在 786 年。在《法兰克王家年代记》"原创本"中，该事件完全被隐去不提。对于这一事件，艾因哈德在《查理大帝传》中有这样的评述："人们相信，王后法斯特拉达的残暴是这些阴谋案件的原因和根源"；由于受到"残暴的妻子的教唆"，国王查理"已经与其天生的善良和一贯的仁慈背道而驰"，于是，有些人无法忍受，被逼造反。详见艾因哈德著，戚国淦译：《查理大帝传》，第 25 页。

（Vannes）和科斯乌尔特（Corseult）地区。这些人原本已被法兰克国王们征服，而且已经称臣纳贡；尽管情非所愿，他们之前还是一直在缴纳赋税。然而，到了这一时期，这群人却开始拒绝臣服，于是，国王的宫廷总管奥杜尔夫受命前去讨伐。此人出手迅疾，干净利落地平息了这个奸诈部落的嚣张气焰。]

在那里，他们征服许多布列塔尼人，位于沼泽和森林地带的许多城堡和要塞也都被他们一一攻克。正如前面所言的一样，事实证明，法兰克人完全有能力攻占布列塔尼人的许多要塞。按照上帝的意旨，他们凯旋故里。在沃姆斯召开的集会上，他们将布列塔尼人的首领交给国王陛下。查理国王陛下发现，仰仗上帝之恩赐，他已得享四海升平。于是，为了到圣彼得教堂祈祷、处理意大利事务以及同拜占庭皇帝的使节商讨某些问题，他决定前往意大利。所有这些事情他都按计划完成了。

[**修订本增补**：（伦巴德）王国的统治者早已被他控制，也就是说，德西德里乌斯国王早已成为他的阶下之囚，而且，整个伦巴底都已在他掌控之中。有鉴于此，他认为，将该王国的其他地区收并过来，已没有什么不妥。对于这一计划，他并未拖延太久。他迅速集结法兰克军队，冒着严寒，进军意大利。]

然后，国王陛下在佛罗伦萨城庆祝圣诞节。时间转至

787 年

在远征意大利过程中，查理国王陛下抵达罗马，受到教皇大人哈德良的隆重接待，并与他一起度过数日时光。贝内文托（Benevento）公爵阿里吉斯（Arighis）① 知道国王来了罗马，因此，他委派自己的儿子罗穆阿尔德（Romuald）带着厚礼来见国王陛下，请求国王不要进入贝内文托，同时还

---

① 阿里吉斯，贝内文托公爵（758—787 年）。参阅 776 年纪事。

让他的儿子转达他的想法：只要他能如愿，那么，国王让他干什么，他就干什么。不过，不论是教皇，还是法兰克的诸位高官显贵，谁都不信他的这套说辞。他们和查理国王陛下商定，必须进入贝内文托城，然后再采取各种可行的手段，解决那里的问题。他们按照这一计划开始行动。他们刚到加普亚(Capua)①，阿里吉斯公爵便从贝内文托城出逃，躲进萨勒诺城(Salerno)②。他心存畏惧，不敢面见查理国王陛下。他派遣使节前去觐见国王，并表示要将自己的两个儿子作为人质献给国王，其中，一个是罗穆阿尔德，当时已待在查理国王陛下身边；另一个是格里莫阿尔德(Grimoald)，当时尚与阿里吉斯在一起。此外，他还献出大量礼品，而且，为了向国王提出进一步的请求，他又献出更多的人质。随后，光荣的查理国王陛下与诸位神父以及其他高官显贵商定，不去扫荡他的这片土地，也不去摧毁其下辖的主教区和修道院。国王先是挑选了 12 个人质，然后又选中公爵之子格里莫阿尔德，使之成为第 13 个人质。贝内文托人收纳国王送出的礼物之后，包括公爵本人和罗穆阿尔德在内，所有贝内文托人都向国王宣誓效忠。③[**修订本增补**：处理完这件事情之后，国王随即与君士坦丁皇帝的诸位使节展开商谈。这些使节的任务是，请求国王将其女儿嫁给君士坦丁皇帝。④] 人们经常提及的这位至为笃诚的国王返回罗马，并在那里与教皇大人一起庆祝复活节。

作为塔希洛公爵的使节，主教阿尔诺(Arno)⑤ 和修院院长亨里克(Hunric)⑥ 前来罗马，他们此行的目的是，请求教皇出面，促成查理国王陛

---

① 加普亚，意大利南部城市，位于贝内文托市西北方向，在那不勒斯以北 25 公里处。

② 萨勒诺，意大利南部城市，在加普亚南面。

③ 在《法兰克王家年代记》"修订本"中，贝内文托之事被安排在 786 年纪事之中。

④ 从矮子丕平时代起，法兰克王国与拜占庭帝国之间建立起松散的同盟关系（参阅 765 年纪事中的相关注释）。781 年，法兰克国王查理之女罗特鲁德(Rotrude，约 775—810 年)与拜占庭帝国皇帝君士坦丁六世（生卒年 771—约 805 年，780—797 年在位）订婚，当时，罗特鲁德 6 岁，君士坦丁六世 10 岁。后来，两国关系逐渐疏远。786 年，同盟关系破裂。此后，双方为上述婚事仍有一些斡旋活动，但拜占庭方面最终于 788 年取消婚约。

⑤ 阿尔诺，萨尔茨堡(Salzburg，今为奥地利城市)主教(785—821 年)。

⑥ 亨里克，蒙德塞(Mondsee，今为奥地利城市)修道院院长。

下与塔希洛公爵之间建立和平关系。教皇大人答应了这一请求并执着地居中斡旋，他恳请国王陛下开恩为怀。国王陛下回应教皇说，他一直希望双方能够和平相处，而且为此做过长期的努力，然而，纵使用尽各种办法，最终也还是未能如愿。国王陛下提议，马上缔结和平协议。他希望，当着教皇大人的面，与两位使者缔结和约。然而，这两位使者却拒绝这一建议，他们不敢独自作出任何承诺。教皇认为这两个人反复无常，诡计多端。于是，他立刻警告道，如果公爵及其追随者不能遵守当年对丕平国王陛下以及查理国王陛下许下的誓约，他将把他们全都开除教籍。教皇责令这两位使者回去传话，让塔希洛公爵务必明白，在任何事情上，塔希洛都必须服从查理国王陛下及其诸子还有法兰克人的权威，只有这样，才能避免流血，其领地才能不被夺占；如果他不能做到俯首听命，教皇就将履行此前发出的那一警告。如果塔希洛公爵一意孤行，对教皇的言词置若罔闻，那么，在其领地上，不论塔希洛及其追随者遭遇什么样的烧杀抢掠、谋杀暗算以及其他各种残暴行为，查理国王陛下以及法兰克人都将得到宽宥，他们不用担心犯下大罪，不用考虑是否有罪，不论怎么做，他们都是清白无辜的。[**修订本修改**：教皇被这两个使臣的言辞深深激怒，他决定，如果他们放弃当年对国王许下的誓约，他将挥舞绝罚之剑，对其欺诈行为进行打击。] 说完之后，教皇便将这两位使者打发回去。接着，教皇大人和光荣的查理国王陛下相互告辞。人们经常提及的这位杰出的国王接受了教皇的祝福，他本人也作了祷告，然后，返回法兰克。

接下来要说的还是这位最为宽厚仁慈的国王。他来到沃姆斯城，与其妻子法斯特拉达王后会合。在那里，他们彼此都为对方感到高兴。他们其乐融融生活在一起，并共同颂扬上帝的慈恩。国王陛下在该城召开集会，将此行的成果向神职人员和其他高官显贵们作了通报。在把有关塔希洛的事情作了一番解释之后，国王决定派遣使节去见塔希洛，并让使节转达他的命令：不论做什么事情，都要秉承教皇的指示，都要吻合公义的要求，这是因为，他曾发过誓言，在一切事务上，他都将对查理国王陛下及其诸子和法兰克人保持顺服和忠诚。[①] 同时，国王还下令，塔希洛必须亲自前来拜见他。然而，塔希洛拒不接受命令，而且拒绝前来拜见。为了捍卫自己的权利，查理国王陛下和法兰克人开始采取措施。他率领军队，向巴伐利亚发起讨伐行动，而且亲自来到奥格斯堡城（Augsburg）前方的莱希菲尔德（Lechfeld）[②]。他下令再征召一支由东法兰克人、图林根人和萨克森人组成的军队，并让这支军队前往多瑙河畔的普弗林（Pförring）[③] 集结。他又下令，在意大利征召第三支军队。按其指令，丕平国王[④] 率领这支军队开赴特兰特（Trent）[⑤]，然后，丕平本人留守其地，其军队则全员出动，赶往博尔查诺（Bolzano）[⑥]。不久，塔希洛意识到，自己已是三面受敌，处于重重包围之中；而且，所有巴伐利亚人都已认可国王陛下的权利，他们愿意臣服于他，而不想与之作对；此外，和对自己相比，他们对查理国王陛下更为忠诚。在四面楚歌的境况下，公爵不得不亲自前来觐见查理国王陛下。他将自己的双手放在国王手中，表示自己甘当国王的附庸。[⑦] 他将丕平国王陛下当年送给他的那个公爵领地还了回来。他承认，自己犯有严重罪行，干的尽是作奸犯科之事。他再次宣誓，并献出 12 个重要人物作为人质，然后又将其子提奥多（Theodo）献出来，将之作为第 13 个人质。在收到人质和誓约之后，光荣的国王返回法兰克。[⑧]

66

---

① 参阅本书 748 年纪事及相关注释。

② 莱希菲尔德，冲积平原，位于今天德国南部拜恩州（巴伐利亚州）的西南部，在奥格斯堡的南面。

③ 普弗林，位于今天德国南部拜恩州（巴伐利亚州）的中部偏南。

④ 丕平国王，即意大利国王丕平，法兰克国王查理之子，参阅 781 年纪事及相关注释。

⑤ 特兰特，亦译为特兰托、特伦托，位于意大利半岛东北，在维琴察的北面。特兰特原为古代罗马国家的属地，西罗马帝国覆亡后，先后归哥特人、伦巴德人和法兰克人统治。

⑥ 博尔查诺，意大利东北部城市，今为意大利南提罗尔省（South Tyrol）省会。

⑦ 塔希洛的臣服标志着查理完成了对巴伐利亚地区的征服。此后，查理在该地区设立法兰克王国的"东部边区"，这里后来成为奥地利的核心。

⑧ 在《法兰克王家年代记》"修订本"中，有关塔希洛臣服之事的记载比较简略。"修订本"没有提及查理远征巴伐利亚之前那次未果的遣使行动，也没有提及塔希洛重新宣誓效忠之事。

他在英格尔海姆[①] 行宫庆祝圣诞节，复活节也是在那里庆祝的。时间转至

788 年

查理国王陛下在英格尔海姆行宫召开集会。遵照国王陛下之令，塔希洛以及他的一些附庸也都前来参加会议。有些巴伐利亚人对国王陛下是忠心耿耿的，他们开始说起塔希洛的一些不轨之举：虽然塔希洛已将其子以及其他人质献了出来并宣誓效忠，但在那之后，在其妻子的怂恿之下，他却开始违背自己的忠顺誓约，看其行为，此人完完全全就是一个奸猾变节之徒。对于这一说法，塔希洛无法抵赖。后来，他自己也承认说，他曾向阿瓦尔人示好，也曾下令让国王陛下的附庸到他那里去，并试图杀死他们。当其治下的民众向国王陛下宣誓效忠的时候，他曾嘱咐他们在思想上要有所保留，装模作样地宣誓一下就可以了。根据他的供述，还有更为恶劣的事。他曾说过，哪怕他有 10 个儿子，他也是宁愿让他们全都死掉，而不想让他们去遵守那些协约，也不想让他们去坚守由他作出的那些誓言。他还说过，他情愿去死，也不想像现在这么活着。当针对他的所有这些说法得到证实之后，法兰克人、巴伐利亚人、伦巴德人、萨克森人以及各省前来参会的所有人都对他表示谴责，并要求把他处死，因为他们都记得此人在过去所干的种种坏事，而且还记得，在一次军事行动中，此人曾置丕平国王陛下于不顾而临阵脱逃，在日耳曼语中，他的这种行为叫作"开小差"（harisliz）。所有人都异口同声地说，查理国王陛下应该判处塔希洛死刑。这时，这位至为笃诚的国王却动了恻隐之心。上帝具有慈爱之心，而且塔希洛又是国王的亲戚，因此，国王陛下对这些人展开说服工作，表示不能把塔希洛处死。要知道，这些人都是既忠于上帝又忠于国王之人。最为宽厚仁慈的国王陛下问塔希洛是怎么想的。这位公爵表示，他已是罪恶滔天，为了拯救自己的灵魂，他想行

---

① 关于英格尔海姆，参阅 774 年纪事及相关注释。

剃发礼，进入修道院，在那里苦行赎罪。他希望能够得到恩准。至于其子提奥多，所获裁决也大致相同，在行了剃发礼之后，他被送入一家修道院。此外，还有为数不多的巴伐利亚人继续和查理国王陛下作对，这些人则被判处流放。①

同样是在这一年，希腊人与伦巴德人之间爆发战争，其中，伦巴德方面的领导者有两人，一位是斯波莱托公爵希尔德布兰德②；另一位是格里莫阿尔德公爵③，在此之前，查理国王陛下已经任命他为贝内文托公爵。维尼吉斯（Winigis）奉命带着一小队法兰克人，前去督视他们的作战情况。④在上帝的佑助下，法兰克人和伦巴德人取得胜利。阿瓦尔人⑤和驻扎在意大利的法兰克人之间在某地⑥也发生一场战争。在上帝的佑助下，法兰克人获胜。阿瓦尔人溃不成军，狼狈不堪地逃了回去。第三场战事发生在巴伐利亚人和阿瓦尔人之间，交战地点位于禺布斯菲尔德（Ybbsfeld）⑦，查理国王陛下的使节格拉哈玛努斯（Grahamannus）和奥特加（Otgar）带领法兰克大军前去

---

① 塔希洛于 788 年 7 月 6 日在圣戈尔（St. Goar，位于今天德国西南部莱茵兰—普法尔茨州，Rheinland-Pfalz）行削发礼，随后被送往圣茹米埃热修道院（St. Jumièges，位于今天法国西北部的滨海塞纳省，Seine-Maritime）。他的妻子和几个女儿全都进了女修院。《法兰克王家年代记》"原创本"是唯一提及塔希洛受审的文献材料，"修订本"中删除了这段文字。

② 关于斯波莱托公爵希尔德布兰德，参阅 779 年纪事。

③ 关于格里莫阿尔德以及他的父亲贝内文托公爵阿里吉斯（Arighis），参阅 787 年纪事。

④ 格里莫阿尔德（Grimoald）是贝内文托公爵阿里吉斯的小儿子，此前，作为人质，被查理国王带回法兰克。787 年，他的父亲阿里吉斯和哥哥罗穆阿尔德去世。起初，和教皇的想法一致，查理国王不想让格里莫阿尔德返回贝内文托。但是，贝内文托的形势出现变化。在伦巴德前国王德西德里乌斯之子阿达尔吉斯等人的策动下，贝内文托已有反叛之势。经过权衡，并在得到格里莫阿尔德的效忠保证之后，查理国王同意格里莫阿尔德返回贝内文托，并让他继任公爵之位。详见 Bernhard Walter Scholz, with Barbara Rogers, trans., *Carolingian Chronicles: Royal Frankish Annals* and Nithard's *Histories*, p.188。

⑤ 在本书中，阿瓦尔人和匈人同义。作为塔希洛的盟友，阿瓦尔人入侵查理的法兰克王国。关于阿瓦尔人，参阅 791 年、796 年和 805 年等纪事。

⑥ 关于交战地点，原文以省略号代替，应该是作者故意隐而不述的。

⑦ 禺布斯菲尔德，位于今天奥地利东北部的下奥地利州境内。

支援。在上帝的佑助下，胜利最终归于法兰克人和巴伐利亚人一方。在以上所述的所有这些战事中，塔希洛和他的妻子都曾扮演着背叛者的角色，出了不少坏主意。塔希洛的妻子名曰柳特贝尔加（Liutberga），这个女人对国王陛下心存积怨，对上帝也怀有深深的仇恨。为了向巴伐利亚人施以报复，阿瓦尔人又挑起第四场战事。查理国王陛下的使节也参加了这场战斗，在上帝的保护下，基督徒赢得胜利。阿瓦尔人兵败溃逃，其中，许多人被杀身亡，还有一些人则溺毙于多瑙河中。①

[**修订本修改**：按照之前向塔希洛允诺的那样，匈人（Huns）派出两支军队，一支进攻弗留利边区，另一支进攻巴伐利亚，不过，他们的计划最终落空。在这两个地方，他们全都遭遇败绩，四散逃窜，在遭受巨大伤亡之后，惨痛地逃回故地。为了一雪前耻，他们又组建一支规模更大的军队前来进攻巴伐利亚，不过，在首轮交锋中，他们便被巴伐利亚人击退，而且死伤无数。还有一些人试图游过多瑙河逃命，其中很多人都葬身于湍流之中。]

也就是在此期间，由于国王拒绝嫁女，君士坦丁皇帝被深深激怒。为了实施报复，他向勋贵兼西西里总督狄奥多（Theodore）发出指令，让他和其他一些军事指挥官一道，对贝内文托人的土地进行彻底的扫荡和摧毁。他们

68 开始执行命令，格里莫阿尔德和希尔德布兰德则率领其所能召集到的所有军队，在卡拉布里亚（Calabria）②与之展开搏斗。那一年，格里莫阿尔德的父亲去世，于是，国王委任格里莫阿尔德为贝内文托公爵。当时，希尔德布兰德仍旧是斯波莱托公爵。国王的使节维尼吉斯也随同格里莫阿尔德和希尔德布兰德参加战斗，后来，他继承希尔德布兰德之位，成为斯波莱托公爵。在随后的战斗中，他们杀敌无数。在装备和人员均无损失的情况下，他们获得胜利。他们带着大量的战俘和丰厚的战利品返回营地。]

所有这些事情结束之后，查理国王陛下亲自来到雷根斯堡

---

① 在《法兰克王家年代记》"原创本"中，从开篇的 741 年纪事到该年纪事为止，是整体汇编而成的。接下来的每年纪事采用的是一年一记的编撰方式。

② 卡拉布里亚，位于意大利半岛的南端，即意大利"靴子"的脚趾部分。

(Regensburg)①，为巴伐利亚人划定边界，确定边区。有了这样的边界和边区，在上帝的保护下，人们便可坚守其地，阻击阿瓦尔人的侵扰。然后，他返回故地，在亚琛 (Aachen)② 王宫庆祝圣诞节，复活节也是在那里庆祝的。时间转至

789 年

维尔齐人 (Wilzi)③ 是斯拉夫人的一支。在上帝的佑助下，国王在亚琛下令，向这群人所在的那片土地发起讨伐行动。[**修订本修改**：与维尔齐人为邻的那些族群要么是法兰克人的臣属，要么是法兰克人的盟友。维尔齐人一直对法兰克人持敌视态度，因此，也就痛恨他们的那些近邻。他们经常骚扰其邻邦并频繁挑衅，双方战事不断。国王认为再也不能纵容他们的嚣张气焰，于是决定对之开战。]他接受法兰克人和萨克森人的建议，在科隆附近渡过莱茵河，随后穿过萨克森，来到易北河畔。在这里，他下令建造两座桥梁，在其中一座桥梁的两端，分别筑起土木结构的防御工事。他继续领军深入，幸得上帝之恩赐，终使那些斯拉夫人拜倒在他的脚下。在他率领的这支军队中，既有法兰克人，也有萨克森人。弗里西亚人也乘船前来，在哈弗尔 (Havel)④ 河畔与他会合，与他们同来的还有一些法兰克人。此外，与他一同作战的还有索布人⑤ 和奥博德里特人(Obodrites)⑥，他们都是斯拉夫人

① 雷根斯堡，位于今天德国南部拜恩州（巴伐利亚州）的中部偏东。
② 亚琛，法文称为埃克斯拉夏佩尔 (Aix-la-Chapelle)，日耳曼古城，位于今天德国北莱茵—威斯特法伦州西部边境，与比利时及荷兰两国接壤，是德国最西面的城市。
③ 维尔齐人，亦称维莱提人 (Veleti)，中世纪西斯拉夫人中的一支，主要生活在易北河的东面，即今天德国东北部地区。在中世纪日耳曼语文献中，包括维尔齐人在内，易北河与奥得河之间的斯拉夫人通常被称为文德人 (Wends)。
④ 哈弗尔河，位于今天德国东北部，是易北河的右侧支流。
⑤ 关于索布人，参阅 782 年纪事及相关注释。
⑥ 奥博德里特人，西斯拉夫人的支系，生活在斯拉夫人地区的最西部，在其扩张鼎盛时期，曾占据荷尔斯泰因 (Holstein) 东部以及梅克伦堡—什未林 (Mecklenburg-Schwerin) 地区。

的支系，其中，奥博德里特人的首领名叫威特赞（Witzan）①。[**修订本增补**：刚一踏入维尔齐人的土地，国王便下令火烧刀砍，寸草不留。这个部落虽然好战成性且自恃人多势众，但是，面对王家军队的进攻，他们毕竟抵挡不了太长时间。因此，国王刚一抵达德拉加维特（Dragawit）控制下的那座城市，德拉加维特便随即率领全体下属从城中迎出来，按照国王的指令献上人质，并对国王和法兰克人宣誓效忠。和维尔齐人的其他首领相比，德拉加维特年龄最长，资格最老。斯拉夫人的其他高官和首领也都效仿其做法，纷纷表示臣服于国王。]

在收纳人质以及无计其数的誓约之后，在上帝的指引下，他返回法兰克。他在沃姆斯庆祝圣诞节，复活节也是在那里庆祝的。时间转至

790 年

在接下来的这一年，他②没有发起军事讨伐行动。他还是在沃姆斯城庆祝圣诞节，复活节也是在那里庆祝的。[**修订本增补**：在沃姆斯休养期间，他接待匈人的使节，然后也派出使节去见对方的诸位首领。双方争议的核心问题是他们的国界应该如何划定。围绕这个问题，双方的分歧愈演愈烈，而这个分歧也就成为后来与匈人开战的温床。因此，似乎应该说，他并没有变得懒散，也没有耽于安逸。国王乘船沿美因河（Main）逆流而上，来到萨尔茨（Salz）③王宫，这个宫殿是他下令修建的，它位于日耳曼地区的萨勒④

---

① 这个首领的名字可能有误。威特赞是维尔齐人的首领，此人应是法兰克军队的打击对象。奥布德里特人有一个首领，名曰威特金（Witzin），几年之后被萨克森人杀害。参阅本书 795 年纪事。详见 Bernhard Walter Scholz, with Barbara Rogers, trans., *Carolingian Chronicles: Royal Frankish Annals* and Nithard's *Histories*, p.188。

② 指法兰克国王查理。

③ 萨尔茨，位于今天德国南部拜恩州（巴伐利亚州）西北部的下法兰克尼亚境内，在诺伊斯塔特（Neustadt）附近。

④ 这里的萨勒河，指"法兰克尼亚境内的萨勒河"（Franconian Saale），是美因河的右岸支流，

河畔。从萨尔茨离开之后，他再次沿着同一条河，顺流而下，回到沃姆斯。在那里过冬期间，一天夜里，他的住地突遇火灾，宫殿被毁。] 时间转至

791 年

他 ① 从沃姆斯启程前往巴伐利亚，来到雷根斯堡，并在这里集结军队。在此之前，针对神圣的罗马教会和基督徒民众，阿瓦尔人犯下令人不可容忍的滔天暴行。虽有使节前去交涉，但问题并未得到圆满解决。在与法兰克人、萨克森人以及弗里西亚人仔细商议之后，他们决定出兵讨伐。在上帝的佑助下，他们进入阿瓦尔人的土地。[**修订本增补**：恩斯河（Enns）② 位于巴伐利亚人领土与匈人领土的中间，它被视为两个王国之间的一条天然边界线。] 在向恩斯河进军途中，他们决定，在列队行进过程中吟诵赞美诗并举行弥撒仪式，而且，这一活动要持续三天之久。他们祈求上帝给予佑助，让军队平安无事，让吾主耶稣基督伸出援手，让他们打败阿瓦尔人并对之进行报仇雪恨。国王沿着多瑙河南岸向前挺进。萨克森人和一些法兰克人以及大部分弗里西亚人 [**修订本增补**：由狄奥多里克伯爵和国王内侍梅金弗里德（Meginfrid）统领，] 沿着多瑙河北岸向前迈进。最后，两支军队来到阿瓦尔人在多瑙河两岸建有防御工事的区域。在南岸，阿瓦尔人的防御工事建在库莫伯格（Cumeoberg）③ 附近。在北岸，其防御工事则建在坎姆普（Kamp）附近，这个地方是因河而得名，正是在这里，坎姆普河④ 汇入多瑙河。阿瓦尔人发现，军队正沿着多瑙河两岸向他们逼近，在河流中央，船只也正向他

全长大约 125 公里，位于今天德国巴伐利亚州西北部。注意不要将这条河与更长一些的"萨克森境内的萨勒河"（Saxon Saale，易北河支流）相混。关于"萨克森境内的萨勒河"，参阅 782 年纪事及相关注释。

① 指法兰克国王查理。

② 恩斯河，多瑙河南侧支流，由南向北流淌，在今天奥地利的恩斯镇附近汇入多瑙河。

③ 库莫伯格，维也纳西面和西北面的山丘地带。

④ 坎姆普河，多瑙河左侧支流，位于今天奥地利北部。

们驶来。就这样，上帝通过恐吓之方式就已将他们击垮。他们放弃坚固的防御据点，舍弃此前建造的那些构造复杂的防御工事，四处逃散。在基督的指引和带领下，作为他的子民，两支军队毫发无损地开进阿瓦尔人的据点。军队继续挺进，一直深入到拉布（Raab）① 河畔。随后，两支军队沿着拉布河两岸返回家园。一路上，他们一直在颂扬上帝，感谢上帝让他们取得如此辉煌的胜利。②[**修订本增补**：在国王率领的那支军队中，马匹发生了严重瘟疫。他们原本拥有成千上万匹马，但是，最终所剩据说还不到十分之一。除了这个事情之外，这场战役可谓顺利终结，没有遭遇任何的不幸。] 查理国王陛下在雷根斯堡庆祝圣诞节，复活节也是在那里庆祝的。时间转至

792 年

这一年，国王同样还是在雷根斯堡庆祝圣诞节和复活节。正是在那个地方，费利克斯（Felix）的异端邪说首次遭到谴责。安吉尔贝尔特（Angilbert）③ 将他带去面见教皇哈德良。费利克斯作了忏悔，再次申明放弃

---

① 拉布河，多瑙河的右侧支流，位于今天奥地利的东南部和匈牙利的西部。

② 关于两支军队的返程线路，《法兰克王家年代记》"修订本"有更详细的记载：国王亲自率领的军队取道索姆巴特里（Szombathely）返回，狄奥多里克和梅金弗里德率领的军队取道波西米亚（Bohemia）返回。详见 Bernhard Walter Scholz, with Barbara Rogers, trans., *Carolingian Chronicles: Royal Frankish Annals* and Nithard's *Histories*, pp.188-189. 关于和阿瓦尔人的这场战争，艾因哈德在《查理大帝传》中亦有较为详细的描述，他指出，"除去萨克森战争以外，规模最大的要算他在紧接这次战争之后对匈人（匈奴人）和阿瓦尔人所进行的战争了"，而且，"一直打了八年，才使战事结束"。尽管这场战争"艰巨而持久"，但法兰克方面的人员损失很少，而且，法兰克因这场战争而致富，"法兰克人正义地夺来了匈人（匈奴人）不义地从其他部族抢走的东西"。详见艾因哈德著，戚国淦译：《查理大帝传》，第16—17页。

③ 安吉尔贝尔特（约760—814年），法兰克诗人，外交家，法兰克国王查理的秘书和女婿，其子尼塔尔（Nithard）著有《历史》一书。790年，安吉尔贝尔特退隐至圣里卡利乌斯修道院（Monastery of St Richarius），794年成为该修院院长。圣里卡利乌斯修道院，即后来所说的圣里吉埃修道院（Saint-Riquier），位于今天法国北部索姆省。

自己的异端邪说。这一年，国王没有发起军事征讨行动。

[修订本修改：乌热尔（Urgel）是坐落于比利牛斯山高处的一座城市。该城主教是个西班牙人，名曰费利克斯。托莱多（Toledo）主教埃利潘德（Elipand）给其写了一封信，在信中，他提出这样一个问题：在救世主亦即吾主耶稣基督的人性问题上，到底应该相信哪种说法为好？也就是说，在基督的人格性问题上，到底是应该相信并宣称他是上帝的亲生儿子，还是应该相信并宣称他是上帝的义子？费利克斯这个人既草率又鲁莽，他不仅宣称基督是上帝的义子，而且还特地为上述那位主教①专门著书，在书中，他顽固不化地坚守其邪恶的信仰，而他的这套东西与天主教会传统教义是完全对立的。他被带到为处理此事而临时设立的王宫，这是因为，国王当时还在巴伐利亚的雷根斯堡修养，在刚刚过去的冬天，他就是在这里度过的。他召集众主教召开教务会议，由他们听取费利克斯的辩解，他们最终裁定其说法纯属谬论。随后，他被遣送到罗马。在圣彼得大教堂，当着教皇哈德良的面，他对自己的那套异端邪说表示谴责，并宣布放弃之。在作出这一申明之后，他重返自己的那个城市。②

当国王在雷根斯堡避暑期间，其长子丕平③伙同一些法兰克人谋反。他们声称，王后法斯特拉达过于残暴，令人忍无可忍，因此，他们要密谋杀掉国王。这一阴谋被伦巴德人法杜尔夫（Fardulf）给揭露出来。正是因为他忠

71

---

① 指托莱多主教埃利潘德。

② 费利克斯（818年去世），8、9世纪西班牙神学家，西班牙乌热尔城（Urgel）主教，基督教异端派别"义子论"（Adoptionism）的坚持者。790年，费利克斯因"义子论"而受到著名学者、神学家阿尔昆（Alcuin，约735—804年）的批判。792年，费利克斯在雷根斯堡被判定为异端分子，随后前往罗马，在教皇面前宣布放弃自己的观点。不过，他很快又重新坚持自己的原有立场。在794年的法兰克福教务会议和798年亚琛教务会议上，费利克斯继续被控为异端分子。后来，费利克斯被流放到里昂，818年去世。

③ 即"驼背丕平"（Pepin the Hunchback，约767—811年）。法兰克国王查理（查理曼）在与伦巴德国王之女德西德拉塔（Desiderata）结婚之前，曾有一段史情。他与法兰克贵族女子西米尔特鲁德（Himiltrude，约742—约780年）生有一子，取名为丕平，此为查理的长子。

心耿耿，作为奖赏，国王将圣德尼修道院赐给了他。在这次谋反事件的主要罪犯中，有些人因犯叛逆罪叛而被用剑刺死，其他一些人则被吊死。正是因为这些人犯下了谋反之罪，他们才会被处以这类死法。①]

这一年建了一座浮桥，其所用浮囊与锚及绳索相连，这样，浮桥便可以开合自如。国王在雷根斯堡庆祝圣诞节和复活节。时间转至

793 年

这一年秋天，国王乘船从雷根斯堡启程，前去督察阿尔特缪尔河（Altmühl）②与雷德尼茨河（Rednitz）③之间那条大运河的施工进展。就是在那个地方，教皇的几位使节带着厚礼觐见国王。也就是在那个时候，信使来报，萨克森人再次背信弃义。

[修订本修改：国王准备结束业已开始的一些战事，并决定转而再次征讨潘诺尼亚。就在这个时候，他得到消息称，狄奥多里克伯爵所率军队途径弗里西亚（Frisia）时，在威悉河畔的吕斯特林根（Rüstringen）伯爵领地，突遇萨克森人的堵截，这支军队遭到毁灭性的摧毁。接到这个消息之后，他便终止向潘诺尼亚的挺进行动，对军队遭遇惨重损失的消息进行了封锁。

一些自以为是的所谓专家向国王游说：阿尔特缪尔河与雷德尼茨河这两条河，一条汇入多瑙河，另一条汇入美因河；因此，如果在雷德尼茨河和阿尔特缪尔河之间开凿一条适合航行的运河，那么，从多瑙河前往莱茵河，就将非常便捷。国王被他们的这个建议所打动，于是，他立即率领其全部随从

---

① 虽然驼背丕平是这次谋反的主角，但其父最终并未将之处死，而是把他送进了普吕姆（Prüm）修道院。普吕姆，位于今天德国西南部的莱茵兰—普法尔茨州，在该州的西北边境。

② 阿尔特缪尔河，多瑙河左侧支流，位于今天德国拜恩州（巴伐利亚州）境内。

③ 雷德尼茨河，雷格尼茨河（Regnitz）的支流，或者说，是雷格尼茨河的上游干流，位于今天德国拜恩州北部的法兰克尼亚地区。雷格尼茨河是美因河（Main）的左侧支流，而美因河又是莱茵河右侧的最长支流。

前往两河之间地带，并召来大量施工人员。整整一个秋季，他都在忙于这一
工程。在两河之间，人们开挖出一条沟渠，这条沟渠长 2000 步，宽 300 呎。
不过，这个工程终归徒劳无功。这一时期，阴雨连绵，土壤极其稀松，含水
量太大，因此，挖好了的沟渠无法维持原样。无论施工人员在白天挖出多少
土方，一到夜里，这些泥土就会塌陷回去。①

正当国王忙于这一工程之时，从王国的不同地方传来两个非常令人不快 73
的消息。一个消息称，萨克森人开始全面造反。另一个消息是，萨拉森人侵
入塞提马尼亚②，与这一边界地区的守军以及诸位伯爵发生战斗，在杀死许
多法兰克人之后，他们已胜利返回自己的家园。③]

国王离开工地，乘船经雷德尼茨河进入美因河，然后在维尔茨堡
(Würzburg)④ 的圣基利恩 (St. Kilian) 教堂⑤ 庆祝圣诞节。时间转至

794 年

国王在法兰克福 (Frankfurt) 庆祝复活节。⑥ 正是在那里，召开了一次
由高卢、日耳曼和意大利主教们参加的大型教务会议。主持这次会议的除了
国王之外，还有教皇大人哈德良从主教中选任的两位特使，他们分别是狄奥
菲拉克特 (Theophylact) 和斯蒂芬 (Stephen)。在这次会议上，费利克斯的

---

① 如今，在该工程施工地点，仍可看出当年的施工痕迹。据估计，参与此项工程的施工人
员至少 6000 人，工作时间长达 55 天。详见 Bernhard Walter Scholz, with Barbara Rogers,
trans., *Carolingian Chronicles: Royal Frankish Annals* and Nithard's *Histories,* p.189。
② 关于塞提马尼亚，参阅 778 年纪事及相关注释。
③ 这里是指西班牙后倭马亚王朝对加泰罗尼亚地区的入侵事件。中世纪初期，加泰罗尼亚
归西哥特人统治，715 年被阿拉伯穆斯林占领。在随后三个世纪左右的时间里，该地区控
制权在后倭马亚王朝与法兰克（法国）之间不断变换。中世纪晚期，该地区归属西班牙。
④ 维尔茨堡，位于今天德国拜恩州（巴伐利亚州）西北部，下法兰克尼亚首府。
⑤ 圣基利恩教堂，为纪念圣基利恩而建的教堂。基利恩，7 世纪爱尔兰传教士，7 世纪 80
年代前往维尔茨堡传教，后被当地人杀害。
⑥ 这一年的复活节是在 3 月 23 日。

异端邪说受到第三次谴责。蒙众位圣洁之教父们的允许，有关这次谴责的具体内容被汇编成书，出席会议的所有神父都在书上亲笔签了名。王后法斯特拉达在那里去世[1]，其遗骸荣葬于圣阿尔班修道院（St. Alban's）。[2] 围绕圣像崇拜问题，希腊人召开了一次教务会议，但是，这次会议的召开并不合规合法。他们还把这次会议列为第七次大公会议，但是，这种做法也是错误的。对于这次会议，几任教皇均拒不承认其有效性。[3]

[**修订本修改**：几年前，在伊琳娜（Irene）及其儿子君士坦丁的主持下，在君士坦丁堡召开一次教务会议。他们不仅将之列为第七次会议，而且将之称为第七次大公会议。然而，人们普遍意识到并公开申明，这次会议既不能被称为第七次会议，也没有资格被称为大公会议。所有人都拒不承认这次会议，所有人都认为这是一次完全无效的会议。]

军队从法兰克福启程，兵分两路，向萨克森进军。最为辉煌的查理国王陛下亲自率领其中的一路人马。另一路人马则交由其最高贵的儿子查理殿下率领，他们取道科隆，向前挺进。萨克森人聚集在辛德菲尔德（Sindfeld）[4] 平原准备迎战。不过，一听闻自己已被两面夹击，他们原先的那些盘算就全

---

① 法斯特拉达794年8月10日在法兰克福去世，此时正值法兰克福教务会议期间。

② 圣阿尔班修道院，其原址位于今天德国西南部的莱茵兰—普法尔茨州首府美因茨，16世纪中叶，该修道院被毁。阿尔班（约406年去世），希腊人（亦说是阿尔巴尼亚人），早期基督教传教士，大约在406年被汪达尔人杀死于美因茨。

③ 这里所说的教务会议是指787年召开的第二次尼西亚会议（Second Council of Nicaea）。这一年，在拜占庭皇帝君士坦丁六世（780—797年在位）和其母亲伊琳娜（780—797年为摄政，与其子共治；797—802年为女皇）的组织下，在尼西亚召开基督教世界主教会议，会议决定恢复圣像崇拜。此即教会史上的"第七次大公会议"。实际上，这次会议是得到罗马教皇哈德良的认可的，而且他还向会议派出了特使。但是，这一时期，拜占庭、法兰克和罗马教廷三者之间的关系微妙而复杂，其中，法兰克和拜占庭交恶，而罗马教廷一方面不敢得罪拜占庭，另一方面又亟需法兰克的支持。对于法兰克方面对第二次尼西亚会议成果的否定，教皇哈德良后来曾专门撰文以驳斥。关于此事的来龙去脉，详见 Philip Hughes, *The Church in Crisis: A History of the Twenty Great Councils*, London: Burns & Oates, 1961, pp. 134-140。

④ 辛德菲尔德，位于帕德博恩的南部。关于帕德博恩，参阅777年纪事及相关注释。

被上帝给挫败了。他们承诺一定皈依基督教，而且将忠于国王陛下。当然，他们的承诺只不过是说说而已，在他们的大脑中根本就没有这类东西。国王返回亚琛王宫，并在那里庆祝圣诞节和复活节。① 时间转至

795 年

[**修订本增补**：在前一年的夏天，按照指令，萨克森人献出人质并宣誓效忠，但是，国王并没有忘记他们的那些背叛行径。]

这一年，国王来到位于美因茨城郊的科斯特海姆（Kostheim），并在那里召开集会。他闻悉，萨克森人故态复萌，再次违背其许下的接受基督教和对国王效忠的诺言。于是，他率领军队挺进萨克森，来到吕内（Lüne）② 附近的易北河畔。[**修订本增补**：他命令斯拉夫人前来与他会合。抵达巴登高③之后，他在巴多维克（Bardowiek）附近扎营，在那里等候斯拉夫人的到来。] 就在那段时间，而且也就是在那个地方，奥博德里特人的国王威特金（Witzin）被萨克森人杀害。④[**修订本增补**：这一事件进一步促使国王下定决心，必须立即把萨克森人打垮，而且，此事也让他更加憎恨这群背信弃义之徒。]

在阿瓦尔人以及阿瓦尔王国之中，图丹（tudun）是一个颇有权势的职位。这一年，图丹的使节也来到萨克森，他们通报称，这位图丹希望带着他的领土和子民一起归顺国王，他将遵循国王的指示接受基督教信仰。萨克森人遭到痛击，其家园被化成一片荒野，而且，他们又献出了人质。之后，国王立即返回高卢。他在亚琛王宫庆祝圣诞节和复活节。时间转至

74

---

① 这里的复活节是指 795 年复活节，时间是 795 年 4 月 12 日。
② 吕内和下文的巴多维克，都是吕内堡附近的村庄，位于今天德国下萨克森州境内。
③ 关于巴登高，参阅 780 年纪事及相关注释。
④ 关于奥博德里特人及其首领威特金，参阅 789 年纪事及相关注释。

796 年

教皇哈德良去世。① 利奥（Leo）② 刚一继任其位，便派遣使节带着礼品前来拜见国王。他还让使节将圣彼得墓葬的锁钥以及罗马城的城旗转交给国王。[**修订本修改**：利奥请求国王派一名手下官员去罗马，让其代为接受罗马民众的归顺之礼和效忠宣誓。]

多个世代以来，阿瓦尔人控制的地方从未被外人入侵过。正因如此，弗留利③ 公爵埃里克（Eric）派出人马，让他们到阿瓦尔人那里劫掠一番。这支队伍由斯拉夫人沃尼米尔（Wonimir）率领，向潘诺尼亚进军。当时，阿瓦尔人各首领之间内讧不已，元气大伤。在内战中，可汗与尤古尔（jugur）相互攻伐，最终都被他们自己人杀死。在过去的多个世纪中，一代又一代的君王积累了大量财宝。弗留利公爵将抢来的这些财宝送到亚琛王宫，献给查理国王陛下。④ 国王接受了这些财宝，并对一切美好事物的给予者上帝表示感恩。随后，作为上帝的管家，这位睿智绝顶、慷慨至极之人⑤ 委派其钟爱的修院院长安吉尔贝尔特⑥，让他将这些财宝中的一大部分送去罗马，献给圣彼得教堂。至于余下的那部分财宝，他则将之分给手下的僧俗官员以及他的其他一些封臣。

同样是在这一年，按照先前的诺言，图丹带领大多数阿瓦尔人前来归顺国王，并将其领土和子民全都献了出来。他和他的子民接受洗礼，然后，带

75

---

① 教皇哈德良一世（生卒年约 700—795 年，772—795 年在位）于 795 年 12 月 25 日去世，享年 95 岁。

② 利奥，即罗马教皇利奥三世（生卒年 750—816 年），795—816 年在位。

③ 关于弗留利，参阅 776 年纪事及相关注释。

④ 796 年，法兰克人对阿瓦尔人的征服行动最终结束。经法兰克方面的允许，一些残余的阿瓦尔人得以在潘诺尼亚南部地区落脚，这些人也接受了基督教。自此以后，阿瓦尔人作为一个民族在历史上逐步消失。详见 Bernhard Walter Scholz, with Barbara Rogers, trans., *Carolingian Chronicles: Royal Frankish Annals* and Nithard's *Histories*, p.190。

⑤ 指法兰克国王查理。

⑥ 关于安吉尔贝尔特，参阅 792 年纪事及相关注释。

着丰厚的礼物返回家园。[**修订本增补**：不过，这位图丹并不想长期履行自己的忠顺誓言。不久之后，他就因其背信弃义而遭到应有的惩罚。]

国王集结军队，向萨克森进军。同时，他又派遣其子意大利国王丕平率军前去征讨潘诺尼亚。丕平的使节来到萨克森觐见国王。他们首先向国王禀报说，可汗被暗杀之后，阿瓦尔人又选任一位新的可汗，而且，这位新可汗已经带领其手下所有高官拜见过丕平。然后，他们又向国王汇报说，丕平正在挥军攻占阿瓦尔人的领土。国王陛下率领其所有人马，穿过萨克森，返回高卢。他的儿子丕平带着阿瓦尔人剩余的财宝从潘诺尼亚返回，来到亚琛王宫。国王陛下对此感到十分高兴。他在亚琛王宫庆祝圣诞节和复活节。时间转至

797 年

位于西班牙的巴塞罗那城曾经起兵抵抗过我们，如今，该城总督扎腾(Zatun) ① 又将之归还给我们。扎腾亲自来到王宫，代表其本人以及他的这座城市向国王陛下表示归顺。[**修订本增补**：在接管这座城市之后，国王又让其子路易 ② 进兵西班牙，前去围攻韦斯卡 (Huesca) ③。] 国王向萨克森发起征讨行动，[**修订本增补**：这是因为，那个言而无信的部落非常嚣张，实在需要予以狠狠的打击。] 军队穷追不舍，他们穿过沼泽地带，越过荒无人烟之地，一直追到海边。萨克森的滨海之地名曰哈德恩 (Hadeln) ④。从这个地方折返之后，国王收纳了人质，并接受了全体萨克森人的归顺。随后，国王渡过莱茵河，返回高卢。

在亚琛王宫，他接待了萨拉森人阿卜杜拉 (Abdallah)，此人是埃米尔

① 扎腾，亦称扎伊德 (Zaid)，当时的巴塞罗那总督。
② 路易，即阿奎丹国王路易，亦即后世所说的虔诚者路易。参阅 781 年纪事及相关注释。
③ 韦斯卡，西班牙东北部城市，今为西班牙韦斯卡省省会。
④ 哈德恩，位于易北河口附近，今属德国下萨克森州。

伊本·穆阿维叶（ibn Muawijah）①之子。在和其弟弟②争夺最高统治权失败之后，阿卜杜拉被赶跑，其后在毛里塔尼亚（Mauretania）过着流亡生活。如今，他前来投奔国王陛下。③西西里总督尼塞塔斯（Nicetas）也派来一位使节，此人名曰狄奥克提斯托斯（Theoctistos），他带来一封拜占庭皇帝写给国王的信函。国王以礼相待，几天之后，将他打发回去。

大约在11月中旬，国王带领军队进入萨克森过冬。在威悉河畔安营扎寨之后，他下令将营寨所在地命名为赫斯泰尔（Herstelle）④。[**修订本增补**：直到今天，当地居民仍把这个地方叫作赫斯泰尔。] 阿瓦尔人的使节带着厚礼来到这个地方。[**修订本增补**：他还接待了阿斯图里亚斯及加利西亚（Asturias and Galicia）⑤国王阿尔丰索（Alfonso）⑥派来的使节，此人给他带来了礼物。] 国王同意萨拉森人阿卜杜拉从赫斯泰尔重返西班牙，并派自己的儿子路易与之同行。他的另一个儿子丕平则被派往意大利。为了解决萨克森的事务，他在那片土地上度过了整个冬季，圣诞节和复活节都是在那里庆

76

---

① 这里所说的"伊本·穆阿维叶"应该是指西班牙后倭马亚王朝开国君主拉赫曼（al-Rahman，生卒年731—788年，756—788年在位），其全名是拉赫曼·伊本·穆阿维叶·伊本·希沙姆·伊本·阿卜杜拉·马里克·伊本·马万（al-Rahman ibn Mu'awiya ibn Hisham ibn Abd al-Malik ibn Marwan），其本名"拉赫曼"之后的那些名字分别是其父亲、祖父、曾祖父和玄祖父的名字。关于拉赫曼，参阅777年纪事。

② 指西班牙后倭马亚王朝第二位君主（埃米尔）希沙姆一世（Hisham I，788—796年在位）。

③ 796年，希沙姆一世去世，其子哈卡姆一世（Al-Hakam I，796—822年在位）继位。希沙姆一世的兄弟试图阻止侄子哈卡姆继位，为此向法兰克方面求援。关于这个事件中涉及到的希沙姆一世的兄弟，《法兰克王家年代记》中的记述可能存在不确之处。拉赫曼一世有多个儿子，本书所述之事可能将其中的两个儿子（即阿卜杜拉和苏莱曼 Sulayman）的活动混合在一起了。

④ 赫斯泰尔，位于今天德国北莱茵—威斯特法伦州明登市附近。

⑤ 阿斯图里亚斯及加利西亚王国，中世纪西班牙半岛西北部的基督教国家，原为两个国家，加利西亚王国由苏维汇人于409年建立，阿斯图里亚斯王国由西哥特人于718年建立。阿斯图里亚斯王国建立后，加利西亚除了偶尔享有独立地位，大部分时间里都从属于阿斯图里亚斯王国。

⑥ 阿尔丰索，即阿尔丰索二世，阿斯图里亚斯及加利西亚国王（791—843年在位）。

祝的。时间转至

798 年

加利西亚及阿斯图里亚斯国王阿尔丰索的使节弗洛伊阿（Froia）来到萨克森拜见国王，他向国王献上了一顶精美绝伦的帐篷。需要一说的是，就在这一年复活节期间，生活在易北河对岸的诺德留第人[1]发动叛乱。此前，国王曾派使节到他们那里就某些问题讨要说法，而如今，他们却将这些使节抓了起来。他们当场杀死一些法兰克人，然后将余下的那些人扣押起来以捞取赎金。[2]在这些被扣留者中，有一些人逃了出来，其余的则被赎了回来。

[修订本修改：他们只饶过很少一些人的性命，他们要用这些人来换取赎金。和其他人一道，戈德斯卡尔（Godescal）也被他们处死。此人是国王的使节，在出事的前几天，国王派他前去拜见丹麦国王西吉弗里德。也就是在这段时间，在其返程途中，他遭到这次叛乱煽动者们的堵截，随后被杀身亡。得知这一消息之后，国王怒火中烧，暴跳如雷。]

国王召集军队，从赫斯泰尔出发，开赴明登（Minden）。经过商议之后，他决定出兵镇压反叛者。他率领军队，挺进易北河与威悉河之间的萨克森地区，在这里，他们横扫全境，并将之毁为荒野。

[修订本增补：不过，远在易北河另一侧的那些萨克森人却极为嚣张，而且已经忘乎所以，这是因为，在那里，他们可以杀害国王的使节，但又不必担心受到惩罚。他们拿起武器，前去攻打奥博德里特人。自从法兰克人接纳奥博德里特人为盟友之日起，奥博德里特人就一直在为法兰克人提供帮助。]

---

[1] 诺德留第人，萨克森人的一支。参阅 780 年纪事及相关注释。

[2] 被杀害的法兰克人中，有数位伯爵，包括罗里（Rorih）、哈德（Had）、里科尔夫（Richolf）以及加里（Garih）等。见 Bernhard Walter Scholz, with Barbara Rogers, trans., *Carolingian Chronicles: Royal Frankish Annals* and Nithard's *Histories*, p.190。

[**修订本增补**：在一个名曰苏恩塔纳（Suentana）^① 的地方]，诺德留第人遭遇奥博德里特公爵特拉斯科（Thrasco）以及我们的使节埃布里斯（Eburis），[**修订本增补**：特拉斯科负责指挥右翼军队]。诺德留第人最终战败，其中，有 4000 人死在战场。余下的人则逃的逃，散的散，随后又回过头来进行和谈，不过，这些人当中，最后还是有很多人被杀掉了。国王收纳了人质，在这些人质当中，有一些被视为最无信义之人，由萨克森贵族专门挑出来献为人质。随后，国王返回法兰克。

回到亚琛王宫之后，他接待了来自君士坦丁堡的希腊使团，其中一位使节名叫米凯尔（Michael），此人曾是弗里吉亚（Phrygia）^② 总督；另一位使节则是神父狄奥菲鲁斯（Theophilus）。他们带来伊琳娜女皇的一封信，此举的起因在于，在此前一年，她的儿子君士坦丁皇帝 [**修订本增补**：由于在生活方式上放荡无耻]，结果被其臣下抓了起来并被弄瞎了双眼。不过，这个使团关注的只是两国间的和平问题。^③ 在送他们回去的时候，国王允许西西尼乌斯（Sisinnius）与之同行。西西尼乌斯是君士坦丁堡主教塔拉修斯（Tarasius）的兄弟，在很久以前在意大利进行的战争中，此人被俘，并被长期扣押。

从前一年七月到这一年七月，整个天空中，哪里都看不到火星。巴利阿里群岛（Balearic Islands）^④ 遭到摩尔人和萨拉森人的劫掠。这一年的冬

---

① 苏恩塔纳，波恩霍夫德（Bornhöved）附近的一片旷野，位于今天德国北部石勒苏益格—荷尔斯泰因州（Schleswig-Holstein）中部。798 年的这场战役又称波恩霍夫德之战（Battle of Bornhöved）。

② 弗里吉亚，位于小亚中部，当时属于拜占庭帝国安纳托利亚行政区（Anatolic Theme）的一个组成部分。

③ 拜占庭女皇伊琳娜遣使法兰克，有修复并加强两国关系之意。此前，拜占庭帝国面临来自阿拉伯帝国越来越严重的军事压力。796 年，阿拉伯帝国入侵拜占庭帝国。798 年，伊琳娜与阿拉伯帝国哈里发哈伦·拉希德（Harun al-Rashid，786—809 年在位）签订和约，拜占庭帝国被迫向阿拉伯帝国缴纳贡赋。详见 Bernhard Walter Scholz, with Barbara Rogers, trans., *Carolingian Chronicles: Royal Frankish Annals* and Nithard's *Histories*, p.190。

④ 巴利阿里群岛，位于地中海西部，临近西班牙半岛的东海岸。

天，加利西亚及阿斯图里亚斯国王阿尔丰索洗劫了西班牙最偏远的城市里斯本（Lisbon）。为了表明自己真的打了胜仗，他委派弗洛伊阿和巴斯里斯库斯（Basiliscus），向国王陛下送来了锁子甲、骡子以及被俘获的摩尔人。国王陛下是在这座宫殿①中庆祝圣诞节和复活节的。时间转至

799 年

在举行大连祷②活动期间，罗马人把教皇③抓起来，弄瞎其双眼，割掉其舌头。④被投进监牢之后，一天深夜，他翻墙逃跑。当时，国王陛下的两位使节恰好身在圣彼得大教堂，他们分别是修院院长维隆德（Wirund）和斯波莱托公爵维尼吉斯。教皇跑到他们那里，随后被护送到斯波莱托。

[修订本修改：在罗马，利奥教皇从拉特兰宫（Lateran）⑤出发，骑马前往真福劳伦斯（the blessed Lawrence）教堂去参加连祷活动。为纪念劳伦斯

---

① 指位于亚琛的王宫。

② 连祷（Litanies），连续呼求上帝或天国诸圣给予垂怜的祈祷方式，其开头语一般都是"上帝，求垂怜"、"基督，求垂怜"等。连祷一般出现于公共祈祷日（公祷日，Rogation Days）。公祷日有大小之分。在每年 4 月 25 日（圣马可节）举行的公祷被称为"大连祷"（Major Litanies 或 Greater Litanies），在基督升天节（Ascension）前三天举行的公祷被称为"小连祷"（Minor Litanies 或 Lesser Litanies）。

③ 即罗马教皇利奥三世，参阅 796 年纪事及相关注释。

④ 对利奥三世发动袭击的"罗马人"是前任教皇哈德良的亲属。参见 Bernhard Walter Scholz, with Barbara Rogers, trans., *Carolingian Chronicles: Royal Frankish Annals* and Nithard's *Histories,* p.191。关于罗马教皇利奥三世在此次事件中的受伤害程度，《法兰克王家年代记》"原创本"中使用的是陈述句式，似乎其双眼的确被弄瞎，舌头的确被割掉。从下文（参阅800年纪事中的相关内容）中可以看出，利奥三世后来的活动一切如常。因此，若从基督教神学角度来说，利奥三世的身体康复显然是得到了"神佑"。不过，从世俗史学角度来说，这种现象显然有悖常理。在"修订本"中，相关表述有了明显变化，其中增加了"一些目击者称"这么一句话，而且在圣伊拉斯谟修道院有一个养伤和康复过程。因此，利奥三世的受伤害程度以及康复过程也就变成可神可不神的模棱两可之事了。

⑤ 拉特兰宫，位于罗马城东南，自 4 世纪起的随后约一千年中，为罗马教皇的主要住处。如今，拉特兰宫是梵蒂冈历史博物馆的一个组成部分，主要用于展示教皇国的历史。

而建的这个教堂名曰"烧烤地教堂"（At the Roast）。^①就在这个教堂附近，他遭到罗马人的埋伏。他被人从马上给拖了下来。一些目击者称，他的双眼被抠出，舌头也被割掉。他们脱光他的衣服，把他扔在大街上。他躺在那里，奄奄一息。后来，根据这次行动策划者的指令，有人把他送到殉教者圣伊拉斯谟（Erasmus）修道院。看起来，他应该就是在那里恢复过来的。值得一说的是，在其内侍阿尔比努斯（Albinus）的协助下，一天深夜，他翻墙逃了出来。此前，在听闻罗马人的这一犯罪行为之后，斯波莱托公爵维尼吉斯火速奔往罗马。在接到教皇之后，他便将之护送到斯波莱托。

在闻悉有关这一事件的消息之后，国王下令，要以最高礼遇，把教皇带到他那里，因为教皇毕竟是圣彼得的代理人和罗马主教。不过，国王并未因此而中断其征讨行动，他还是按照原计划向萨克森进军。]

国王陛下开赴萨克森，在里普海姆附近渡过莱茵河，然后在帕德博恩扎营。他将军队分为两路，让其儿子查理率领其中一路人马前往巴登高，其任务有二，一是与斯拉夫人展开谈判，二是接纳从诺德留第人中归顺而来的萨克森人。另一路人马继续和国王待在原处。也就是在这个地方，国王以最高礼遇接待了利奥教皇。为了等待其子查理的归来，国王继续停留在那里。在此期间，和接待时的规格一样，他仍以最高礼遇欢送利奥教皇。^②教皇随即前往罗马，国王则返回亚琛王宫。

---

① 劳伦斯（约225—258年），早期基督教徒，曾在罗马担任执事（deacon）一职，负责罗马教会的财务。258年，劳伦斯被罗马帝国处死。"烧烤地教堂"之名源于劳伦斯殉教方式的传说。据称，罗马当局要求劳伦斯将教会的所有财产全部上缴，但劳伦斯却连夜行动，将所有财富全部分给老弱病残穷，最终引起罗马当局的暴怒。罗马当局拿来烤架，下面升起炭火，将劳伦斯放在上面烧烤。被烧烤很长一段时间之后，劳伦斯愉悦地说了一句："这面已经烤好了！把我翻一下！"参阅 Paolo Pirlo, *My First Book of Saints*, Paranaque City: Sons of Holy Mary Immaculate, 1997, pp. 176–178。

② 教皇一行于799年11月29日抵达罗马。在罗马，查理的使节对教皇的反对者展开审判，最终裁定教皇是清白无辜的。他们还将那些对教皇利奥三世进行诽谤之人拘押起来，并将之押送到国王查理那里。参见 Bernhard Walter Scholz, with Barbara Rogers, trans., *Carolingian Chronicles: Royal Frankish Annals and Nithard's Histories*, p.191。

同样是在这次出征期间，西西里总督米凯尔派遣使者前来觐见国王陛下。这位使者名曰丹尼尔（Daniel）。在那里 ①，国王仍以极高的礼遇送他离开。

同是在这一年，阿瓦尔部落出尔反尔，撕毁当初的诺言。弗留利公爵埃里克对之取得众多胜利，后来，在利布尔尼亚（Liburnia）的塔萨提卡城（Tarsatika）附近，当地居民设下埋伏，埃里克不幸身亡。② 在与阿瓦尔人的一次战斗中，巴伐利亚军事统帅热罗尔德（Gerold）伯爵也战死沙场。在此前一年，巴利阿里群岛曾遭到摩尔人和萨拉森人的劫掠，于是向我们求援并如愿以偿。如今，这个群岛归顺于我们，在上帝以及我们的帮助下，该群岛成功阻挡了海盗的侵袭。在战斗中，摩尔人的军旗被缴获并被献给国王陛下。

布列塔尼边区军事长官维多（Wido）伯爵会同其他一些同侪，开赴布列塔尼。他们横扫全境，并将之征服。国王从萨克森回来之后，维多伯爵立即将布列塔尼首领们的武器献给国王。这些首领都已投降，他们的名字都被刻在上缴的这些武器上面。每一位首领都将其土地、臣民连同其本人献给法兰克人，整个布列塔尼行省都被法兰克人征服。这样一种情形，此前还是闻所未闻。

同是在这一年，受耶路撒冷宗主教之托，来自耶路撒冷的一位修士给国王陛下献上祝福，同时他还带来基督坟墓中的圣骨圣物。韦斯卡城总督哈桑（Hassan）遣使来朝，这位使节不仅带来礼品，而且还将该城的锁钥献给国王。还是在上述的那个王宫 ③，国王庆祝了圣诞节。时间转至

---

① 指帕德博恩。

② 埃里克试图征服达尔马提亚（Dalmatia）地区的克罗地亚人（Croats），同时对塔萨提卡城展开围困。在此期间，埃里克被敌方杀害。利布尔尼亚，古地名，利布尔尼亚人（Liburnians）居住的地区，位于亚得里亚海东北部海岸，今属克罗地亚。塔萨提卡，即如今的里耶克（Rijeka），克罗地亚城市。

③ 指亚琛王宫。

800 年

国王送别那位来自耶路撒冷的修士，同时委派扎迦利（Zacharias）随之一起回去。扎迦利是王宫里的一名神父，其随行的任务是要向圣地献礼。3 月中旬，国王离开亚琛王宫，前往高卢海岸。在高卢海这片区域，海盗出没频仍。他在这里建起一支海军，并在多个地点设兵布防。他在桑图鲁姆（Centulum）的圣里吉埃修道院（St.-Riquier）① 庆祝复活节。他从桑图鲁姆启程，再次沿海前行，来到鲁昂。在这里，他渡过塞纳河，来到图尔（Tours），前往圣马丁教堂祈祷。他的妻子柳特加尔达（Liutgarda）王后② 大病难行，于是，他在那里停留了一些时日。6 月 4 日，柳特加尔达在那里去世，随后也就被安葬在那里。

国王从这里启程，取道巴黎和奥尔良，返回亚琛。6 月 6 日和 6 月 9 日，出现严寒天气。不过，这并未给农业收成造成什么影响。

8 月初，他来到美因茨。他宣布远征意大利，随后率领军队离开美因茨，前往拉文纳。在那里，他制定方案，准备对贝内文托人发起征讨行动。在那里逗留一周之后，他启程前往罗马。同时，他下令，由其儿子丕平率领军队，开赴贝内文托人的土地并对之进行洗劫。国王离罗马已越来越近，这时，利奥教皇率领罗马人，在距罗马城 12 里地的门塔纳（Mentana）③ 恭候国王，并以至谦至敬之礼迎接他的到来。教皇在门塔纳与国王共用晚餐后，便立即提前赶回城里。第二天，为迎接国王进城，他送来了多面罗马城城旗。他下令，让人头涌动的市民及朝圣者站在街道两侧，在国王到来的时候

---

① 关于圣里吉埃修道院，参阅 792 年纪事及相关注释。
② 柳特加尔达，阿拉曼尼亚的一位伯爵之女，法兰克国王查理的最后一位妻子，大约在 794 年与查理结婚，死后无嗣。
③ 门塔纳，位于罗马城东北方向，今为意大利罗马省下属的一个市镇。关于门塔纳离罗马城的距离，《法兰克王家年代记》说是 12 里（miles）。此说不准确。门塔纳距离罗马城约 18 里（miles），合约 29 公里。

发出热烈的欢呼。他与手下教士及各位主教伫立在圣彼得大教堂门口的台阶上。当国王下马并拾级而上之时，教皇立即趋前迎接。就是在这个地方，人们献上了一次祈祷。在众人吟唱赞美诗之际，教皇将国王请进圣彼得大教堂。此事发生在 11 月 24 日。

一个星期之后，国王召集会议，向众人阐明他此次前来罗马的目的。从那时起，他每天都在忙于处理此次罗马之行所定的各种事务，其中，最重要、最难办也是首当其冲的事情就是，要对教皇被控罪行进行核查。谁也不愿站出来证明这些指控属实，于是，当着所有人的面，教皇登上圣彼得大教堂的讲道坛。他手持福音书，口诵圣三之名并向之发出恳求，同时以发誓的方式来表明自己清白无辜，与所控罪名无涉。①

也就是在这一天，扎迦利从东方回到罗马，与他同行的还有两位修士，一位来自橄榄山（Mount Olivet）②，另一位来自圣萨巴修道院（St. Saba's）。这两位修士是受耶路撒冷宗主教的委派，随扎迦利一起，前来觐见国王的。为了表达其美好意愿，耶路撒冷宗主教让他们带来耶稣墓地锁钥和加尔瓦略山（Calvary）③锁钥，而且，他们还带来耶路撒冷城锁钥以及锡安山（Mount Zion）④锁钥，此外还带来一面旗帜。⑤国王亲切接见他们，并款待了他们几

81

① 对教皇利奥三世的这次审查行动发生在 800 年 12 月 1 日。教皇的自辩行动发生在 800 年 12 月 23 日。
② 橄榄山，耶路撒冷城东北的一座小山，按照基督教的说法，此地是耶稣基督升天之处。
③ 加尔瓦略山，耶路撒冷城外的一个小山丘，曾被用作刑场。按照基督教的说法，耶稣就是在这个地方被钉死在十字架上。因此，加尔瓦略山也就是指耶稣受难之地。
④ 锡安山，耶路撒冷老城南部的一座山。"锡安"一词后来经常用指耶路撒冷全城和以色列全地。
⑤ 有学者认为，将加尔瓦略山的锁钥作为礼物送给法兰克君主查理，这是一种"宗教姿态"；而将耶路撒冷城的锁钥以及城旗作为礼物送给查理则意味着，查理对上述地区可能已经获得某种意义上的政治控制权，反过来，这也同时可能意味着，阿拉伯帝国哈里发哈伦·拉希德（Harun al-Rashid, 786—809 年在位）同意将上述地区让给查理，这样一来，阿拉伯帝国的哈里发也就成了法兰克君主的宗主。参见 Bernhard Walter Scholz, with Barbara Rogers, trans., *Carolingian Chronicles: Royal Frankish Annals* and Nithard's *Histories*, p.191。

天。及至 4 月，经国王恩准，他们带着丰厚的回礼踏上回乡之路。他在罗马庆祝圣诞节。

在圣诞节这一最为神圣的日子里，国王来到使徒圣彼得的灵位前祈祷，然后起身准备参加弥撒仪式。就在这个时候，利奥教皇将一顶皇冠戴到国王的头上，在场的所有罗马人向国王群起欢呼："庄重威严的查理，您的皇冠乃上帝所赐，您是伟大的爱好和平的罗马人皇帝。祝您万寿无疆，永胜无敌！"众人欢呼之后，教皇仿效古代皇帝之仪轨向他致辞。查理原本被称作"长官"（Patricius），到这个时候，这个称谓终被废弃，他开始被称为"皇帝"和"奥古斯都"（Augustus）。① 时间转至

801 年

几天之后，他下令，对前一年将教皇赶下台的那些人展开审判。经过审理，依据罗马法中有关大逆之罪的条文，这些人被判处死刑。② 不过，教皇毕竟有着一颗基督徒的慈悲之心，他请求皇帝放他们一条生路。于是，皇帝给了他们活命，而且也没有对其施以伤残之刑，但是，这些人毕竟都是罪大恶极之徒，因此，最终还是被处流放之刑。这次密谋事件的头目是司仪官③

---

① 原书中，该自然段被放在 801 年纪事的首段。关于在 800 年与 801 年之交发生的事情，《法兰克王家年代记》在年度划分上不准确。从 800 年纪事的结尾处可以看出，查理是在罗马度过 800 年圣诞节的。从 801 年纪事的主体内容来看，除了加冕之事以外，其他事项都是按时间顺序来叙述的，即从年初写到年末。另外，从 801 年纪事的结尾处也可以看出，这一年的圣诞节，查理是在亚琛度过的。因此，801 年纪事第一自然段中所述查理加冕之事，显然应该归入 800 年纪事。关于查理加冕，可参阅艾因哈德著，戚国淦译：《查理大帝传》，第 29—30 页。

② 从此处开始一直到 812 年纪事，对于"原创本"的文字，后来的"修订本"仅有一些极为细微的修订，二者在本质上没有什么差别。参见 Bernhard Walter Scholz, with Barbara Rogers, trans., *Carolingian Chronicles: Royal Frankish Annals* and Nithard's *Histories*, p.191。

③ 帕斯卡尔的头衔原文为 "nomenclator"，这一头衔有多种含义，可以指典礼仪式中负责宣读来宾姓名的司仪，也可以指宴会或其他集体活动中的宾客引座员，还可以指负责为新

帕斯卡尔（Paschal）、司库坎普鲁斯（Campulus）以及罗马城的其他许多高官，他们一同受到同样的惩处。对于事涉罗马城、教皇以及整个意大利的各种问题，不论是市政的，还是教会的，抑或是私人的，皇帝均一一加以处理解决。整整一个冬季，皇帝一直都在忙于这些事情，其他什么都没干。在处理完这些事情之后，他再次让其儿子丕平率军征讨贝内文托人。在4月25日的复活节之后，他离开罗马，前往斯波莱托。当他在那里逗留期间，4月30日午夜两点，发生一场地动山摇的大地震，整个意大利都受到严重波及。在这场地震中，木质框架结构的使徒圣保罗大教堂被震毁，屋顶也塌了一大块。在有些地方，山体被震裂，山石翻滚到了城市边缘。同样是在这一年，莱茵河沿岸、高卢以及日耳曼的一些地方也都发生了地震。由于天气温热，瘟疫也随之发生。

皇帝从斯波莱托启程，来到拉文纳，在那里逗留几天之后，又前往帕维亚。在那里，他得到消息说，波斯国王哈伦·埃米尔·穆梅宁（Harun Emir al Mumenin）① 的使节已经抵达比萨港。他派出几位信使前去与他们会面，并要信使把他们带到位于维切利（Vercelli）② 和伊夫雷亚（Ivrea）③ 之间的宫廷里。来使共有两位。一位是来自东方的波斯人，此人是波斯国王的使节。另一位是来自非洲的萨拉森人，此人是埃米尔亚伯拉罕（Abraham）的使节；亚伯拉罕的治所位于福斯塔特（Fustât）④，他在这里统治着非洲沿海地带。这两位使节汇报说：四年前，皇帝曾派遣犹太人伊萨克（Isaac），让此人与

82

出现的事物命名者。关于帕斯卡尔的具体职责，目前尚无其他材料可资佐证，因此，"司仪官"这一译名尚需存疑。

① 即阿拉伯帝国阿拔斯王朝哈里发哈伦·拉希德，参阅798年纪事及相关注释。埃米尔·穆梅宁（Emir al Mumenin）是哈里发的称号，意即"信徒之君"或"追随者们的君主"（Prince of the Faithful）。在《旧唐书·大食传》等中国古代典籍中，埃米尔·穆梅宁被译为"噉密莫末腻"。

② 维切利，意大利西北部城市，位于米兰和都灵之间。

③ 伊夫雷亚，意大利西北部城市，位于都灵北面。

④ 福斯塔特，位于今天突尼斯（Tunisia）首都突尼斯（Tunis）的南部。

朗特弗里德（Lantfrid）以及西吉蒙德（Sigimund）一起，前去拜见波斯国王；如今，伊萨克正带着大宗礼物踏上返乡之路，不过，朗特弗里德和西吉蒙德两个人都已去世；后来，波斯国王专门派遣公证人埃尔坎巴尔德（Ercanbald）前往利古里亚（Liguria），让他在那里组织一支船队，这样就可以把那头大象以及伊萨克携带的其他所有物品都能给运送过去。查理在伊夫雷亚庆祝施洗者圣约翰节①，随后，他翻越阿尔卑斯山，返回高卢。

经过长达两年的围困，在这一年夏天，西班牙的巴塞罗那城终被攻克。该城总督扎腾②以及其他许多萨拉森人都成了俘虏。在意大利，基耶蒂城（Chieti）③也被攻克并被付诸一炬，该城总督罗塞尔姆斯（Roselmus）被俘，隶属于该城的那些城堡也都缴械投降。扎腾和罗塞尔姆斯在同一天被押解到皇帝那里，这两个人都被判处流放之刑。

这一年10月，犹太人伊萨克带着那头大象从非洲返回，抵达韦内雷港（Porto-Venere）④。此时的阿尔卑斯山已是积雪皑皑，他无法翻山越岭，于是便留在维切利过冬。

皇帝在亚琛王宫庆祝圣诞节。时间转至

802 年

伊琳娜女皇⑤委派佩剑侍卫⑥利奥（Leo），让他以君士坦丁堡使节的身

---

① 施洗者圣约翰节是6月24日。

② 关于扎腾，参阅797年纪事。扎腾在797年曾向法兰克君主查理宣誓效忠，但不久便反悔，转而重新效忠于后倭马亚王朝。

③ 基耶蒂，位于意大利半岛中部东海岸附近，今为意大利基耶蒂省省会。

④ 韦内雷港，意大利西北部沿海港市，今属意大利拉斯佩齐亚省（La Spezia）。

⑤ 关于拜占庭帝国女皇伊琳娜，参阅794年纪事及相关注释。

⑥ 佩剑侍卫（spatarius，意为佩剑者，Sword-bearer），中世纪早期拜占庭宫廷的一种官员等级，初期基本上都是由太监（阉人）出任，且真正承担军事护卫职责。从8世纪早期开始，这一头衔逐渐失去军事职责之本义，转而成为一种荣誉性职位，初期地位较高，后来其地位逐渐下降，而且，拥有这一职衔的也不再是阉人。在拜占庭帝国的职官系统

份，前来签署法兰克人与希腊人之间的一项和平协议。① 当这位使节准备返回时，皇帝派遣亚眠主教杰西（Jesse）和海尔姆高德伯爵（Helmgaud）与之同行，其任务是与伊琳娜建立和平关系。② 皇帝在亚琛王宫庆祝复活节。③

同是在这一年，7 月 20 日，伊萨克带着波斯国王让他送来的大象及其他礼物到达亚琛，然后将之献给皇帝。那头大象有个名字，叫作阿布尔·阿巴斯（Abul Abaz）。

在意大利，奥托纳城（Ortona）缴械投降。④ 卢切拉城（Lucera）⑤ 在遭到长期围困之后，已变得不堪一击，最终也不得不投诚归顺。随后，我们的一支守军开始驻扎到了这里。

这一年夏天，皇帝主要是在阿登山区（Ardennes）从事狩猎活动。此间，他派遣一支由萨克森人组成的军队，前去征讨远在易北河另一侧的那些萨克森人，并对他们的土地进行扫荡。

卢切拉城是由斯波莱托伯爵维尼吉斯负责防控的。贝内文托公爵格里莫阿尔德对身在卢切拉的维尼吉斯展开围困。维尼吉斯染病在身，精力不济，

中，每种官职均有与其身份等级相对应的配饰，佩剑侍卫的配饰是一把金柄剑。参阅 John Bagnell Bury, *The Imperial Administrative System of the Ninth Century*, London: Oxford University Press, 1911, pp. 22-27; Alexander Kazhdan, "Spatharios", in Alexander Kazhdan, *The Oxford Dictionary of Byzantium*, New York and Oxford: Oxford University Press, 1991, pp. 1935–1936。

① 对于查理大帝与拜占庭女皇伊琳娜的关系，拜占庭编年史家狄奥法尼斯（Theophanes，约 758—约 818 年）在其《编年史》中曾有这样的记载：查理希望与伊琳娜结婚，其目的在于将东、西两个帝国连为一体。罗马教皇也赞同这一计划。查理和教皇均派出使节前往君士坦丁堡。伊琳娜本想同意这门婚事，但却遭到拜占庭权贵埃伊提乌斯（Aetius）的坚决抵制，因为他希望由他的兄弟继承皇位。在联姻商谈尚未结束的时候，伊琳娜便被废黜。参见 Bernhard Walter Scholz, with Barbara Rogers, trans., *Carolingian Chronicles: Royal Frankish Annals* and Nithard's *Histories,* p.192。

② 杰西，799—836 年间任亚眠主教。海尔姆高德，其职位是宫伯。

③ 这一年的复活节是在 3 月 27 日。

④ 奥托纳，位于亚得里亚海沿岸，与基耶蒂毗邻。

⑤ 卢切拉，位于意大利半岛南部，今属意大利阿普里亚大区（Apulia）福贾省（Foggia）。

最终被迫投降，不过，被俘后，他还是受到了对方的礼遇。①

皇帝在亚琛庆祝圣诞节。时间转至

803 年

这一年冬天，在王宫②周边以及邻近地区，发生一次地震，造成惨重的人员伤亡。

维尼吉斯被格里莫阿尔德释放。皇帝的几位使节从君士坦丁堡返回，和他们同行的还有尼斯福鲁斯（Nicephorus）③皇帝的几位使节。在那段时间，尼斯福鲁斯是东罗马帝国的统治者，其缘由在于，法兰克使团到了那里之后，以尼斯福鲁斯为首的一群人把伊琳娜赶下了台。尼斯福鲁斯派来的使节分别是主教米凯尔（Michael）、修道院院长彼得（Peter）以及白衣侍卫④卡里斯图斯（Calistus）。在萨勒河畔⑤的萨尔茨（Salz），他们与皇帝会面，并收到一份和平建议书。皇帝修书一封让他们带回去。他们取道罗马，返回君士坦丁堡。⑥

值得一提的是，皇帝率军征讨巴伐利亚。在处理完潘诺尼亚的事务之后，他于12月返回亚琛，并在那里庆祝圣诞节。时间转至

---

① 关于格里莫阿尔德，参阅788年纪事及相关注释。关于维尼吉斯，《法兰克王家年代记》中多次提及，参阅788年、799年、803年和822年纪事，其身份先后有所不同，有时是法兰克君主的使节，有时是伯爵，有时是公爵。

② 指亚琛王宫。

③ 尼斯福鲁斯，原为拜占庭女皇伊琳娜手下的财政大臣，802年10月31日废黜伊琳娜，其本人成为拜占庭帝国皇帝，802—811年在位。811年，尼斯福鲁斯在对外战争中被杀身亡。

④ 白衣侍卫（candidatus），中世纪早期拜占庭帝国宫廷侍卫的一个等级，其名称源于这类侍卫着穿的白色服装。在拜占庭帝国的职官系统中，与白衣侍卫这一等级相对应的配饰是一条垂于胸前的黄金项链。参阅 John Bagnell Bury, *The Imperial Administrative System of the Ninth Century*, pp. 22, 134。

⑤ 关于萨勒河，参阅782年纪事及相关注释。

⑥ 803年，尼斯福鲁斯与查理大帝签订和约，史称《尼斯福鲁斯和约》（*Pax Nicephori*），但是，拜占庭方面拒绝承认查理的皇帝称号。双方矛盾日趋激化，随后在意大利展开多年军事争斗。

804 年

这一年冬天，皇帝是在亚琛度过的。值得一书的是，这年夏天，他率军进入萨克森，把生活在易北河对岸以及威穆奥迪（Wihmuodi）① 的所有萨克森人，连同他们的妻儿老小，全都赶入法兰克境内，然后将易北河对岸的土地送给奥博德里特人。②

也就是在这一时期，丹麦人的国王戈多弗里德（Godofrid）率领他的船队和全国所有骑兵，来到位于丹麦和萨克森交界地带的石勒苏益格（Schleswig）。他先是承诺说，他要亲自出面与皇帝会谈。不过，在听了手下人的一些建议之后，他变得谨慎起来，再也不敢靠近一步。其结果就是，不论他想说什么，都要通过其使节把话传过来。皇帝驻扎在易北河畔的霍伦斯泰特（Hollenstedt），他派出一个使团前去面见戈多弗里德，与之商讨逃亡者的遣返问题。大约在 9 月中旬，他返回科隆。在把军队遣散之后，他先是去了亚琛，然后又前往阿登山区。在那里，他尽情地狩猎一番，然后返回亚琛。

这一年的 11 月中旬，他接到消息说，利奥教皇想和他在一起庆祝圣诞节，地点听便。于是，国王③ 立即委派其子查理④ 前往圣莫里斯（St.-Maurice）⑤，并嘱托他要隆重地接待教皇。他本人则来到兰斯城，准备在这里迎接教皇。在那里举行欢迎仪式之后，他先是带着教皇来到吉耶兹行宫并在那里庆祝圣诞节，然后又前往亚琛。查理⑥ 送给教皇许多礼物。教皇希望

84

---

① 威穆奥迪，位于威悉河以东，今属德国下萨克森州。

② 艾因哈德在《查理大帝传》中称，查理大帝将易北河两岸一万萨克森人分成多批移殖到日耳曼和高卢各处。详见艾因哈德著，戚国淦译：《查理大帝传》，第 12 页。

③ 这里的"国王"应该是指查理大帝，虽然查理大帝依然拥有"法兰克国王"称号，但一般情况下还是称之为皇帝。因此，这里的这个"国王"之称应该属于笔误。

④ 即小查理（Charles the Younger，约 772—811 年），查理大帝之子，曼恩伯爵，800 年 12 月 25 日加冕为"法兰克人的国王"。

⑤ 圣莫里斯，今为瑞士的一个市镇。

⑥ 这里的"查理"指代不是很明确。按照 800 年加冕后的用语来看，对于查理大帝，一般都是称之为"皇帝"，而不会直呼其名。因此，从这个角度来看，这里的查理应该是指查

165

取道巴伐利亚返回罗马,于是,查理派人护送,一直把把他送到拉文纳。教皇此次来访,事出有因:这一年的夏天,皇帝听闻,在曼图亚城(Mantua),有人发现了"圣血"①。于是,他派人给教皇捎信,让他去调查一下这个传闻究竟是真是假。教皇也就利用这个机会出来放松一下。他先是到了伦巴底,对那个传闻作了一番调查。然后,他快马加鞭,突然就到了皇帝这里。他和皇帝共处了 8 天。据说,随后他便返回罗马。② 时间转至

805 年

其后不久,称号为"卡干"(capcan)③ 的一位匈人首领前来觐见皇帝,事由是,由于遭受斯拉夫人频繁侵扰,匈人陷入困境,他们在其原有居住地已无法安身立命。因此,这位首领向皇帝发出请求,希望能在索姆巴特里(Szombathely)④ 和彼得罗奈尔(Petronell)⑤ 之间划出一个地方,让他们在那里安家立业。这位首领是个基督徒,而且起了一个西方化的名字狄奥多(Theodore)。因此,皇帝热情接待了他,也同意了他的请求,而且在他回去

理大帝之子小查理。

① 圣血(Blood of Christ),亦译"基督宝血",亦称"耶稣宝血"。按照基督教教义,耶稣通过献出自己的生命(自己的血和肉),使人类获得救赎。

② 教皇与皇帝一起度过圣诞节,805 年 1 月 14 日离开法兰克。

③ 学术界一般认为,这一时期的西方国家对东方游牧民族及其国家所知有限,对其职务称谓的了解也不准确。因此,对于中世纪西方编年史中所涉相关头衔的理解也就比较困难。有学者认为,所谓"卡干"(capcan),实际上是"可汗"(khagan)一词的变体,因此,这里所说的这位首领就是可汗。也有学者认为,卡干是比可汗低一级的匈人首领。参见 Bernhard Walter Scholz, with Barbara Rogers, trans., *Carolingian Chronicles: Royal Frankish Annals and Nithard's Histories,* p.192.

④ 索姆巴特里,中欧城市,今属匈牙利,位于匈牙利西部边境,与奥地利毗邻。该城是图尔主教圣马丁的出生地。6—8 世纪,该城的居民主要是阿瓦尔人和斯拉夫人。795 年,该城被法兰克人占领。

⑤ 彼得罗奈尔,中欧城市,位于今天奥地利东部边境。索姆巴特里在彼得罗奈尔南面,两地相距大约 80 公里。

的时候还给他送上了礼物。

这位卡干回去之后不久就去世了。于是，可汗（khagan）派遣手下一位高官前来觐见皇帝，希望皇帝能让可汗在匈人中间重新获得曾经拥有的那种地位。皇帝答应其请求并发出指令：依据匈人的传统习俗，可汗将成为整个匈人王国的共主。

同样是在这一年，他派其子查理①率军挺进斯拉夫人的土地，这支斯拉夫人叫作波西米亚人（Bohemians）。对于波西米亚人祖祖辈辈生活于斯的这片土地，查理在其全境展开彻底扫荡，而且把他们的首领莱科（Lecho）也杀掉了。回来之后，他随即前往位于孚日山区（Vosges）的施昂（Champ）②拜见皇帝。此前，亦即7月份，皇帝就已离开亚琛，取道蒂永维尔和梅斯，前往孚日山狩猎。查理的军队回来之后，皇帝便随即前往莱米尔蒙城堡（Remiremont）③。在那里待了一段时间之后，他又前往蒂永维尔王宫，并在这里安顿下来准备过冬。他的两个儿子丕平和路易来此与他相聚。他也就是在这里庆祝圣诞节的。时间转至

85

806 年

圣诞节后不久，作为达尔马提亚人（Dalmatians）④的使节，威尼斯的两位公爵维莱里（Willeri）和贝阿图斯（Beatus）、扎拉（Zara）⑤公爵保罗以及扎拉主教多纳图斯（Donatus）等人带着大宗礼品，前来觐见皇帝。皇帝不仅解决了达尔马提亚的事情，而且，对于各位公爵以及威尼斯民众的诉

---

① 即查理大帝的儿子小查理，参阅 804 年纪事及相关注释。

② 施昂，位于洛林地区，埃皮纳尔（Epinal）东面，今属法国孚日省（Vosges）。

③ 莱米尔蒙，位于洛林南部，在埃皮纳尔东南约 25 公里处，今属法国孚日省。

④ 达尔马提亚人，生活于达尔马提亚地区的居民。达尔马提亚，位于亚得里亚海东海岸，其主体部分位于今天克罗地亚南部。

⑤ 扎拉，亦称扎达尔（Zadar），达尔马提亚地区的一个城镇，在亚得里亚海东海岸，位于今天克罗地亚中部偏北海岸。

求，也都作了妥善处理。①

在把这些使节送走之后，皇帝随即召开由法兰克贵族和高官参加的大会，会议的主题是，强化并巩固其诸子之间的和平关系，同时讨论将帝国划分为三大部分的事情，此举的目的在于，对于皇帝诸子而言，如果他们在皇帝身后还能活着，那么，他们就可以知晓各自应该负责保卫哪片疆土，统治哪片地区。皇帝立下遗嘱，对这一决定予以确认。法兰克高官显贵们以宣誓的方式，对这一决定表示认可。为确保诸子之间能够和平相处，皇帝还制定了一系列规约。以上所有决定最终都形成为书面文件，然后由艾因哈德(Einhard)送往利奥教皇那里签署意见。②看完文件之后，教皇表示同意，并在文件上亲笔签名。

皇帝让其两个儿子丕平和路易前往各自掌管的王国③，他自己则从蒂永维尔王宫出发，乘船沿摩泽尔河和莱茵河而下，来到奈梅亨④。在那里，他庆祝了神圣的四旬斋以及最为圣洁的复活节。⑤几天之后，他从奈梅亨来到亚琛。在这里，他让其子查理率军挺进索布人⑥的土地。索布人生活在易北河畔，是斯拉夫人的一支。在这场战役中，斯拉夫人的公爵米里多克(Miliduoch)被杀身亡。查理所率军队修筑了两座城堡，一座位于萨勒河畔，另一座位于易北河畔。在平定了斯拉夫人的叛乱之后，查理率军踏上返

---

① 在此之前，威尼斯长期从属于拜占庭帝国。在此之前不久，威尼斯还试图兼并达尔马提亚。而且，威尼斯还将格拉多(Grado)行政长官福尔图那图斯(Fortunatus)从其领地中驱逐出去。格拉多城位于亚得里亚海北岸，在威尼斯的东北方向。当时，该城行政长官福尔图那图斯与查理大帝保持良好关系。参见 Bernhard Walter Scholz, with Barbara Rogers, trans., *Carolingian Chronicles: Royal Frankish Annals* and Nithard's *Histories*, p.192。

② 此事发生于 806 年 2 月 6 日。

③ 丕平（原名卡洛曼）为意大利国王，路易（即后来的皇帝虔诚者路易）为阿奎丹国王。参阅 781 年纪事及相关注释。

④ 关于奈梅亨，参阅 776 年纪事及相关注释。

⑤ 这一年的复活节是在 4 月 12 日。

⑥ 关于索布人，参阅 782 年纪事及相关注释。

乡之路。他来到默兹河畔的塞伊（Seilles）① 与皇帝见面。

和前一年的情形一样，又有一支大军被派入波西米亚。这支军队的兵源 86
来自巴伐利亚、阿拉曼尼亚和勃艮第，他们对波西米亚的许多地方进行了扫
荡，然后返回故乡。在这次军事行动中，这支军队的人员损失并不严重。

同样是在这一年，丕平派出一支武装船队，从意大利前往科西嘉岛，准
备对此前在该岛上烧杀抢掠的摩尔人发起打击。不过，还没等船队到达科西
嘉岛，摩尔人就已跑掉了。需要一说的是，我方人员、热那亚城伯爵哈杜马
尔（Hadumar）由于疏忽大意，而与摩尔人短兵相接，结果被杀身亡。在西
班牙，过去几年中，纳瓦拉和潘普洛纳②两地民众背叛法兰克而倒向萨拉森
人，如今，他们被重新置于我们的统治之下。③

尼斯福鲁斯皇帝④委派地方行政长官尼塞塔斯⑤，让他率领一支武装船队
前去收复达尔马提亚。另外，大约在四年前，查理皇帝曾派几位使节前去拜
见波斯国王。如今，他们乘船踏上返程之路。他们穿过一个又一个希腊船只
停泊点，回到特雷维索(Treviso)⑥，进入这个港口的安全地带。在此过程中，
他们行踪谨慎，躲过了所有敌人的眼睛。

皇帝在亚琛庆祝圣诞节。时间转至

807 年

在前一年 9 月 2 日，出现一次月食。当时，太阳的位置处在室女宫 16
度，而月亮的位置则处于双鱼宫 16 度。在本年度的 1 月 31 日，亦即阴历的

---

① 塞伊，位于今天比利时东南部，属于那慕尔省（Namur）。

② 关于潘普洛纳，参阅 778 年纪事及相关注释。

③ 纳瓦拉和潘普洛纳曾成功摆脱科尔多瓦对其的统治，然后臣服于查理的统治。从 805 年
开始，西班牙边区成为阿奎丹王国的一部分，接受路易的统治。

④ 关于拜占庭帝国皇帝尼斯福鲁斯，参阅 803 年纪事及相关注释。

⑤ 关于尼塞塔斯，参阅 797 年纪事。

⑥ 特雷维索，意大利东北部城市，位于威尼斯北面，两地相距大约 30 公里。

1月17日，人们发现，木星从月亮那个位置穿行而过。2月11日中午，出现一次日食。在此期间，太阳和月亮两颗星星的位置都处在宝瓶宫25度。2月26日，再次出现月食，这一天夜里，天空中呈现出无数条星际生死线（battle lines）。这一天，太阳位于双鱼宫11度，而月亮则位于室女宫11度。3月17日，人们发现，水星位于太阳中心偏上一点的地方，看起来就像一个小黑点。在连续8天的时间里，我们一直都可以看到这一现象。不过，由于云层遮挡之原因，对于水星最初是在何时进入太阳所在位置又在何时离开太阳那个位置，我们看得不是很清楚。8月22日夜里3点，又出现一次月食，这一天，太阳的位置处于室女宫5度，而月亮的位置则处于双鱼宫5度。因此，从上一年9月到这一年9月，共出现3次月食，1次日食。

87　　　皇帝的使节拉德贝尔（Radbert）在从东方返回途中去世。波斯国王的一名使节前来觐见皇帝，此人名曰阿卜杜拉（Abdallah）。与之同行的还有耶路撒冷宗主教托马斯派来的一个使团，这个使团由两位修士组成，他们分别是乔治（George）和费利克斯（Felix）。名曰乔治的这位修士是橄榄山①修道院院长，从出身来说，他是个日耳曼人，其本名叫作埃基尔巴尔德（Egilbald）。他们前来觐见皇帝，并将波斯国王的礼物转呈给他。在这些礼物中，有一顶帐篷，还有多幅帷幕，这些帷幕色彩斑斓，尺寸巨大，美轮美奂。不论是帷幕本身，还是缝制帷幕所用的串线，用的都是质地上好的亚麻，而且都被染成各种不同的颜色。除此之外，在波斯国王送来的礼物中，还有许多价值连城的丝绸袍服，还有香料、油膏和香脂，而且还有一台质地为黄铜的时钟。这是一台设计精妙、结构神奇的机械钟。与水钟一样，这台机械钟的转动周期为12个小时。与此相对应，它有12个小铜球，每隔一个小时，就会有一个小球坠落在相应的钟点上，从而带动下面的铜钹发出鸣响。在这台机械钟上面，还装有12名骑手和12扇小窗，每个小时快要结束的时候，就会有一名骑手从小窗中迈步而出，走动一下之后，便将先前敞开

———————————

① 关于橄榄山，参见800年纪事及相关注释。

的那个小窗关上。这台机械钟还有其他许许多多奇妙之处，在这里实在无法一一描绘。除了这些礼物之外，还有两个铜烛台，其尺寸又高又大，令人着迷。所有这些礼物都被运到亚琛皇宫，献给了皇帝。皇帝和那位使节以及两位修士在一起待了一段时间，然后将他们送往意大利，并告诉他们在那里等一等，适航时间一到，他们即可返乡。

同样是在这一年，皇帝派遣其马厩总管① 布尔查德（Burchard）率领一支武装船队，前去保卫科西嘉岛，抗击摩尔人。在过去几年中，摩尔人经常闯入那里烧杀抢掠。和往常一样，摩尔人还是从西班牙扬帆起航。他们先是在撒丁岛登陆。在这里，他们向撒丁人发起进攻，结果损失惨重。仅此一役，据说摩尔人有 3000 人战死。随后，他们直奔科西嘉岛。在该岛的一个港口，他们又与布尔查德率领的船队短兵相接，结果再次战败，狼狈逃窜。摩尔人损失 13 艘战船，其人员也大都被杀。这一年，摩尔人处处遭殃，就连他们自己都承认，他们之所以厄运当头，就是因为在此前一年他们干了一件不仁不义之事，那时，他们从潘特莱里亚（Pantelleria）掠走 60 名修士，并在西班牙把他们给卖掉了。② 值得一说的是，通过皇帝的慷慨援助，其中的一些修士最终得以重返家园。

地方行政长官尼塞塔斯和其率领的君士坦丁堡武装船队依然驻扎在威尼斯。他与丕平国王展开和谈。双方商定休战至 8 月份，随后，他起航返回君士坦丁堡。③

^{—— 88 标注在右侧页边}

---

① 马厩总管（marshal），原中世纪欧洲宫廷的普通官员，但由于其位置比较重要，一般都由君主的心腹担任，因此，其地位不断上升。近代以后，这一头衔被用作高级军衔，即人们所熟知的"元帅"。

② 潘特莱里亚，地中海里的一个岛，位于西西里与突尼斯之间，在西西里岛西南约 100 公里处，突尼斯海岸以东约 60 公里处，今属意大利特拉帕尼省（Trapani）。

③ 关于这里所述之事，参阅 797 年和 806 年纪事。此前，威尼斯公爵起兵反抗君士坦丁堡的统治。尼塞塔斯的这次征讨是拜占庭皇帝"对西方所发动的最后一次严肃认真的权利展示行动"。参见 Bernhard Walter Scholz, with Barbara Rogers, trans., *Carolingian Chronicles: Royal Frankish Annals* and Nithard's *Histories,* p.193.

这一年，皇帝在亚琛庆祝复活节，圣诞节也是在那里庆祝的。时间转至

808 年

这一年冬天非常温暖，在这个时节出现这种现象，对人们的身体健康是很不利的。春天伊始，皇帝前往奈梅亨。在那里度过大斋节并庆祝神圣的复活节之后，他再次返回亚琛。

他得到消息说，丹麦国王戈多弗里德[①]率军涉水，已进入奥博德里特人[②]的土地。于是，他派其子查理率领一支由法兰克人和萨克森人组成的大军，向易北河方向挺进。他向查理发出指令称，这位丹麦国王就是个疯子，如果此人胆敢向萨克森边境发起进攻，就要对之奋起抗击。戈多弗里德在沿海安营扎寨，并在那里停留一些时日，然后与斯拉夫人直接交锋，攻占了众多的斯拉夫人城堡。随后，他引兵撤退，在此过程中，其军队遭受惨重的人员伤亡。奥博德里特人的公爵特拉斯科[③]认为自己的治下属民不可靠，结果这位公爵被戈多弗里德赶出辖地。通过计谋，戈多弗里德还抓获另一位公爵戈德莱布（Godelaib）并将之绞死。通过这次军事行动，戈多弗里德迫使三分之二的奥博德里特人称臣纳贡。不过，他自己那一方也损失了诸多久经沙场的精兵强将。除了这类人员损失之外，他还失去了自己的侄子雷吉诺尔德（Reginold）。他的这个侄子是在围困一座城镇时被杀的，与之一同被杀的还有许许多多的丹麦贵族。值得一说的是，皇帝之子查理在易北河上修建一座桥梁，然后率领军队以最快的速度抵达易北河对岸，并对里诺尼斯人（Linones）和斯梅尔丁吉人（Smeldingi）发起打击。[④] 在此之前，这两个部

---

① 关于戈多弗里德，参阅 804 年纪事及相关注释。
② 关于奥博德里特人，参阅 789 年纪事及相关注释。
③ 关于特拉斯科，参阅 798 年纪事。
④ 里诺尼斯人和斯梅尔丁吉人，均是生活于易北河沿岸的斯拉夫人部落，其所处地理位置大致在今天德国东部地区。

落也都投靠了戈多弗里德。查理在广阔范围内对他们的土地展开彻底扫荡，然后率领军队再次跨过易北河，毫发无损地重返萨克森。

在这次远征行动中，戈多弗里德还将维尔齐人①纳为自己的盟友。维尔齐人是斯拉夫人的一支，但与奥博德里特人存有宿怨，因此，他们主动要求加入戈多弗里德的军队。他们尽其所能地对奥博德里特人进行抢掠，当戈多弗里德返回丹麦时，他们也带着战利品返回故地。需要一提的是，在返回丹麦之前，戈多弗里德将位于沿海地带的一个贸易中心给彻底摧毁。在丹麦语里，这个地方叫作莱里克（Reric）。该贸易中心纳税额甚巨，因此，对于戈多弗里德的国家来说，这个贸易中心为其带来的利益原本是非常丰厚的。在把他们的商人从莱里克转移出去之后，他随即下令扬帆起航，率领全军来到石勒苏益格港。他在那里停留数日并作出决定，要修筑 89 一道防御工事，以加强王国的边境安全，防止萨克森的入侵。按照规划，这道防御工事将沿埃德河（Eider）②北岸修建，东起奥斯塔萨尔特（Ostarsalt）海湾，向西一直延伸到海边。在这条防御线上，只留有一个小小的空当，供马车及马车夫出入。他召集部将，对这项任务进行了分工。然后，他打道回府。

也就是在这一时期，在不列颠岛，诺森布里亚人（Northumbrians）的国王伊尔杜尔夫（Eardwulf）被国人赶下台，而且还被逐出国土。他前来拜见皇帝。③当时，皇帝还在奈梅亨。他向皇帝解释了自己前来此地的缘由，然后便继续赶往罗马。当他从罗马返回的时候，罗马教皇和皇帝陛下派出使节，把他送回到了自己的王国。当时，对罗马教会行使统治权的是利奥三世。执事阿尔杜尔夫（Aldulf）是一位来自不列颠的撒克逊人，作为教皇的使节，他被派回不列颠。皇帝则委派两位修道院院长与他同行，一位是

---

① 关于维尔齐人，参阅789年纪事。

② 埃德河，位于今天德国石勒苏益格—荷尔斯泰因州，东西走向，流入北海。

③ 伊尔杜尔夫，诺森布里亚国王，796—806年在位。关于其808年返回诺森布里亚之后的情况，没有直接的史料可供说明。

公证人出身的赫儒欧特弗里德 (Hruotfrid)[1]，另一位是圣奥梅尔修道院 (St. Omer) 的南塔尔（Nanthar）。

皇帝派出使节，让他们负责在易北河畔修建两座城堡，然后在那里派驻守军，以防范斯拉夫人的进攻。随后，皇帝在亚琛过冬，圣诞节以及神圣的复活节都是在这个地方庆祝的。[2] 时间转至

809 年

君士坦丁堡方面派出的一支武装船队先是停靠在达尔马提亚，继而移师威尼斯。在那里过冬期间，部分船只开往科马奇奥岛 (Comacchio)[3] 并在那里停泊，结果与当地守军发生军事冲突。被打败之后，这些船只狼狈逃窜，最终又返回威尼斯。这支船队的指挥官名曰保罗[4]。很显然，为了在法兰克人与希腊人之间建立和平关系，他准备与意大利国王丕平殿下就具体条款展开谈判。这应该是来自上方的命令，同时也符合保罗本人的愿望。不过，由于威尼斯两位公爵维莱里和贝阿图斯[5]的阻挠，保罗的所有努力全部付诸东流。而且，这两位公爵甚至打算对保罗发起一次伏击。保罗识破其诡计之后，便打道回府了。[6]

在西面，国王路易[7]殿下率军挺进西班牙，对埃布罗 (Ebro) 河畔的托

---

① 赫儒欧特弗里德，圣阿芒修道院 (St. Amand) 院长，827 年去世。

② 这里是指 809 年的复活节，时间是 809 年 4 月 8 日。

③ 科马奇奥，位于威尼斯南面，今属意大利费拉拉省 (Ferrara)。

④ 这位保罗也就是前文提及的达尔马提亚地区的扎拉城公爵保罗。此时的扎拉城属于拜占庭帝国的组成部分，保罗公爵属于拜占庭方面的官员。参阅 806 年词条。另参阅 Bernhard Walter Scholz, with Barbara Rogers, trans., *Carolingian Chronicles: Royal Frankish Annals and Nithard's Histories*, p.230（索引中的 Paul 词条）。

⑤ 关于维莱里和贝阿图斯，参阅 806 年纪事。

⑥ 拜占庭帝国在西方的这次权利展示以失败告终。拜占庭武装船队撤离之后，意大利国王丕平采取行动，最终征服威尼斯。

⑦ 国王路易，即阿奎丹国王路易（后来的"虔诚者"路易）。

尔托萨城（Tortosa）① 展开围困。围困了一段时间之后，他觉得很难在短时间内攻下这座城市。于是，他放弃围城，带领军队返回阿奎丹。在这次军事行动中，他的军队没有遭受任何损失。

在皇帝及教皇的诸位使节的护送下，诺森布里亚国王伊尔杜尔夫回到自己的国家。随后，这几位使节开始返回大陆，除了教会执事阿尔杜尔夫之外，其他人都很顺利地渡过海峡。阿尔杜尔夫是被海盗抓走的，随后又被他们掳回到不列颠。不过，森伍尔夫国王（Cenwulf）② 手下的一个人将他赎了出来，然后，阿尔杜尔夫回到罗马。

在托斯卡纳（Tuscany），被称为奥罗比奥塔人（Orobiotae）③ 的一帮希腊人对港口城市皮翁比诺（Piombino）④ 进行了洗劫。摩尔人也从西班牙侵入科西嘉，就在神圣的复活节这个星期天，他们对当地的一个城市进行烧杀抢掠。被劫掠之后，在这座城市中，除了该城主教和一些老弱病残之外，其他已一无所剩。

也就是在这段时期，丹麦国王戈多弗里德委托一些商人捎来口信称：奥博德里特人对他多有伤害，因此，在前一年，他曾率军讨伐并施以报复；他已听闻，就是因为这个事，皇帝对他恼恨不已。他又说，针对他的那些指控都是一些不实之辞，他希望能够洗清自己的冤屈；他之所以与奥博德里特人开战，是因为对方破坏和平在先。他提出请求称，最好能让他和皇帝双方手下的诸位伯爵坐下来开一次会，地点可以定在易北河那一侧他们国家的边境地带；通过这么一次会议，就可以弄清楚双方之前都干了些什么，而且还可以确定接下来该如何采取相应的补救措施。对于他的这一请求，皇帝并未拒绝。于是，在易北河对岸的巴登福里奥特

---

① 托尔托萨，西班牙东北部城市，位于今西班牙加泰罗尼亚境内。

② 森伍尔夫，麦西亚王国（Mercia）国王（796—821 年在位）。麦西亚是中世纪早期不列颠"七国时代"的七国之一，位于今英格兰中部。

③ 奥罗比奥塔人，意即"山里人"（mountain people）。

④ 皮翁比诺，意大利西岸港口城市，今属意大利里窝那省（Livorno）。

（Badenfliot）①，法兰克人与丹麦贵族举行会谈。双方都提出很多问题，而且就这些问题展开详细讨论，不过，会谈结束后，整个问题依旧悬而未决。值得一说的是，按照戈多弗里德的要求，奥博德里特人的公爵特拉斯科把自己的儿子交给他作为人质。然后，他便召集一支由其族人组成的军队。在萨克森人的支持下，他向临近的维尔齐人发起进攻，在他们的土地上展开烧杀扫荡。他带着大量的战利品返回故土，然后，在萨克森人更为强劲的支援下，他征服了斯梅尔丁吉人土地上的最大城市。②凭借着这些胜利，他迫使所有曾经背叛的那些人重新归顺于他。

这些事情过后，皇帝从阿登山地返回亚琛。这一年11月，围绕"圣灵源头"问题，他召开一次教务会议。这个问题是耶路撒冷的一位修士首先提出来的，此人名曰约翰。③为了能就这一问题作出决断，沃姆斯主教伯恩哈尔（Bernhar）和科尔比（Corbie）修道院院长阿达拉尔（Adalhard）奉命前往罗马谒见利奥教皇。④同样是在这次教务会议上，他们还对各地教会的状况作了分析，而且，对于为上帝服务的那些教会人士的生活作风及生活方式问题，他们也进行了探讨。很显然，这些问题涉及面太广，因此，他们最终没有作出任何决议。

91 关于丹麦国王的狂妄与傲慢，皇帝已多有耳闻，因此，他决定在易北河对岸修建一座城堡，并打算派出一支法兰克军队驻守其地。为了修建这一城堡，他在高卢和日耳曼地区召集人马，并为他们配备了武器以及其他一切生活必需品。他命令相关人员，让他们取道弗里西亚，把召集来的人马带往目

---

① 巴登福里奥特，位于今天德国石勒苏益格—荷尔斯泰因州的西南部。

② 斯梅尔丁吉人的最大城市，指斯梅尔丁—科诺堡（Smelding-Connoburg），即如今的科诺（Conow），位于德国东北部的梅克伦堡—前波美拉尼亚州（Mecklenburg-Vorpommern）。

③ 约翰，指大马士革的约翰（John of Damascus，约675—749年），基督教东方教会的著名神学家。"圣灵源头"问题，意即"和子说"（"和子句"，filioque）争议问题，其核心问题是："圣灵"究竟是由"父"而出，还是由"父和子"而出。

④ 伯恩哈尔，803—823年间任沃姆斯主教。阿达拉尔（约751—827年），查理大帝的堂弟；科尔比，位于今天法国北部索姆省（Somme）。

的地。也就是在这一时期，在贸易中心莱里克，戈多弗里德手下的人设下计谋，杀害了奥博德里特人的公爵特拉斯科。对城堡选址的探察工作完成之后，皇帝任命埃格伯特伯爵（Egbert）作为这一工程的负责人，并命令他渡过易北河，前去占领那个地方。那个地方名曰埃塞斯菲尔特（Esesfelth），位于斯托尔（Stör）① 河畔。埃格伯特以及萨克森诸位伯爵占领了那个地方，大约从 3 月 15 日起，他们开始在那里修筑防御工事。

奥尔奥卢斯（Aureolus）伯爵去世。此前，他奉命驻守在比利牛斯山另一侧的西班牙和高卢边境地区，其任务是牵制韦斯卡和萨拉戈萨这两个地方。萨拉戈萨及韦斯卡总督阿莫雷兹（Amorez）接替奥尔奥卢斯的伯爵职位，并派守军进驻奥尔奥卢斯原先掌控的城堡。然后，他派遣使团前去觐见皇帝，并向皇帝允诺，他愿意归顺皇帝，愿意将自己的一切献给皇帝。

这一年 12 月 26 日，出现了一次月食。

810 年

皇帝派遣使节前去面见萨拉戈萨总督阿莫雷兹，双方会面时，阿莫雷兹提出请求说，他想与西班牙边区守军进行一次会谈。他承诺，在这次会谈过程中，他将宣布带领自己的全部人马归顺皇帝。皇帝同意了他的请求，不过，随后发生的事情错综复杂，这一正式的归顺仪式最终未能举行。摩尔人在西班牙全境发起征召行动，组建起一支规模巨大的武装船队。他们率领船队，先是在撒丁岛登陆，随后又来到科西嘉。到了那里之后，他们发现当地根本没有任何守军，于是，整个科西嘉岛几乎全被他们征服。

也就是在这一时期，丕平国王被威尼斯两位公爵的奸诈行为所激怒，他下令从海陆两路向威尼斯发起进攻。威尼斯随之被攻克，其两位公爵亦缴械投降。武装船队在完成对威尼斯的征服之后，按照丕平国王的命令，又前往

① 斯托尔河，易北河支流，位于今天德国北部，在德国石勒苏益格—荷尔斯泰因州的南部。

达尔马提亚海岸展开扫荡。塞法罗尼亚（Cephalonia）总督保罗率领东部帝国的武装船队前来支援达尔马提亚人，不过，等到他们抵达目的地的时候，丕平国王的船队已经返回故地。[①]

这一年的 6 月 6 日，皇帝的长女赫鲁奥德特鲁德（Hruodtrude）[②] 去世。

皇帝身在亚琛，他在考虑对戈多弗里德发动一次讨伐行动。就在这时，他得到消息称：来自丹麦的由 200 艘船只组成的武装船队已在弗里西亚登陆；弗里西亚沿岸的所有岛屿都被洗劫；丹麦军队登陆之后，已与弗里西亚人交战三次；大获全胜之后，丹麦人强迫被征服者称臣纳贡；弗里西亚人已经纳贡 100 磅白银；戈多弗里德国王已经班师回朝。情况确实就是这样。听闻上述消息，皇帝怒火中烧。他向各地派出信使，准备召集一支大军。他随即离开亚琛王宫，并作出决定：先去和他的那支武装船队会面，然后前往里普海姆，在那里渡过莱茵河，随后在原地等待其军队的到来。他在那里停留了几天，就是在此期间，萨拉森国王哈伦送给他的那头大象突然死掉。部队终于集结完毕，皇帝全速赶往阿勒尔河，并在阿勒尔河汇入威悉河之处安营扎寨，在这里静候戈多弗里德到底会以什么方式来展示其威胁。这个国王野心膨胀，获胜心切，不过，这也只能是痴心妄想。他自吹自擂地说道，他希望和皇帝面对面地大干一场。

需要一说的是，皇帝在前面所述的那个地方枕戈待旦。就在这一时期，各种各样的消息不断向他传来：对弗里西亚实施洗劫的那支武装船队已经返回故地，而且，戈多弗里德国王已被其一个家臣谋杀身亡；位于易北河畔的

---

① 塞法罗尼亚，位于希腊半岛的西面，是爱奥尼亚群岛中最大的岛屿。这里提到的塞法罗尼亚总督保罗仍然是 809 年纪事中出现的那位保罗。参阅 Bernhard Walter Scholz, with Barbara Rogers, trans., *Carolingian Chronicles: Royal Frankish Annals* and Nithard's *Histories*, p.230（索引中的 Paul 词条）。

② 赫鲁奥德特鲁德（约 775—810 年），亦称罗特鲁德（Rotrude）。参阅 787 年纪事及相关注释。实际上，在赫鲁奥德特鲁德之前，查理大帝和其妻子希尔德加德（Hildegard）还生有一女，名曰阿达莱德（Adalhaid，774 年），但这个孩子出生不久之后便夭折。因此，后来的史书经常将晚一年出生的赫鲁奥德特鲁德作为查理大帝的长女。

霍布奥吉（Hohbuoki）城堡被维尔齐人攻占，皇帝的使节奥多（Odo）以及一支由东萨克森人组成的守军也都被他们俘获；他的儿子、意大利国王丕平于7月8日去世；来自不同国家的两个使团前来谋求建立和平关系，一个来自君士坦丁堡，另一个来自科尔多瓦（Cordova）①。在接到所有这些消息之后，皇帝根据当时的情况，尽可能地对萨克森的事务作出妥善安排，然后返回故地。在这次军事征讨过程中，爆发了一次极为严重的牛瘟，所有的牛都死得一头不剩，偌大的一支军队，几乎已经无肉可吃。出现疫情的不只是军队所在的那个地方，在皇帝治下的所有省份，这种动物的死亡率也都很高。②

皇帝于10月份回到亚琛，随后便接待上文提到的那两个使团。他们分别代表尼斯福鲁斯皇帝和西班牙国王阿布尔·阿斯（Abul Aas）与皇帝签订和平协议。皇帝将威尼斯还给尼斯福鲁斯。③另外，他还接待了海默里克（Haimric）伯爵。这位伯爵此前被萨拉森人俘获并囚禁，如今，阿布尔·阿斯把他给送了回来。④

这一年出现两次日食和两次月食。日食出现于6月7日和11月30日；月食出现于6月21日和12月15日。科西嘉岛再次遭到摩尔人的洗劫。

阿莫雷兹被阿布尔·阿斯之子阿卜杜·拉赫曼（Abd ar-Rahman）⑤逐出萨拉戈萨，于是，他被迫躲进韦斯卡。

丹麦国王戈多弗里德去世之后，其侄子海明（Hemming）继承王位，随

---

① 科尔多瓦，位于西班牙南部，今为西班牙科尔多瓦省省会。中世纪中前期，科尔多瓦是西班牙穆斯林政权（后倭马亚王朝）的首都。
② 在这次军事征讨行动中，皇帝曾从马上摔下，此事被视为皇帝将不久于人世的征兆。参阅艾因哈德著，戚国淦译：《查理大帝传》，第33页。
③ 查理大帝将威尼斯还给拜占庭帝国，作为交换，拜占庭方面最终承认查理大帝的皇帝称号。
④ 阿布尔·阿斯，即哈卡姆一世（Al-Hakam I），西班牙后倭马亚王朝的埃米尔，796—822年在位。
⑤ 阿卜杜·拉赫曼（788—852年），哈卡姆一世（Al-Hakam I，即阿布尔·阿斯）之子，822年继任西班牙后倭马亚王朝埃米尔之位，822—852年在位。

后便与皇帝缔结和约。①

811 年

作为尼斯福鲁斯皇帝的使节，佩剑侍卫②阿萨菲乌斯（Arsafius）前来访问。皇帝与之会面并处理好相关事宜，然后便送他回去。为了落实双方的这一和平条约，皇帝也派出自己的使节前往君士坦丁堡，他们分别是巴塞尔主教海多（Haido）③、图尔伯爵雨果（Hugo）④以及来自弗留利的伦巴德人埃欧（Aio）。与他们同行的还有两人，一位是佩剑侍卫利奥（Leo），从出身来说，此人是个西西里人；另一位是威尼斯公爵维莱里⑤。10 年前，利奥从西西里出逃，投奔当时身在罗马的皇帝；如今，他思乡心切，因此，皇帝也就让他跟着使节们一起回去。至于维莱里，当年此人曾干过背信弃义之事，其职位因此被褫夺；如今，皇帝下令，把此人退还给他的身在君士坦丁堡的主人。

这一年冬天，气候极为糟糕，道路被冰雪覆盖，法兰克与丹麦之间的交通陷于中断。因此，皇帝与丹麦国王海明之间虽已宣布讲和，但这种讲和仍然还是在战时状态下的一种和平宣誓。大地回春之后，坚冰消融，道路通畅。只是到了这时，当事双方及其国民法兰克人和丹麦人才得以派出高官显贵，在埃德河畔的海里根（Heiligen）举行会晤。他们按照传统习俗，相互宣誓，确立和平关系。出席这次会晤的双方官员均为 12 人。法兰克方面，

---

① 海明，丹麦国王，810—812 年在位。关于海明与查理大帝签订和约之事，详见 811 年纪事。
② 关于拜占庭帝国佩剑侍卫（spatarius）职衔，参阅 802 年纪事及相关注释。
③ 海多，巴塞尔主教，836 年去世。
④ 雨果（约 780—837 年），图尔城和桑斯城（Sens）伯爵。821 年，他将女儿埃尔芒嘉德（Ermengard）嫁给共治帝罗退尔。参阅 821 年纪事。
⑤ 关于维莱里，参阅 806 年和 809 年纪事。

出席会晤的贵族有：贝尔纳①之子瓦拉奇伯爵(Walach)②、布尔查德伯爵③、安洛克伯爵(Unroch)④、奥多伯爵⑤、梅金哈德伯爵(Meginhard)、贝尔纳伯爵(Bernard)⑥、埃格伯特伯爵⑦、狄奥塔里伯爵(Theothari)⑧、阿波伯爵(Abo)、奥斯达格伯爵(Osdag)以及维格曼伯爵(Wigman)。丹麦方面，出席会晤的有海明的两个兄弟汉克温(Hankwin)和安甘迪奥(Angandeo)，此外还有其他一些丹麦显贵人物，其中包括：奥斯福里德(Osfrid)，此人绰号叫作"图尔蒂姆罗"(Turdimulo)；沃斯泰因(Warstein)；苏奥密(Suomi)；乌尔姆(Urm)；奥斯福里德，这个奥斯福里德是海里根(Heiligen)的儿子；肖楠的奥斯福里德(Osfrid of Schonen)；海比(Hebbi)；奥温(Aowin)。

与海明的和平协议已经签署，常规的民众大会亦已在亚琛召开。完成这两件事情之后，皇帝向王国⑨的三个地方各派一支军队，每支军队规模相同。一支军队开赴易北河对岸，前去攻打里诺尼斯人⑩。他们在里诺尼斯人的土地上展开扫荡，并重建霍布奥吉城堡⑪。这个城堡位于易北河畔，在此前一年，被维尔齐人毁坏。另一支军队前往潘诺尼亚，其任务是解决匈人和

---

① 贝尔纳，查理·马特的私生子，查理大帝的叔叔。参阅773年纪事。
② 瓦拉奇（约772—836年），亦写作瓦拉（Wala，参阅812年纪事），贝尔纳之子，查理大帝的堂弟。
③ 关于布尔查德，参阅807年纪事。
④ 安洛克（853年去世），法兰克贵族，与查理大帝私交甚好。后来，他的这个家族也因此人之名而被称为安洛克家族Unruochings）。在查理大帝去世之后，安洛克家族依然与法兰克皇室保持密切联系。安洛克伯爵之子埃伯哈德（Eberhard，约815—866年）官至弗留利公爵，是法兰克皇帝虔诚者路易的女婿。埃伯哈德的儿子贝伦加尔（Berengar，约845—924年）是意大利国王（887—924年）和"罗马人的皇帝"（915—924年）。
⑤ 关于奥多，参阅810年纪事。
⑥ 这位贝尔纳与查理大帝的叔叔贝尔纳并非同一个人。
⑦ 关于埃格伯特伯爵，参阅809年纪事。
⑧ 关于狄奥塔里伯爵，参阅823年纪事。
⑨ 原文如此。虽然查理称帝之后其所治已成为"帝国"，但有时还是因循旧例称之为"王国"。
⑩ 关于里诺尼斯人，参阅808年纪事及相关注释。
⑪ 关于霍布奥吉城堡，参阅810年纪事。

94 斯拉夫人之间的各种纠纷。还有一支军队则被派去攻打布列塔尼人，对其背信弃义之行为进行惩罚。在成功完成任务之后，这三支军队毫发无损地返回家园。

　　也就是在这一时期，皇帝亲自前往港口城市布洛涅（Boulogne）①。在此前一年，他下令建设一支武装船队。组建船队所需的部分船只已在布洛涅集结，皇帝此行的目的就是要来视察一下这支船队。在很久以前，布洛涅这个地方已建有一个灯塔，用于指引航程。如今，皇帝下令对这一灯塔进行修缮，并要求在夜间的时候塔顶上必须点亮灯火。在些尔德（Scheldt）河畔的根特（Ghent），人们也在为上述的那个武装船队建造船只。因此，他从布洛涅启程，来到这里检查船只建造情况。大约在 11 月中旬，他回到亚琛。海明国王的两位使节奥温和海比②前来觐见皇帝，他们带来了礼品以及表达和平诚意的信物。来自潘诺尼亚的使节亦已抵达亚琛并在那里恭候皇帝，他们分别是卡尼索契(canizauci) 和图丹③，此外，还有生活在多瑙河沿岸的斯拉夫贵族及首领。这些人都是受命而来的。此前，派往潘诺尼亚的那支军队的将领们下令，要求他们必须前来觐见君主。

　　也就是在这一时期，皇帝陛下的长子查理于 12 月 4 日去世。④皇帝在亚琛过冬。

812 年

　　不久，有消息传来说，丹麦国王海明已经去世。有两个人都希望继承王位。一个是西吉弗里德（Sigifrid），此人是戈多弗里德国王的侄子；另一个

---

① 布洛涅，法兰克西北部海滨城市，今属法国加莱海峡省（Pas-de-Calais）。
② 关于奥温和海比这两位使节，参阅本纪事前文相关内容。
③ 卡尼索契和图丹都是阿瓦尔人首领的称号，参阅 795 年和 805 年纪事及相关注释。
④ 即"小查理"（约 772—811 年），原本是查理大帝的继承人，但却死在了其父之前。参阅 784 年纪事及相关注释。

是阿努洛（Anulo），此人是赫里奥尔德（Heriold）的侄子，而这位赫里奥尔德以前也曾做过国王。在究竟谁应为王问题上，双方无法达成一致意见。于是，他们各召军队，展开厮杀，结果这两个人全都被杀身亡。不过，阿努洛所在的那一方最终获胜，他的两个兄弟赫里奥尔德（Heriold）和雷金弗里德（Reginfrid）被并立为王。无奈之下，战败的一方只得与阿努洛那一方讲和修好，因此，对于兄弟二人被举为王之事，他们也就没有拒绝。据说，在这次王位争夺战中，一共有10940人被杀。

尼斯福鲁斯皇帝取得多次辉煌的胜利，后来，他又在密西亚行省（Moesia）① 与保加尔人（Bulgars）② 开战，结果被杀身亡。他的女婿米凯尔（Michael）③ 继任皇位。此前，查理皇帝陛下曾派使节前去拜见尼斯福鲁斯。④ 如今，在君士坦丁堡，则由米凯尔皇帝负责接待这几位使节，然后送他们离开。与之同行的，还有米凯尔皇帝自己派出的几位使节，他们分别是米凯尔主教(Michael)以及两名首席佩剑侍卫⑤ 阿萨菲乌斯⑥ 和狄奥格诺斯图斯（Theognostus）。早前，尼斯福鲁斯曾提议与法兰克方面签订和约，如今，米凯尔皇帝就是要让他的这几位使节代表自己来签订和约的。他们在亚琛觐见皇帝，满怀虔敬地从他手中接过载有条约文本的文件，然后按照他们

① 密西亚，古地名，位于巴尔干半岛的多瑙河南岸，包括今天塞尔维亚的大部、马其顿共和国的北部以及保加利亚和罗马尼亚的部分地区。
② 保加尔人，突厥人的一个支系，源自中亚地区，后向西迁徙。9世纪初，其势力强盛。9世纪后期，多瑙河流域的保加尔人接受东正教，逐渐斯拉夫化。此后的保加尔人常被称为"保加利亚人"(Bulgarians)。
③ 即米凯尔一世（生卒年约770—844年），拜占庭帝国皇帝，811—813年在位。813年，米凯尔一世退位并出家，终老于修道院。
④ 详见811年纪事。
⑤ 首席佩剑侍卫（Protospatharios），拜占庭帝国的官衔名称，中世纪初期用指禁卫军首领，8—12世纪成为拜占庭帝国中最高职衔之一，主要授与高级军事将领和行省总督。拜占庭帝国晚期，这一官衔继续存在，但其地位已大大降低。
⑥ 关于阿萨菲乌斯，参阅811年纪事。在811年纪事中，阿萨菲乌斯的头衔是"佩剑侍卫"，而不是"首席佩剑侍卫"。

95 的习俗用希腊语向他发出欢呼，把他称作"皇帝"和"巴塞勒斯"（Basileus）①。
在返程途中，他们来到罗马。在使徒圣彼得大教堂，围绕上述这份协议书或
者说盟约书，又搞了一次仪式，这一次，他们是从利奥教皇手中接过这份文
件的。

在将上述几位使节送走之后，皇帝又依照惯例在亚琛召开民众大会。然
后，他将自己的孙子亦即丕平的儿子贝尔纳（Bernard）②派往意大利。有消
息称，来自西班牙和非洲的一支武装船队就要开赴意大利并将对那里展开扫
荡。正是考虑到这一传言，皇帝向其叔父贝尔纳③之子瓦拉④发出指令，要
求他必须陪伴在意大利国王贝尔纳身边，等到事态明朗，我们的人安全无虞
之时，方可离开。来自西班牙和非洲的这支船队中，一部分驶向科西嘉，另
一部分开往撒丁岛。前往撒丁岛的那部分船队几乎完全被歼。

此外，北欧人（Norsemen）的一支武装船队在爱尔兰登陆。这个岛乃
是苏格兰人的天下。在与苏格兰人交战过程中，很多北欧人被杀身亡，他们
的船队狼狈逃窜，然后返回故地。

与萨拉森国王阿布尔·阿斯的和平协议在这一时期签署。⑤与贝内文托
公爵格里莫阿尔德⑥的和平协议也在这一时期签署。贝内文托人上交贡金，

---

① 巴塞勒斯，其含义相当于"君主"。在上古希腊，巴塞勒斯是指军事首领，同时拥有祭祀
权和司法权，后来演变为君主的称谓。在中世纪早期，巴塞勒斯是拜占庭皇帝的专有称
谓。812年，拜占庭使节明确称呼查理大帝为"巴塞勒斯"，意味着拜占庭方面最终认可
法兰克君主的皇帝身份。作为回报，查理大帝则将威尼斯以及达尔马提亚沿海的多座城
市让给了拜占庭帝国。
② 贝尔纳（797—818年），意大利国王丕平（查理大帝之子，773—810年）的私生子。丕
平死后，贝尔纳继承意大利王位。查理大帝死后，因领土分配及权力归属问题，贝尔纳
与其叔父虔诚者路易产生矛盾，于818年被处以挖眼之刑，随后死去，年仅21岁。关于
贝尔纳，详见817年和818年纪事。
③ 关于查理大帝的叔父贝尔纳，参阅773年纪事及相关注释。
④ 瓦拉，即前文所说的瓦拉奇。参见811年纪事。
⑤ 阿奎丹国王路易（虔诚者路易）派兵进攻西班牙的韦斯卡城，但以失败告终，被迫讲和。
⑥ 这里的格里莫阿尔德指贝内文托公爵格里莫阿尔德四世（Grimoald IV, 806—818年在位）。

其数为 25000 枚金币（gold solidi）。

法兰克军队出兵征讨维尔齐人，维尔齐人最终被迫献上人质。

丹麦的两位国王赫里奥尔德和雷金弗里德派遣使团前来觐见皇帝。他们希望与皇帝签订和平条约，并请求皇帝释放他们的兄弟海明（Hemming）。

这一年的 5 月 15 日午后，出现一次日食。[①]

813 年

皇帝在亚琛过冬。春回大地之后，他派遣特里尔（Trier）主教阿马拉（Amalhar）和诺南托拉（Nonantola）修道院院长彼得（Peter）前往君士坦丁堡，其任务是对与米凯尔皇帝签订的那一和约进行确认。[②]

他把自己的儿子、阿奎丹国王路易请过来，让其出席在亚琛召开的民众大会。[③] 他为路易戴上皇冠，与其共享皇帝头衔。[④] 根据他的安排，贝尔纳掌管意大利。他还下令，对于贝尔纳，人们要以国王相称。贝尔纳是他的孙子，是其子丕平的儿子。[⑤] 另外，为了改善各地教会的境遇，根据他的命令，高卢全境的主教们先后在美因兹、兰斯、图尔、夏龙[⑥] 以及阿尔勒（Arles）[⑦] 等地召开了 5 次教务会议。每次会议都颁布一系列教规，这些教规被汇编成

96

---

① 按照其他一些材料的说法，这次日食发生在 5 月 14 日。见 Bernhard Walter Scholz, with Barbara Rogers, trans., *Carolingian Chronicles: Royal Frankish Annals* and Nithard's *Histories*, p.195。

② 阿马拉，809—814 年间担任特里尔城主教。彼得，804—821 年间担任诺南托拉修道院院长。诺南托拉，位于意大利北部，在今天意大利摩德纳省（Modena）境内，在摩德纳市以东大约 10 公里处。

③ 这次民众大会召开于 813 年 3 月。

④ 在此之前，查理大帝的其他几个儿子均已去世，虔诚者路易（778—840 年）于是成为查理大帝的唯一继承人。

⑤ 关于贝尔纳的人生结局，详见 817 年和 818 年纪事。

⑥ 夏龙，即索恩河畔的夏龙（Chalon-sur-Saône），参阅 761 年纪事及相关注释。

⑦ 阿尔勒，法兰克南部城市，位于今天法国罗讷河口省（Bouches-du-Rhône）的西部。

册，并在上述那次民众大会期间被呈送给皇帝审阅。不论何人，只要他想了解这些教规文本，都可以在上述 5 座城市中找到，当然，在王宫档案馆，也存有这些教规的副本可供查阅。

根据这次民众大会的安排，法兰克及萨克森贵族一行人前往易北河对岸，来到北欧人的边境地带。他们是应丹麦两位国王的请求前来商讨和平协议的，这两位国王希望法兰克方面能把他们的那个兄弟给放回去。法兰克方面共有 16 人，丹麦方面亦派出相同人数的高官显贵，双方在指定地点会晤，随后相互宣誓，达成和平协议，两位国王的兄弟也随之获释。当时，丹麦的这两位国王不在国内，此前他们已率军开赴韦斯塔福尔达（Westarfolda）①。此地位于丹麦王国的西北角，与不列颠岛的北端遥遥相对。不列颠岛北端这个地方的诸位首领及民众拒绝向他们表示臣服。在征服当地的不列颠人（Britons）之后，他们返回国内，见到了从皇帝那里遣返回来的兄弟。就在这个时候，戈多弗里德国王的几个儿子四处征召军队，向上述两位国王开战。此前，一些丹麦贵族曾一度离开故土，跑到瑞典人那里过着流亡生活。如今，戈多弗里德的儿子们得到这些贵族的支持，而且，其人数还相当可观。在丹麦大地上，许许多多的国人都加入到戈多弗里德诸子一方，因此，仅仅打了一仗，他们便轻而易举地将这两位国王逐出丹麦王国。

一帮摩尔人带着大量战利品，正从科西嘉返回西班牙。安普利亚斯（Ampurias）②伯爵伊尔明加尔（Irmingar）在马略卡（Majorca）③附近设下埋伏，准备对之发动袭击。伊尔明加尔截获了 5 艘摩尔人的船只，并在船上发现 500 多名来自科西嘉的俘虏。摩尔人决心复仇，他们先后洗劫了托斯卡纳地区的奇维塔韦奇亚（Civitavecchia）和纳博讷行省的尼斯（Nice）。他们还向撒丁岛发动进攻，但遭到萨丁人的阻击并最终被打败。在遭受惨重的人员

---

① 韦斯塔福尔达，今称韦斯特福尔（Vestfold），位于今天挪威的南部。
② 安普利亚斯，西班牙古城，今已不复存在，其废墟位于今天西班牙东北部的加泰罗尼亚境内。
③ 马略卡，岛屿名称，巴利阿里群岛的组成部分，位于地中海西部，今属西班牙。

损失之后，他们撤了回去。

米凯尔皇帝向保加尔人发动战争，但几乎未能取得什么战绩。刚一返回国内，他便舍弃皇位，出家当了修士。随后，勋贵巴达斯（Bardas）之子利奥（Leo）被拥立为皇。[①] 保加尔人的国王克鲁姆（Krum）在两年前曾杀死尼斯福鲁斯皇帝，后来又将米凯尔皇帝逐出密西亚[②]。好运连连之下，克鲁姆变得得意洋洋起来，于是，他又率领军队开赴君士坦丁堡的地界，并在城门外安营扎寨。然而，就在他骑着马围着城墙转悠的时候，受利奥皇帝之命，一队人马突然杀将出来，把这个鲁莽大意的国王给截住了。克鲁姆身受重伤，只得仓皇逃命，灰溜溜地返回国内。

97

814 年

在亚琛过冬期间，查理皇帝陛下于 1 月 28 日离开人世，享年大约 71 岁。这一年是他行使统治权的第 47 年，是他征服意大利后的第 43 年，是他获得皇帝和奥古斯都称号后的第 14 年。[③]

当时，路易正在位于阿奎丹的杜埃（Doué）[④] 行宫过冬，众多的信使前来通报此事。30 天后，他抵达亚琛，在所有法兰克人的一致同意和支持下，他继承了其父的皇位。既然已成一国之君，他也就开始集中精力专注于王国的管理工作。在已经来到亚琛的外国使节中，有些人是专程前来拜谒他的父亲的。他倾听了这些人的陈词，然后把他们送走。还有其他一些使节，他们原本是奉命前来觐见其父查理陛下的，在查理陛下去世之后，他们则转而前

---

① 即利奥五世（Leo V，生卒年 775—820 年），拜占庭帝国皇帝，813—820 年在位。820 年，利奥五世被其部将暗杀。

② 关于密西亚，参阅 812 年纪事及相关注释。

③ 按照艾因哈德在《查理大帝传》一书中的记载，查理大帝死于肋膜炎。另外，在《查理大帝传》中，艾因哈德认为查理大帝享年 72 岁。详见艾因哈德著，戚国淦译：《查理大帝传》，第 32 页。

④ 杜埃，法兰克西部城市，位于今天法国曼恩—卢瓦尔省（Maine-et-Loire）。

来觐见路易陛下。对于这些使节，他一一予以接待。

在后面所说的这类使节中，最重要的是来自君士坦丁堡的使团。主教阿马拉和修道院院长彼得原本是受查理陛下之命前去觐见米凯尔皇帝的。后来，利奥①继承米凯尔的皇位，于是，这两位使节转而前去觐见利奥皇帝。利奥皇帝在把他们送走的同时，也派出自己的使节与之同行，让其前来觐见查理陛下。他派来的使节分别是佩剑侍卫克里斯托弗（Christopher）和教会执事格里高利（Gregory）。此前，他已签署一份结盟条约。②如今，他委托这两位使节前来呈交条约文本。路易陛下接待了这两位使节，然后将他们送走。同时，他也派出两位使节前去觐见利奥皇帝，其任务有二：一是加强与利奥皇帝的友谊，二是确认前文所述的那一盟约。他派出的使节分别是雷吉奥（Reggio）③主教诺德伯特（Nordbert）和帕多瓦（Padua）伯爵里歇万（Richoin）。

他在亚琛召开民众大会，随后向王国各地派出使节，让他们负责伸张公义，解民倒悬。他派人去把他的侄子、意大利国王贝尔纳请了过来，送了他一些礼物，然后又把他送了回去。至于贝内文托公爵格里莫阿尔德，路易皇帝则与之签订一份正式的条约。条约的内容与其父查理陛下时期签订的那份条约相似，即贝内文托人每年必须交纳7000索里达贡金。然后，他决定让自己的两个儿子分别主政一方，其中，罗退尔（Lothair）被派往巴伐利亚，丕平（Pepin）被派往阿奎丹。④

---

① 即利奥五世，参阅813年纪事。

② 拜占庭皇帝利奥五世遣使法兰克的重要目的之一是，寻求法兰克方面的帮助，以共同打击保加尔人。参见 Bernhard Walter Scholz, with Barbara Rogers, trans., *Carolingian Chronicles: Royal Frankish Annals* and Nithard's *Histories*, p.195。

③ 雷吉奥，意大利北部城市，位于今天意大利雷吉奥·埃米利亚省（Reggio Emilia）境内。

④ 虔诚者路易与其第一位妻子埃尔芒嘉德（Ermengarde，亦写作 Irmengardis，约778—818年）共生育了3个儿子和3个女儿。三个儿子分别是罗退尔（795—855年）、丕平（797—838年）和路易（即日耳曼人路易，约805—875年）。在本纪事所述的这个时间（814年），他的第三个儿子路易年方9岁，尚未成年，因此没有被外派为王。后来，虔诚者路易与其第二位妻子朱迪斯（Judith，约797—843年）又生育有一子一女，其中，儿子名曰查

在此前一年，丹麦的两位国王赫里奥尔德和雷金弗里德被戈多弗里德的几个儿子打败并被驱逐出境。如今，他们重整军队，再次与之开战。在这次冲突中，雷金弗里德以及戈多弗里德的长子被杀身亡。经过这些变故之后，赫里奥尔德对自己的事业深感绝望，于是，他前来投奔皇帝，将自己置于皇帝的保护之下。皇帝接待了他，然后让他前往萨克森耐心等待，一旦时机来临，皇帝就会遂其所愿，向他施以援手。

815 年

为了打好这一仗[①]，皇帝向萨克森人和奥博德里特人发出命令，要求他们务必做好作战准备。这一年冬天，他们先后两次试图越过易北河。然而，由于天气突然转暖，河面上的结冰过早融化。因此，这次军事行动被耽搁下来。冬去春来，大约到了 5 月中旬，适于行军的时刻终于来临。萨克森的所有伯爵以及奥博德里特人的全部军队按照命令，前去援助赫里奥尔德。他们和皇帝使节巴尔德里奇（Baldrich）一道，渡过艾德河，踏上北欧人的土地，这个地方名曰锡兰迪（Silendi）[②]。他们从锡兰迪继续向前进发，到了第 7 天，他们终于某个地方的海岸安营扎寨。他们在那里停留了三天。为了抗击来兵，戈多弗里德的几个儿子早已集结一支庞大的军队，而且组建了一支由 200 艘船只组成的武装船队。他们驻守在距离海岸 3 里远的一个岛上[③]，对于和来兵交战，他们毫不畏惧。有鉴于此，萨克森诸位伯爵和奥博德里特人的军队只是对其驻扎地周边地区展开全面扫荡，并让当地民众上交人质，

理（即秃头查理，823—877 年）。此外，虔诚者路易还有一个私生子阿努尔夫（Arnulf，约 793—841 年）。

① 这一仗是指法兰克方面为了协助丹麦国王赫里奥尔德复位而打的一次战役。

② 锡兰迪，位于今天德国石勒苏益格（Schleswig）东部。

③ 这个岛是指菲英岛（Fyn），位于丹麦东南部，面积大约 3100 平方公里，是丹麦的第三大岛。行政归属上，菲英岛隶属于南丹麦大区（Region of Southern Denmark）。

然后，他们便回去觐见皇帝。当时皇帝正在萨克森的帕德博恩召开民众大会。① 东斯拉夫人的所有贵族及使节也都前往那里觐见皇帝。

在来到帕德博恩之前，也就是说，当自己还身在国内的时候，皇帝就已得到消息说，一些罗马贵族秘密活动，试图在罗马城暗杀利奥教皇。教皇事先获悉这一阴谋，于是，他下令将所有主谋全部杀死。② 对于发生这样的事情，皇帝感到非常恼怒。他把和斯拉夫人以及赫里奥尔德相关的事情处理完毕，并将赫里奥尔德留在萨克森，然后他便返回法兰克福王宫。他的侄子、意大利国王贝尔纳此前和他一起待在萨克森。他让贝尔纳立即赶往罗马，以彻底弄清此前所听消息的真相。为了此事，皇帝还让热罗尔德伯爵 (Gerold)③ 出任使节，命其听从贝尔纳的调遣。贝尔纳来到罗马之后就生病了，但他还是通过热罗尔德伯爵将所能发现的一切蛛丝马迹回禀给了皇帝。教皇派出几位使节，让他们跟随热罗尔德一起前去觐见皇帝。这几位使节分别是西尔瓦坎迪达 (Silvacandida)④ 主教约翰、司仪官⑤ 狄奥多 (Theodore) 以及塞吉乌斯 (Sergius) 公爵。围绕针对他们主人的所有指控，他们向皇帝作了详细说明。

萨丁人派出使节，让他们带着礼物，从卡格利亚里城 (Cagliari)⑥ 出发，前来觐见皇帝。

此前，法兰克方面曾与萨拉森国王阿布尔·阿斯签订和约，在随后三年中，双方相安无事。⑦ 如今，这一和平局面不复存在，其原因在于，这一和约未能给法兰克人带来任何好处。因此，法兰克方面重新向他开战。

---

① 这次民众大会召开于 815 年 7 月 1 日。

② 据说，大约有 300 个罗马人被处死。参见 Bernhard Walter Scholz, with Barbara Rogers, trans., *Carolingian Chronicles: Royal Frankish Annals* and Nithard's *Histories*, p.195。

③ 热罗尔德伯爵，811—832 年间担任潘诺尼亚边区行政长官。

④ 西尔瓦坎迪达，位于罗马附近。

⑤ 关于司仪官 (nomenclator) 这一头衔，参阅 801 年纪事及相关注释。

⑥ 卡格利亚里，撒丁岛南部沿海城市，今为意大利萨丁自治区首府。

⑦ 关于法兰克方面与萨拉森国王阿布尔·阿斯之间的和平协议，参阅 812 年纪事。

诺德伯特主教和里歇万伯爵带着利奥皇帝交给他们的那份条约文件，从君士坦丁堡返回。[①] 他们还带回其他各种信息，其中一则是，在 8 月份，那里发生了一场极其强烈的地震，而且一连震了 5 天。他们说，这场地震导致这座城市中的许多建筑垮塌，在其他一些城市，有许多人都被埋在了废墟之中。据报告，在高卢，具体一点说就是在阿奎丹的桑特城（Saintes），9 月份也发生一场地震。阿尔卑斯山一带连下大雨，使得莱茵河水位猛涨，从而引发一场罕见的洪灾。

过去一段时间，利奥教皇曾在各个城市的土地上建了一些宅邸。如今，教皇卧病在床。一些罗马人趁机而动，他们召集一支军队，先是将教皇的那些宅邸洗劫一空，然后放火将之烧掉。接着，他们决定向罗马挺进，准备武力攫走罗马的财富。他们声称，罗马的那些财富都是从他们手中窃取而得的。听闻这一消息之后，贝尔纳国王立即派出军队，由斯波莱托公爵维尼吉斯负责，将这次骚乱镇压下去，从而让这些人停止其业已开始的行动。他派出使节，将所发生的事情禀报给了皇帝。

816 年

索布人是斯拉夫人的一支，他们拒不臣服于法兰克人。于是，冬季结束之后，萨克森人和东法兰克人奉命对索布人发起讨伐行动。他们积极履行使命，没费多大周折，便将这帮叛逆之徒的嚣张气焰打压下去。不论是在哪里，其城镇一旦被攻克，城中那些反叛分子就会立即表示臣服，并变得安静下来。

巴斯克人生活在加隆河对岸的比利牛斯山区，他们天性鲁莽。在这种天性的驱使下，他们密谋并发动一场全面的暴动。他们之所以要这么干，其导火索在于此前皇帝把他们的公爵斯吉温（Sigiwin）革了职。而皇帝之所以

---

① 关于诺德伯特主教和里歇万伯爵出使君士坦丁堡，详见 814 年纪事。

101 这么做，则是因为这位公爵桀骜不驯，胆大妄为，生性邪恶。双方两次交锋，他们连投降求和都来不及，便被打得溃不成军。

也就是在这一时期，利奥教皇于 5 月 25 日去世，这一年是他在位的第 21 年。执事斯蒂芬（Stephen）① 当选为教皇并开始履职。在其祝圣仪式过后还不到两个月，他便急急忙忙赶来面见皇帝。他派两名使节先行，让他们前来告知他对皇帝的一片精诚之心。听闻这一消息之后，皇帝决定在兰斯与教皇会面。他派出使者，让他们先出发，去把教皇带往目的地，但结果还是他自己先到了兰斯，随后，他以隆重的礼节迎接教皇的到来。教皇立即让皇帝知晓他此行的目的。依照惯例，在这里举行了庄严的弥撒仪式。然后，教皇为皇帝加冕，将一顶皇冠戴在他的头上。两人互赠厚礼，并多次出席盛大的宴饮活动，双方建立了牢固的友谊。在时间许可范围内，双方又尽量作了其他一些安排，而且，这些安排都是对上帝的神圣教会大有助益的。然后，教皇启程返回罗马，皇帝则前往贡比涅皇宫。②

在贡比涅期间，他接待了奥博德里特人派来的使节。此外，他还接待了来自西班牙的几位使节，他们是阿布尔·阿斯国王之子阿卜杜·拉赫曼派来觐见皇帝的。③ 在贡比涅待了 20 多天之后，皇帝前往亚琛过冬。

817 年

萨拉森人的国王阿布尔·阿斯之子阿卜杜·拉赫曼派遣使节从萨拉戈萨

---

① 即斯蒂芬四世（生卒年约 770—817 年），罗马教皇，816 年 6 月继任教皇，817 年 1 月去世，在位仅半年多。

② 教皇为虔诚者路易加冕的时间是 816 年 10 月 5 日。在此期间，教皇与皇帝展开谈判，其核心问题是"教会的需要"。通过这次谈判，皇帝与罗马教会之间重新签署了合作协议；教皇获得了一份地产；因谋害教皇利奥三世而被囚禁的那些罗马人获得释放。参见 Bernhard Walter Scholz, with Barbara Rogers, trans., *Carolingian Chronicles: Royal Frankish Annals and Nithard's Histories*, pp.195-196。

③ 关于阿布尔·阿斯以及阿卜杜·拉赫曼，参阅 810 年纪事及相关注释。

前来求和。皇帝在贡比涅接待了他们，然后让他们前往亚琛，并说让他们先走，自己随后就到。皇帝到达亚琛之后，便开始接待利奥皇帝从君士坦丁堡派来的使节。这位使节名曰尼斯福鲁斯（Nicephorus），其使命是前来商讨解决达尔马提亚问题。掌控达尔马提亚这一边境地区的是卡多拉（Cadolah），但他尚未来到亚琛，不过，据信应该很快就可以赶过来。因此，尼斯福鲁斯奉命在亚琛等待卡多拉的到来。卡多拉来了之后，便与皇帝的使节就尼斯福鲁斯投诉的各种问题展开谈判。这个事不仅牵涉众多的斯拉夫人，而且涉及许许多多的罗马人。因此，很显然，如果涉事各方不能全都到场的话，这个问题就无法解决。于是，他们决定，等各方到齐之后，再作决断。为此，安洛克[①] 的侄子阿尔布加（Albgar）奉命前往达尔马提亚，与他同行的还有卡多拉以及东罗马帝国的那位使节。阿卜杜·拉赫曼派来的那几位使节也被送走。在此之前，他们已在亚琛苦苦等待了 3 个月，弄得他们开始嘀咕是不是再也回不去了。[②]

　　由于受到赫里奥尔德持续不断的进攻，丹麦国王戈多弗里德的几个儿子也派遣使团前来觐见皇帝。他们希望签订和约，并许诺将恪守和约。不过，他们的这番说辞让人感觉不太可信，甚至说，听起来更像是一片鬼话。因此，他们的这一和平建议被当作空谈而遭到拒绝，法兰克方面继续支援赫里奥尔德对他们发动打击。

　　这一年 2 月 5 日夜里两点，出现一次月食，在射手座方位出现一颗彗星。

　　也就是在这一时期，斯蒂芬教皇于 1 月 25 日去世，这离他返回罗马还不到 3 个月时间。帕斯卡尔（Pascal）[③] 被选为他的继任者。庄严的祝圣仪式刚一结束，他便派人向皇帝送来礼物，同时还捎来一封自辩信。他在信中声称，教皇这一职位是强加给他的，这一做法不仅有违他本人的心愿，而且他

---

① 　关于安洛克，参见 811 年纪事及相关注释。

② 　拉赫曼的使节于 817 年 2 月返回西班牙。

③ 　即帕斯卡尔一世（生年不详，824 年去世），罗马教皇，817—824 年在位。

还为此作出过极其强烈的抵制。① 不过，他又派来另外一个使团并提出要求说，法兰克方面既然与他的诸位前任签署了协约，那么，现在也必须郑重其事地和他签署同样的协约。教皇的这一请求信是由司仪官狄奥多带来的，他的这一请求得到了满足。②

濯足节③这一天，在神圣的宗教礼仪结束之后，皇帝离开教堂。就在他穿越拱廊之时，头顶上的木质拱廊突然塌陷下来，把皇帝以及随行的 20 多人全都砸倒在地。之所以发生这一事故，原因在于那个拱廊用的是劣质材料。横梁已经破败腐朽，无法继续支撑整个拱廊结构以及横梁上方装饰品的重压。在这次事故中，和皇帝一同被砸倒的那些人大都受了重伤，而皇帝的伤势则比较轻微。他只是左胸下方以及右耳后面被其佩剑的剑柄擦伤，右腿的大腿根被一片厚重的木板撞伤。很显然，经过大夫们的精心治疗，他的伤病很快得以痊愈。之所以这么说，是因为，这次事故发生 20 天后，他竟然就到奈梅亨狩猎去了。

---

① 教皇的这封信既可以说是自辩信，也可以说是道歉信。按照当时的规矩，教皇人选事先需得到法兰克皇帝的认可，但帕斯卡尔是在前任去世不到一天的时间里便被推举为教皇的。也就是说，帕斯卡尔是在法兰克皇帝不知情的情况下继任教皇职位的。

② 在这份据称是教皇帕斯卡尔与法兰克皇帝虔诚者路易签订的条约中，有一系列对教皇有利的条款。皇帝认可以下地产或财产归现任教皇及其继任者所有：罗马城及其所属的公爵领地，托斯卡纳和坎帕尼亚（Campania）的几座城市，拉文纳总督辖区，五城区，萨宾尼亚（Sabinia），伦巴德所属托斯卡纳地区的几个地方，科西嘉岛，撒丁岛，西西里岛；贝内文托、萨勒诺（Salerno）、卡拉布里亚（Calabria）以及那不勒斯等地的教皇世袭财产；路易皇帝的父亲和祖父主动捐赠给罗马教会的那些财产；伦巴德以前历任国王留下来的某些收入。皇帝承诺，将保护罗马教会的这些财产，未经教皇同意，皇帝不得干涉罗马教会的内部事务。皇帝同意，罗马人有自由选举教皇的权利，有权按照教规为教皇举行祝圣仪式。和丕平和查理时代一样，教皇须向皇帝处派出常驻使节，以加强双方的友谊、关爱与和平。不过，后世学者一般认为，这份文件中的很多内容是罗马教会方面的伪造。Claudio Rendina, *I papi*, ed., Newton Compton, Roma, 1990, p. 256。

③ 濯足节（Maundy Thursday），亦称"圣周四"，复活节之前的那个星期四。"Maundy"本意为"命令"。按照基督教的说法，耶稣受难前，曾嘱咐门徒要相亲相爱，并亲自为门徒洗脚。"圣周四"礼仪中有洗足礼这一环节，即为纪念此事。

刚从奈梅亨回来，他便按照惯例，在亚琛召开民众大会。在这次会议期间，他为其长子罗退尔加冕，并决定与之共享皇帝名号。他将另外两个儿子任命为国王，一个掌管阿奎丹，另一个掌管巴伐利亚。① 会议结束之后，他便前往孚日山狩猎，半路上被利奥皇帝所派来的几位使节给截住。皇帝在美因兹城附近的英格尔海姆皇宫接待他们。不过，皇帝发现，这些人带来的信函与尼斯福鲁斯不久前所呈送的那份信函毫无二致，而且他们都是同一位皇帝派来的。于是，皇帝随即打发他们离开，其本人则继续前往目的地。

103

皇帝接到消息说，奥博德里特人及其首领斯克劳米尔（Sclaomir）起兵造反。于是，他通过使节发布命令，要求伯爵们必须驻防在易北河畔，并要求他们各司其职，保护好各自负责的边境地带。这次造反事件事出有因。特拉斯科② 去世之后，对奥博德里特人的统治权曾由斯克劳米尔一人掌握；但后来，（按照皇帝的命令），斯克劳米尔必须与特拉斯科之子希德拉格（Ceadrag）共享王权。这一安排让斯克劳米尔极为愤怒，他正式宣布，从此以后他再也不会跨过易北河，再也不会来皇宫面见皇帝。他还立即派出使团，让其漂洋过海，前去与戈多弗里德的儿子们结成友好关系，然后劝诱他们出兵向易北河对岸的萨克森发起进攻。戈多弗里德之子们派出的武装船队沿易北河逆流而上，来到埃塞斯菲尔德（Esesfeld）城堡附近，然后在整个斯托尔河③ 沿岸展开烧杀抢掠。与此同时，挪威边区的军事长官格鲁奥米（Gluomi）率领步兵，和奥博德里特人一起，经由陆路，赶往上述那个城堡。值得一说的是，我方军民发起激烈抗击，于是，他们放弃对这一城堡的围攻行动，撤兵返回。

也就是在这一时期，皇帝结束在孚日山的狩猎行程，返回亚琛。他得到消息说，受一些邪恶堕落之人的唆使，他的侄子、意大利国王贝尔纳正准备建立一个非法政权。他还听说，贝尔纳已经占领南下意大利的所有关口，也

① 丕平出任阿奎丹国王，日耳曼人路易出任巴伐利亚国王。参阅 814 年纪事及相关注释。

② 关于特拉斯科，参阅 798 年和 809 年纪事。

③ 关于斯托尔河，参阅 809 年纪事及相关注释。

就是说，克吕斯①那个地方已经被他控制，而且，意大利所有城市都已向他宣誓效忠。以上这个消息有真有假。为了将贝尔纳的这些行动扼杀在萌芽状态，皇帝匆忙从整个高卢及日耳曼地区征召一支大军，准备向意大利挺进。听到这一消息之后，贝尔纳旋即对自己的计划感到绝望，不过，其绝望的主要原因还是在于他已看到自己已是众叛亲离。于是，在夏龙②，他放下武器并向皇帝投降。他的追随者们也都跟着他一起缴械投降。而且，稍一盘问，他们便主动地把发生的事情全都交代出来。③ 这次谋反事件的主要首领有：埃吉迪奥（Eggideo），此人是贝尔纳国王最亲密的朋友；雷金哈德（Reginhard），此人是贝尔纳的内侍；雷金哈尔（Reginhar），此人是梅金哈尔（Meginhar）伯爵之子，其外祖父哈德拉德当年曾和日耳曼行省的许多贵族一道密谋反对查理皇帝。除了上述几个人之外，还有其他许多声名显赫的贵族也因同一罪行而被抓了起来，其中还包括一些主教，他们分别是米兰主教安瑟伦（Anshelm）、克雷莫纳（Cremona）主教沃尔夫尔德（Wolfold）以及奥尔良主教狄奥杜尔夫（Theodulf）。④

818 年

这次背叛行为已真相大白，其密谋过程已被查实，谋反行动的所有参与者都已被收监。于是，皇帝返回亚琛。40 天斋戒期结束之后，也就是在神圣的复活节过后没几天，按照法兰克人的惩处原则，上文提到的这次阴谋事

---

① 关于克吕斯，参阅 755 年纪事及相关注释。
② 夏龙，即索恩河畔的夏龙（Chalon-sur-Saône）。
③ 贝尔纳密谋造反的原因在于：817 年年初，路易皇帝任命其长子罗退尔为共治皇帝，并将帝国分给几个儿子，但作为皇帝的侄子，贝尔纳没有获得相应的安排。向皇帝汇报贝尔纳密谋活动的是维罗纳（Verona）主教拉塔尔德（Rathald）和布雷西亚（Brescia）伯爵苏波（Suppo）。贝尔纳以及追随者于 817 年 12 月投降并认罪，随后被押往亚琛。
④ 安瑟伦是米兰大主教（？—818 年在任）；沃尔夫尔德 816—818 年任克雷莫纳主教；狄奥杜尔夫约 798—818 年任奥尔良主教。

件的几位主谋都被判处死刑。和他们一样，贝尔纳国王也被判处死刑。不过，皇帝最终下令，只对他们处以挖眼之刑；另外，将召开一次教务会议，由教务会议颁布相应教令，革除涉事主教的教职，然后将他们关进修道院。至于其他涉案者，则根据他们的罪行轻重，有的被流放，有的被削发并被送入修道院。①

在以这么一种方式将这次谋反事件处理完毕之后，皇帝便率领大军开赴布列塔尼，途中在瓦讷（Vannes）②召开一次民众大会。随后，他从瓦讷启程，继续向上述这个行省挺进，占领了反叛者们的诸多要塞，没费多大周折，便迅速控制整个行省。此前，莫尔曼（Morman）破坏布列塔尼人的既有秩序，僭取了法兰克皇室对该省的统治权。在此次军事行动中，莫尔曼被皇帝的军队杀死。自此以后，再也找不到还有哪个布列塔尼人还敢继续抵抗或拒绝臣服，也没有任何一个布列塔尼人敢于不按皇帝的要求上交人质。

完成这次讨伐行动之后，皇帝把军队遣散，然后返回昂热（Angers）。在此之前的出征途中，他的妻子埃尔芒嘉德（Irmengardis）王后身体有恙，因此被留在昂热。皇帝回到昂热两天之后，亦即 10 月 3 日，王后因病去世。③

7 月 8 日，出现一次日食。④

皇帝取道鲁昂、亚眠和康布雷（Cambrai），准备返回亚琛过冬。在途经

---

① 818 年 4 月 15 日，对涉案者施以挖眼之刑。在行刑过程中，贝尔纳和雷金哈尔曾作出反抗举动。受刑两天之后，贝尔纳身亡。

② 瓦讷，高卢西北部的一个城镇，位于布列塔尼半岛的东南部，今属法国莫尔比昂省（Morbihan）。

③ 关于埃尔芒嘉德，参阅 814 年纪事中的相关注释。埃尔芒嘉德具有双重身份，从其丈夫路易 813 年成为共治皇帝起，她便具有"皇后"（Empress）身份；路易于 814 年全面继位之后，不仅拥有皇帝头衔，而且还是"法兰克人的国王"，因此，其妻埃尔芒嘉德也就同时成为"法兰克人的王后"（Queen of the Franks）。

④ 此次日食的时间应为 818 年 7 月 7 日。参见 Bernhard Walter Scholz, with Barbara Rogers, trans., *Carolingian Chronicles: Royal Frankish Annals* and Nithard's *Histories*, p. 196。

赫斯塔尔时，他接待了贝内文托公爵西格（Sigo）[1]派来的使节。他们带来礼物，并就西格的前任格里莫阿尔德公爵遭到暗杀一事，为西格公爵进行开释。还有其他一些民族派来的使节也来到赫斯塔尔，其中包括：奥博德里特人的使节；古都斯坎人（Guduscani）的公爵博尔纳（Borna）[2]的使节；提莫齐安人（Timociani）[3]的使节，不久前，这个民族起兵反抗保加尔人，然后归顺到我们一边。此外，下潘诺尼亚公爵柳德维特（Ljudovit）的使节也前来觐见皇帝。柳德维特是个精于算计他人、惯于煽风点火之徒，他试图对弗留利边区军事统帅卡多拉伯爵发起指控，说他生性残酷，傲慢无礼。[4]皇帝一一听取了使节们的诉求并将他们送走，然后前往亚琛过冬。

819 年

这一年，为了应对奥博德里特人的国王斯克劳米尔的背信弃义之举，皇帝的几位使节奉命率领由萨克森人和东法兰克人组成的军队，开赴易北河对岸，对之展开报复行动。随后，在萨克森边区诸位军事长官和皇帝使节们的押解下，斯克劳米尔被带往亚琛。他手下的那些贵族也接获命令，必须同时

---

① 西格，贝内文托公爵，818—833 年在任。
② 古都斯坎人，古代欧洲的一个族群，其聚居地主要位于今天克罗地亚中东部地区。关于其族源，学术界存有争议，有学者认为古都斯坎人源于哥特人，亦有人认为源于汪达尔人，还有人认为源于克罗地亚人。博尔纳，达尔马提亚公爵，约810—821 年在任，加洛林帝国的附庸。参阅 819 年纪事中的相关内容。
③ 提莫齐安人，斯拉夫人的一个支系，生活于提莫克河（Timok）沿岸。提莫克河，多瑙河的一条支流，位于巴尔干半岛。
④ 812 年，法兰克人占有巴尔干半岛西北部的伊斯特里亚（Istria）和达尔马提亚，即获得了斯洛文尼亚人（Slovenes）和克罗地亚人（Croats）的全部领地。此后，法兰克方面准备占领塞尔维亚人和其他斯拉夫人的领土。不过，由于下潘诺尼亚公爵柳德维特（810—823 年在任）聚众抵抗，法兰克人的意图未能实现。柳德维特的目标是建立一个南斯拉夫帝国（Yugoslav empire），但他于 823 年被暗杀，其帝国梦随之破灭。详见 Bernhard Walter Scholz, with Barbara Rogers, trans., *Carolingian Chronicles: Royal Frankish Annals* and Nithard's *Histories*, p. 197。

抵达亚琛。他们对斯克劳米尔发出指控，说他犯有许许多多的罪行。面对这些指控，斯克劳米尔无法作出合理的辩驳。于是，他被判处流放之刑，其王国则被交给特拉斯科之子希德拉格。[①] 也是在这一年，巴斯克人卢普斯·森图里（Lupus Centulli）与图卢兹伯爵贝伦加尔（Berengar）以及奥弗涅伯爵瓦林（Warin）发生军事冲突。[②] 在这次战斗中，他那愚蠢至极的兄弟加桑德（Garsand）被杀身亡，其本人也险些丧命，只是因为逃得快才得以保住性命。他前来觐见皇帝，两位伯爵激烈指控他犯有变节之罪，而他却无法为自己洗清罪名。与斯克劳米尔的情况差不多，此人最终被判处终生流放之刑。

圣诞节之后，在亚琛召开了一次民众大会。在这次大会上，围绕各地教堂和修道院状况问题，人们提出很多意见，相关问题最终都得以解决。有些法律条文虽属急需，但此前却一直没有制定出来。这一次，相关条文终于出台，作为增补的内容，成为法律的组成部分。这一工作完成之后，皇帝对许多贵族家的女儿进行甄选，最终迎娶韦尔夫（Welf）伯爵之女朱迪斯（Judith）为后。

7月，在英格尔海姆[③] 皇宫又召开一次民众大会。为了应对柳德维特造反之事，一支军队奉命从意大利开赴潘诺尼亚。不过，这支军队一事无成，无功而返。傲慢无礼的柳德维特自鸣得意起来，他派出使节前来面见皇帝，摆出一副爱好和平的样子。他提出好几个条件，声称如果条件得到满足，他将唯命是从。然而，皇帝不仅没有接受他所提出的那些条件，反而派出使节向他提出另外一些条件。于是，柳德维特决定继续推进其反叛勾当。他派遣使节前往周边各部落，唆使他们加入他的军事行动中来。此前，提莫齐安人

---

① 关于这一事件，参阅817年纪事中的相关内容。

② 本纪事所述的和斯克劳米尔、希德拉格以及卢普斯·森图里有关的这些事件发生在818年。参见 Bernhard Walter Scholz, with Barbara Rogers, trans., *Carolingian Chronicles: Royal Frankish Annals* and Nithard's *Histories*, p. 197。

③ 关于英格尔海姆，参阅774年纪事及相关注释。

已与保加尔人断绝关系，他们本想转向皇帝一边，服从皇帝的统治。① 然而，柳德维特却从中作梗。他用一些似是而非的推理来说服他们，从而使他们放弃原定计划，转而加入他的那一不忠不义的反叛行动中去。

前文所述的那支军队从潘诺尼亚返回，在返程途中，弗留利公爵卡多拉因发烧去世。巴尔德里奇② 接替其职位。在进入自己的辖地卡林提亚（Carinthia）③ 之后，巴尔德里奇遭遇到了柳德维特的大军。在沿德拉夫河（Drave）④ 前进途中，他以小股军队向敌军发动袭击，杀死大量敌人，并将敌方军队打得四散溃逃，进而将之赶出那一行省。

柳德维特前来攻打达尔马提亚公爵博尔纳。于是，博尔纳率领大队人马，在库尔帕（Kulpa）⑤ 河畔迎击柳德维特。在双方首次交锋过程中，古都斯坎人抛弃博尔纳而临阵逃跑，不过，在卫兵的掩护下，博尔纳得以逃生。在这次战斗中，德拉戈莫苏斯（Dragomosus）不幸阵亡。此人是柳德维特的岳父。柳德维特起兵造反之后，德拉戈莫苏斯便与他的这个女婿分道扬镳，转而加入博尔纳一方。古都斯坎人返回自己的家园之后，再次被博尔纳征服。然而，柳德维特恰恰利用这一时机，于12月率领一支强大的军队，入侵达尔马提亚，对其全境展开烧杀抢掠。博尔纳意识到自己根本不是柳德维特的对手，于是，他尽其所能，将一切人力物力汇聚在其控制下的各个城堡之内，然后派出精锐部队向柳德维特的军队发动袭击。博尔纳不分昼夜，时而从背后、时而从侧翼，对敌军展开干扰和牵制行动，从而将之逐渐拖垮。博尔纳此举的目的在于，在他管辖的这个行省地界内，决不让柳德维特待得逍遥自在、不受惩罚。柳德维特遭受严重损失，最终被迫撤出博尔纳的领

---

① 关于提莫齐安人本欲归顺法兰克之事，参阅818年纪事中的相关内容。

② 关于巴尔德里奇，参阅815年纪事中的相关内容。

③ 卡林提亚，中欧的一个地区，位于阿尔卑斯山脉东部，今属奥地利。

④ 德拉夫河，中欧南部的一条河流，属于多瑙河的支流，流经意大利、奥地利、斯洛文尼亚、克罗地亚和匈牙利等国。

⑤ 库尔帕河，亦称库帕河（Kupa）或科尔帕河（Kolpa），萨瓦河（Sava）的右侧支流，全长约300公里，今为克罗地亚与斯洛文尼亚的界河。

地。柳德维特的军队中，有 3000 人被杀身亡，有 300 多匹战马被博尔纳缴
获，还有各种辎重以及各式各样的战利品也被博尔纳夺走。博尔纳通过其使
者，郑重其事地向皇帝禀报了这一战果的取得过程。

在西部，皇帝之子丕平奉其父之命，率军开赴加斯科尼，除掉了那些煽
动分子，整个行省得以恢复安宁，在那里，再也找不到任何一个人还敢继续
犯上作乱或不顺不从。

遵照皇帝之命，赫里奥尔德由奥博德里特人护送上船，驶回故土接管王
国。据说，在戈多弗里德的几个儿子当中，有两个已与他结成同盟，并准备
与他共享王权；而另外两个则被逐出这个国家。不过，人们认为这当中肯定
有诈。①

在那次民众大会②之后，皇帝先是前往克鲁茨纳奇（Kreuznach），然
后来到宾根（Bingen）。接着，他沿莱茵河顺流而下，前往科布伦茨
（Koblenz）。③ 后来，他又从那里出发，前往阿登高地狩猎。和往常一样，
在狩猎活动结束后，他便返回亚琛过冬。

820 年

这一年 1 月，在亚琛召开民众大会。会议就柳德维特造反之事进行讨
论，随后作出决定：为了对柳德维特的辖地展开彻底扫荡，同时也为了遏制
他的那些非分之想，将立即派出三支军队，从三个方向对之进行讨伐。关于
究竟如何才能打好这一仗，博尔纳先是派使者前来转达他的想法，后来其本

107

①　从下文相关内容可以看出，赫里奥尔德回国之后的确和戈多弗里德之子共享王权，双方
　　之间实现了和平。参阅 821 年纪事中的相关内容。不过，双方之间仍然存在矛盾。827 年，
　　赫里奥尔德最终还是被戈多弗里德的几个儿子赶了出去。参见 827 年纪事中的相关内容。
②　应该是指本年纪事前文中所言的在英格尔海姆召开的那次民众大会。
③　克鲁茨纳奇、宾根和科布伦茨，都是日耳曼城镇，均位于今天德国西南部的莱茵兰—普
　　法尔茨州。

人又亲临会场来阐述他的主张。

很长一段时期以来，巴塞罗那伯爵贝拉（Bera）① 一直遭其邻人指控，其罪名是不忠不义。于是，在这次民众大会期间，他与其中的一名指控者进行马上武斗，试图以此一决高下，但最终战败。他先是以大逆之罪被判死刑，但皇帝大发慈悲，免去他的死罪，然后将之流放到鲁昂。

冬去春来，草木吐绿，马料有了保障。于是，三支军队奉命前去讨伐柳德维特，其中一支从意大利出发，经由诺里克阿尔卑斯山脉（Noric Alps）② 向前推进。另外一支取道卡林提亚③行省。第三支则从巴伐利亚和上潘诺尼亚出发。在这三支军队中，左右两翼军队的行进速度比较缓慢。在左翼，由于路途遥远，加之需要横渡德拉夫河④，军队的行进较为迟缓。在右翼，由于在阿尔卑斯山区遭遇敌军，军队的行动也受到一些牵制。取道卡林提亚的中路军虽然在三个地方遭遇抵抗，但幸运得很，他们每次都能克敌制胜。这支军队渡过德拉夫河，率先到达目的地。然而，柳德维特并未对这支军队采取任何行动，反而是不声不响地带着自己的人马躲到了一座城堡的防御工事后面。这座城堡是他此前修建的，位于一座山上，山势陡峭嶙峋。据说，对于究竟是战是和，他未置一词，既没有亲自给个说法，也没有让其使节传递出任何信息。三路军队汇合之后，对柳德维特的辖地展开彻底扫荡，战火几乎遍及全境。然后，他们返回故地。在这次军事行动中，他们的人员伤亡并不严重。不过，经由上潘诺尼亚返回的那支军队在横渡德拉夫河期间却遭遇不幸。由于地劣水脏，将士们染上严重的痢疾，很多人因此丧命。这三支部队是从萨克森、东法兰克、阿拉曼尼亚以及巴伐利亚和意大利等地征召而

① 贝拉，西哥特人，查理大帝的远亲，801—820 年间任巴塞罗那伯爵，在其任期的前半段，曾协助法兰克军队在法兰克西南部扩张领土，与西班牙半岛上的穆斯林政权展开角逐。820 年，贝拉的领地被剥夺。844 年，贝拉死于鲁昂。
② 诺里克阿尔卑斯山脉，指阿尔卑斯山脉东部山区，其名称源于罗马帝国时期的诺里克行省（Noricum），其范围大致位于今天的奥地利以及斯洛文尼亚和德国巴伐利亚邻近地区。
③ 关于卡林提亚，参阅 819 年纪事及相关注释。
④ 关于德拉夫河，参阅 819 年纪事及相关注释。

来的。他们返回故地之后，卡尼奥拉 (Carniola) ① 这个地方的民众向巴尔德里奇② 表示投降归顺，这些人生活在萨瓦河(Save)③ 沿岸，其地界与弗留利几乎连在一起。此外，在卡林提亚人当中，此前有一些人曾背叛我们而投靠柳德维特，如今，他们也都重新归顺于巴尔德里奇。

我们与西班牙国王阿布尔·阿斯虽然签订了条约，但双方对这个条约都不满意。因此，这一条约被故意撕毁，以阿布尔·阿斯为打击对象的战争亦重新开始。④

在意大利海域，有 8 艘商船从撒丁岛返回意大利，途中被海盗劫持并被弄沉。⑤ 另外，有13艘北欧海盗船从其本土出发，试图对弗兰德尔(Flanders)海岸展开劫掠，但被当地守军击退。不过，由于守军疏忽大意，海盗们还是烧毁了当地一些本已破败不堪的小棚屋，同时还掳走少量的牲畜。北欧海盗又在塞纳河口发起类似行动，但被河口守军击退。在损失 5 人之后，这些海盗两手空空地撤退而去。不过，在阿奎丹沿岸，他们终获成功。他们对一个名曰布万 (Bouin) ⑥ 的村庄展开彻底洗劫，然后带着大量战利品返回故地。

这一年，雨水连绵不断，空气极度潮湿，严重的灾祸接踵而至。一场波及人畜两界的瘟疫肆虐大地，在整个法兰克王国，几乎找不到还有哪个地方能够幸免其外，也几乎找不到还有什么地方未受这场瘟疫的影响。由于天天下雨，谷物和蔬菜要么是烂掉，要么是无法收割，要么是收割之后又烂掉。

108

---

① 卡尼奥拉，亚得里亚海北岸的一个历史地区，今为斯洛文尼亚的组成部分。

② 关于巴尔德里奇，参阅 819 年纪事中的相关内容。

③ 萨瓦河 (Save，亦写作 Sava)，东南欧和中欧过渡地带的一条河流，是多瑙河的左侧支流，全长约990 公里，流经今天的斯洛文尼亚、克罗地亚、波黑和塞尔维亚。

④ 这一条约签订于 817 年。

⑤ 关于这一事件，阿拉伯方面亦有记载，但对船只性质的描述有很大差别：法兰克武装船队被摩尔人驱离撒丁岛，在此次战役中，法兰克方面损失 8 艘战船。参见 Bernhard Walter Scholz, with Barbara Rogers, trans., *Carolingian Chronicles: Royal Frankish Annals* and Nithard's *Histories*, p. 197。

⑥ 布万，位于法兰克西部沿海，今为法国市镇莱萨布勒—多洛讷 (Les Sables d'Olonne) 的一部分，在今天法国旺代省 (Vendée) 境内。

这一年，酒的产量也少得可怜，而且，就连这么一点点酒最终也因天气不够温暖而发酸变馊。在有些地方，河水泛滥成灾，低洼地带的积水无法排出。正是由于这次水灾，这一年的秋种都无法进行。在温暖的春季到来之前，几乎就没有播过种。1月28日夜里两点，出现了一次月食。

在吉耶兹召开的民众大会结束之后，皇帝又按惯例前去秋猎，随后返回亚琛。

821 年

这一年2月，在亚琛召开民众大会。这次大会就出兵讨伐柳德维特之事制定出具体的方案，随后便开始为将要出征的三支军队储备军需物资。按计划，在即将到来的夏季，将由这三支军队轮流出击，对那些叛匪们的土地展开扫荡。对于西班牙边区问题，这次大会也作出类似的决定，然后向该边区的各位军事长官发出命令，由他们负责计划的实施。与会者同意，5月份将在奈梅亨再开一次民众大会，届时，出席大会的各位伯爵将领受各自的任务。

正是基于这一安排，在庆祝复活节[①]之后，皇帝陛下乘船出发，顺默兹河而下，前往奈梅亨。关于在皇帝诸子之间分割王国之事，在过去几年中已经确定好了方案，而且已经落笔成文。[②] 到了奈梅亨之后，他对这个方案作了重新审视。至于诸位高官显贵，但凡能够抽身者，全都出席了这次会议。皇帝陛下提出新的王国分割方案，然后让高官显贵们宣誓赞同，从而使新方案得以确定下来。[③] 同样是在那个地方，他接待了罗马教皇帕斯卡尔的两位使节，然后很快便把他们送走。这两位使节分别是奇维塔韦奇亚[④]主教彼得

---

① 821 年的复活节是在 3 月 24 日。

② 关于虔诚者路易此前制定的王国分割方案，参阅 817 年纪事中的相关内容。

③ 新方案是 821 年 5 月在奈梅亨确定的。

④ 关于奇维塔韦奇亚，参阅 813 年纪事中的相关内容。

和司仪官利奥（Leo）。在前来参加会议的诸位伯爵中，有些是负有对潘诺尼亚发起远征之使命的，皇帝向他们分派了任务。在那里待了不长时间之后，他便返回亚琛。几天之后，他又取道阿登高地，前往特里尔和梅斯。随后，他前往莱米尔蒙（Remiremont）城堡。这一年夏季剩下的那段时光以及秋季的前半段时间，他都是在那里度过的。这段时间，他一直在孚日山脉的边远地带从事狩猎活动。

109

也就是在这一时期，达尔马提亚及利布尔尼亚（Liburnia）① 公爵博尔纳②去世。应当地民众的请求，并经皇帝的恩准，博尔纳的侄子拉迪斯拉斯（Ladislas）获任为博尔纳的继任者。君士坦丁堡皇帝利奥的死讯也传了过来。他是在自己的皇宫里被几个贵族谋杀的，为首的是卫队长米凯尔。③据说，在民众的推举以及禁卫军的支持下，米凯尔戴上了帝国的皇冠。

神父提比略（Tiberius）前来觐见皇帝，对格拉多（Grado）④ 宗主教福尔图纳图斯（Fortunatus）提出指控，说他不仅鼓动柳德维特继续进行反叛活动，而且还派出匠师和建筑工，让他们帮助柳德维特修建城堡。于是，皇帝下令，让福尔图纳图斯前来皇宫见他。开始的时候，福尔图纳图斯还真的动身前往伊斯特里亚(Istria)⑤，给人的感觉似乎他是打算要听从命令的。然而，他却从伊斯特里亚那里偷偷折回格拉多城。除了他的那些同党明白是怎么回事之外，其他所有人都没有察觉出有什么异样。于是，他抓住这一机会，偷偷乘船溜走。来到达尔马提亚行省的扎拉城（Zara）之后，他向该省军事长官讲了他之所以要逃跑的原因。这个军事长官随即为他备船，把他送往君士坦丁堡。

---

① 利布尔尼亚，古代地区名，位于亚得里亚海东北海岸，在地理上与达尔马提亚有交叉。

② 关于博尔纳，参阅817—820年纪事。

③ 东罗马帝国皇帝利奥五世（Leo V）于820年12月24日被杀身亡。继承皇位的是米凯尔二世（Michael II），821—829年在位。

④ 格拉多，意大利东北部小镇，位于亚得里亚海北岸，威尼斯东面。

⑤ 伊斯特里亚，亚得里亚海北端的一个半岛，位于格拉多的东南。

这一年 10 月中旬，在蒂永维尔行宫召开民众大会，众多法兰克人群集与会。在此期间，路易皇帝陛下的长子罗退尔殿下迎娶雨果伯爵①之女伊尔芒加达（Irmengarda）②为妻，并为此举行了隆重的结婚庆典。神圣的罗马教会也派来两位使节并献上丰厚的礼物。这两位使节分别是公证人总管狄奥多（Theodore）和圣器司管弗洛鲁斯（Florus）。已从潘诺尼亚回来的诸位伯爵也参加了这次大会。在此之前，他们前去征讨柳德维特的追随者，对那些反叛者的领土展开全面扫荡，一直打到对方无人再敢出来交战，他们才打道回府。当年，皇帝的侄子贝尔纳在意大利谋反，试图谋害皇帝性命，并企图僭取皇位，在此过程中，有些人与之合伙共谋。③ 在这次大会上，满怀虔敬之念的皇帝对贝尔纳当年的那些同谋大发恻隐之心。他让那些人前来见他，不仅饶了他们性命，而且还将之前按律没收的财产退还给了他们。阿达拉尔原本是科尔比修道院院长，是这个修道院的首脑，后来被流放到阿奎丹。如今，皇帝也把他给召了回来，并让其职复原位。④ 伯恩哈尔是阿达拉尔的兄弟，皇帝宽恕了他的罪行，然后也让他去了科尔比修道院。对于为了王国福祉而开启的各项工作，皇帝都一一处理完毕。此前，在奈梅亨期间，出席王国分割方案宣誓仪式的只有部分贵族。⑤ 如今，在这次民众大会上，这一方案得到全体贵族的宣誓赞同。随后，皇帝便立即返回亚琛。罗退尔在盛大的结婚典礼之后，便奉其父之命，前往沃姆斯过冬。

这一年，丹麦边境太平无事。戈多弗里德诸子接纳赫里奥尔德，与之共

----

① 关于雨果，参阅 811 年纪事及相关注释。

② 伊尔芒加达，即图尔的伊尔芒加达（Irmengarda of Tours，？—851 年），图尔伯爵雨果之女，821 年与罗退尔结婚，在其后 20 余年间，二人先后育有 9 个子女，其中有三人后来分别成为帝国皇帝、洛林国王和勃艮第国王。据称，伊尔芒加达所在家族源自墨洛温王族。Hans Hummer, *Politics and Power in Early Medieval Europe: Alsace and the Frankish Realm 600–1000*, Cambridge University Press, 2005, pp. 46–55.

③ 关于贝尔纳谋反之事，详见 817 年、818 年纪事。

④ 关于阿达拉尔以及下文的伯恩哈尔，参阅 809 年纪事。

⑤ 关于前一次宣誓，参阅本纪事中的第二自然段。

享统治权。人们普遍认为，如今他们之间之所以能够保持和平关系，要归功于当初的那一安排。[①] 值得一说的是，有人指控奥博德里特人首领希德拉格，说他不仅背信弃义，而且还与戈多弗里德诸子结成同盟关系。于是，法兰克方面将希德拉格的死敌斯克劳米尔派回故国。斯克劳米尔来到萨克森接受洗礼，但随后便一病不起，撒手人寰。[②]

这年秋季，雨水不断，在好几个地方，连播种都无法进行。在把这么一个秋季熬过去之后，随之而来的又是一个极为漫长且特别寒冷的冬季。无论是涓涓小溪，还是中等河流，全都结上厚厚的冰层，就连莱茵河、多瑙河、易北河以及塞纳河等极为重要的大江大河也都为坚冰所覆盖，至于高卢和日耳曼境内那些汇入大海的其他所有河流，其情形也莫不如此。在长达一个多月时间里，满载货物的马车就如过桥一样，在这些河流上来回穿梭。待到河流开冻之后，莱茵河沿岸的诸多村庄遭受严重的水涝灾害。

822 年

在图林根境内的一条河流附近，有这么一块土方，其长、宽、厚分别为 50 呎、14 呎和 1.5 呎。这块土方在被切割出来之后，竟然被某种神秘的力量托举起来，从原先的位置向别处移动了 25 呎。在萨克森东部地区，离索布人的边界不远，也发生了类似的神奇现象。具体而言就是，在阿伦德塞（Arendsee）[③] 附近的一片荒原上，在没有任何人力作用的情况下，一夜之间，地面突然隆起，形成一条有如城墙一样的堤坝，其长度达到一高卢里[④]。

---

① 后来，戈多弗里德诸子与赫里奥尔德之间矛盾再起。参阅 823 年纪事中的相关内容。

② 关于希德拉格与斯克劳米尔的关系，参阅 817 年纪事中的相关内容。

③ 阿伦德塞，位于德意志东北部，在今天德国萨克森—安哈尔特州（Saxony-Anhalt）北部。

④ 高卢里（Gallic mile），源于古代罗马的长度单位，亦即高卢—罗马里（Gallo-Roman league），折合为公制长度，约为 2.2 公里。

在其垂暮之年，斯波莱托公爵维尼吉斯①除却俗装，遁隐修院。不过，时间不长，他便因病去世。布雷西亚（Brescia）②伯爵苏波（Suppo）承袭其公爵之位。

111　　此前，皇帝陛下曾不顾对方意愿，强令自己的一些兄弟③削发出家。如今，围绕这件事，他与众位主教及百官作了一番深入交流。随后，他只得听从规劝，决定与那些兄弟和解释嫌。这一年8月，他在阿蒂尼召开民众大会，在全体与会者面前公开忏悔，并为自己当年的暴戾行为苦行补赎。至于兄长丕平之子贝尔纳、修道院院长阿达拉尔及其兄弟瓦拉（Wala），皇帝陛下当年也曾对他们有过各种侵凌行为，为此，他也公开悔过并进行苦行补赎。在这次大会上，他还极其谦恭地表示，对于他本人或其父亲所犯的其他任何诸如此类的过错，他都会尽力弥补。

一支军队奉命从意大利出发，开赴潘诺尼亚，准备给予柳德维特以最后一击。不过，军队刚一到达，柳德维特便从锡萨克城（Sisak）④撤退，逃往塞尔维亚人（Serbs）那里。据说，塞尔维亚人控制着达尔马提亚的大片地区。塞尔维亚人当中，有多位公爵，但只有一位公爵收留了柳德维特。然而，柳德维特却恩将仇报，谋杀了这位公爵，然后将其城市据为己有。即便是这样，他还是向皇帝派出多位使者，信誓旦旦地声称自己愿意亲自前来觐见皇帝。

也就是在这一时期，奉皇帝之命，萨克森人在易北河对岸的戴尔邦德

---

① 关于维尼吉斯，参阅788年、799年、802年和803年纪事。维尼吉斯原为伯爵，后为公爵。

② 布雷西亚，意大利北部城市，今属伦巴第大区，位于阿尔卑斯山脚。

③ 814年，虔诚者路易成为帝国最高统治者，随后，他将自己的两个同父异母弟弟德罗戈（Drogo，801—855年）和于格（Hugh，802—844年）逐出宫廷，并令其削发出家。德罗戈和于格二人均是查理曼的私生子，是查理曼与其情妇雷吉娜（Regina）所生。另外，在查理曼在世时期，查理曼曾将自己的长子驼背丕平（约767—811年）关进修道院。关于驼背丕平，参阅792年纪事及相关注释。

④ 锡萨克，位于今天克罗地亚境内，在克罗地亚首都萨格勒布（Zagreb）东南约57公里处。塞尔维亚人生活在克罗地亚人东南方向，因此，面对法兰克军队的进攻，柳德维特向后方撤退，进入塞尔维亚人的土地。

(Delbende)① 筑起一座城堡，将此前盘踞在这个地方的斯拉夫人赶走，然后派遣一支由萨克森人组成的军队驻守在这座城堡里，以抵御斯拉夫人的侵袭。

西班牙边区的诸位伯爵越过塞格雷河（Segre）②，进入西班牙。他们对其土地展开扫荡，焚毁大量村庄，然后带着数量颇丰的战利品返回故地。一个名曰维奥马克（Wihomarc）③ 的布列塔尼人造反滋事。秋分过后，布列塔尼边区的诸位伯爵攻入他的地盘并展开烧杀行动，其整个地区遭到毁灭性打击。

阿蒂尼民众大会结束之后，皇帝便前往阿登山地狩猎。他把他的儿子罗退尔派往意大利。与罗退尔同行的有瓦拉和热林（Gering）。瓦拉是位僧侣，和皇帝是亲属关系，而且此人是修道院院长阿达拉尔的兄弟。热林则是门卫长。在未来的公私事务上，罗退尔将有赖于这两个人为他出谋划策。皇帝又下令，让丕平前往阿奎丹。不过，皇帝还是让他先完成一件事再说，即迎娶玛德利（Madrie）伯爵狄奥特贝尔（Theotbert）的女儿为妻。婚礼结束之后，皇帝才让他动身西行。秋狩活动结束之后，皇帝便渡过莱茵河，前往法兰克福过冬。

在法兰克福，他召开了一次民众大会。和往常一样，他与奉命前来参会的高官显贵们一道，对事关王国东部各地区民生福祉的一切事务，都作了认

---

① 戴尔邦德，位于易北河北岸，是德意志北部小城劳恩堡（Lauenburg）的组成部分，今属石勒苏益格—荷尔斯泰因州。

② 塞格雷河，西南欧洲的一条河流，属于埃布罗河（Ebro）支流，全长约265公里，其源头位于今天法国东比利牛斯省(Pyrénées-Orientales)境内，后流入西班牙境内。

③ 维奥马克（825年去世），9世纪早期布列塔尼地区主要首领之一。822年的这次征讨行动并未打败维奥马克。824年，维奥马克再度起兵，皇帝虔诚者路易亲自率军征讨，但同样未能彻底解决问题。825年5月，维奥马克率领布列塔尼其他首领前往亚琛，与皇帝达成和解协议，维奥马克向皇帝宣誓效忠。维奥马克返回故地不久之后，被南特伯爵朗贝尔一世(Lambert I,836去世)暗杀。详见825年纪事中的相关内容。另参阅 Julia M.Smith, *Province and Empire: Brittany and the Carolingians*, Cambridge University Press, 1992, pp. 66-74。

112　真讨论。会议期间，他接待了奥博德里特人、索布人、维尔齐人、波希米亚人、摩拉维亚人（Moravians）和普拉德尼森特人（Praedenecenti）① 等来自东斯拉夫各部落的使团，并接受他们带来的礼物。生活在潘诺尼亚地区的阿瓦尔人亦派来使团并送来礼物。来自诺德曼尼亚②的使团亦现身会场。此外，赫里奥尔德以及戈多弗里德诸子也分别派出使团前来出席这次会议。皇帝接见了所有来使并将他们一一送走，然后便留在当地过冬。为了过冬之事，按照皇帝此前的指令，这里已经新建好了一些房屋。

823 年

这一年 5 月，在同一地点③ 又召开一次民众大会。奉命出席这次大会的不仅有法兰克④ 全体贵族，而且还有来自东法兰克、萨克森、巴伐利亚、阿拉曼尼亚以及邻近的勃艮第等地的贵族，莱茵兰地区的贵族也都奉命前来参加此次大会。此外，出席大会的还有一些蛮族使团，其中，有的是奉命行事，也有一些是自愿前来。在这些蛮族使团中，有一对兄弟，其名字分别叫作米勒加斯特（Milegast）和西拉德拉格（Cealadrag）。他俩都是维尔齐人⑤的国王，因王国统治权问题而争执不下，于是，他们要利用参加这次大会之机觐见皇帝，以求解决之道。这两个人都是维尔齐国王利尤布（Liub）之子。当年，利尤布和自己的诸位同胞兄弟对王国实行共享共治，不过，作为长子，他对整个王国还是享有最高统治权。后来，在与东奥博德里特人交战中，利尤布战死沙场。于是，维尔齐人把米勒加斯特推举为王，其原因就在

---

① 普拉德尼森特人，是奥博德里特人的一个支系。

② 关于诺德曼尼亚，参阅 777 年纪事及相关注释。

③ 指法兰克福。

④ 这里的"法兰克"是狭义上的法兰克，指早期法兰克王国的辖地，主要包括纽斯特利亚、奥斯特拉西亚以及高卢西南部地区。

⑤ 关于维尔齐人，参阅 789 年纪事及相关注释。

于此人乃先王的长子。米勒加斯特是依习俗而获得王国统治权的，不过，他却是个碌碌无为的昏君。于是，他被赶下台，王权转归其弟。也就是为了这个事，兄弟二人双双前来觐见皇帝。皇帝倾听了他俩的诉说，并进而了解到，维尔齐民众还是更加倾向于让那个做弟弟的掌权。于是，他作出裁决，即应该由西拉德拉格继续执掌由民众赋予他的那个职位。兄弟二人宣誓称，将恪守这一协议。尽管做了这样的裁决，皇帝还是给兄弟二人都送上了一些礼物，然后安排他们返回故土。

在这次法兰克福大会期间，有人当着皇帝的面，对奥博德里特人的首领希德拉格①发出指控，说他对法兰克人不忠，而且说他竟然很长时间都不来觐见皇帝一次。为此，皇帝派出几位使节前去面见希德拉格。随后，希德拉格从族人中挑选一些贵族，让他们跟随皇帝的上述几位使节一同回来觐见皇帝。他让这些人代为向皇帝保证，等冬季到来之后，他将亲自前来觐见皇帝。罗退尔遵照其父指示，在意大利制律执法，伸张正义。当他准备返回之际，他却收到来自教皇帕斯卡尔的邀请，于是，他前往罗马，并在那里受到隆重的接待。在神圣的复活节那一天，他领受了意大利王国王冠，并被赋予皇帝和奥古斯都之尊号。② 这一年6月，他从罗马回到帕维亚，然后与皇帝见面。罗退尔向皇帝汇报他在意大利的法律制定情况，其中，有些法律已经制定完毕，有的则还处于初创阶段。随后，宫伯阿达拉尔奉命前往意大利，按照指示，他还把布雷西亚③伯爵莫林（Mauring）一起带上。他们此行的目的就是要去完成罗退尔已经开启但尚未完成的法律制定工作。

他④的弟弟德罗戈（Drogo）⑤当时过着修士生活。在皇帝的安排下，经

113

---

① 关于希德拉格，参阅817年纪事。

② 早在817年，罗退尔就已被擢升为共治皇帝，由此也就拥有了皇帝头衔。823年教皇对他进行加冕，只是意在表明，他的皇帝头衔得到了教会的批准或认可。关于罗退尔的"共治皇帝"身份，参阅817年纪事。

③ 关于布雷西亚，参阅822年纪事及相关注释。

④ 指皇帝虔诚者路易。

⑤ 关于德罗戈，参阅822年纪事中的相关注释。德罗戈早年受到其同父异母兄长虔诚者路

梅斯城神职人员的认可和推选，德罗戈成为梅斯城教会首脑。人们相信，接下来他应该会成为主教。

也就是在这次大会期间，与会者同意，下一次民众大会将于11月份在贡比涅王宫召开。会议结束后，贵族们各自打道回府，皇帝也准备动身离开。就在这个时候，皇帝得到消息说，柳德维特已经身亡。事情的原委是，柳德维特离开塞尔维亚人的地盘之后，便去投靠博尔纳公爵的叔叔柳德姆斯尔（Liudemuhsl），并在他那里待了一段时间。后来，由于柳德姆斯尔的出卖，柳德维特被人暗杀。

此外，还传来消息说，在拉特兰宫，神圣罗马教会的公证人总管狄奥多[①]以及他的女婿、司仪官利奥[②]先是被人弄瞎双眼，随后又被砍了头。消息称，他们之所以遭此厄运，就是因为他们一直忠心耿耿地追随年轻的皇帝罗退尔。也有一些人认为，教皇帕斯卡尔和这个事脱不了干系，要么是他下令干的，要么就是他指使的。为了弄清此事的原委，圣瓦斯特（St.Vaast）修道院院长阿达隆（Adalung）和库尔（Chur）伯爵亨弗里德（Hunfrid）接到命令，准备赶往事发地点。[③] 不过，未及他们动身，教皇帕斯卡尔的两个使节就已赶了过来，他们分别是西尔瓦坎迪达[④]主教约翰和罗马教廷总执事本笃。关于教皇授意杀人的传言已是沸沸扬扬，这让教皇声名狼藉，因此，两位使节向皇帝发出恳求，希望他能为教皇洗脱罪名。

皇帝给了他们合情合理的答复并将他们送走。随后，按照先前的决定，他下令自己的使节前往罗马，以查明事件真相。这一年夏季的余下时间，皇

易的贬抑。814年，虔诚者路易下令，将德罗戈削发并软禁于修道院。818年，德罗戈成为神父。822年之后，虔诚者路易为自己过往的行为进行忏悔。德罗戈随之成为他的忠实追随者。德罗戈于823年出任梅斯主教，834年成为梅斯大主教。据称，虔诚者路易最终是在德罗戈的怀抱中去世的。855年12月，德罗戈在勃艮第捕鱼时溺水身亡。

① 关于公证人总管狄奥多，参阅821年纪事。

② 关于利奥，参阅821年纪事中的相关内容。关于司仪官，参阅801年纪事及相关注释。

③ 阿达隆，809—839年间任圣瓦斯特修道院院长。

④ 关于西尔瓦坎迪达，参阅815年纪事及相关注释。

帝是在沃姆斯伯爵领地度过的。然后，他便去了阿登高地。秋猎时节过后，按照之前早已做好的计划，他于 11 月 1 日来到贡比涅。

前往罗马的那两位使节根本无法准确弄清事情的真相。一方面，当着众多主教的面，教皇坚称自己清白无辜，他发誓说，在这桩事上，他没有干过任何的串通勾当。另一方面，实施暗杀行动的那几个人属于圣彼得家族的成员[①]，因此，教皇又慷慨激昂地为他们进行辩护。他还对死者表示谴责，说他们犯有忤君之罪，被杀乃罪有应得。随后，他派出一干人马，随同皇帝之前派往他那里的那两位使节，一同前去拜见皇帝。教皇的使节包括西尔瓦坎迪达主教约翰和图书馆馆长塞吉乌斯（Sergius），此外还有副助祭吉利努斯（Quirinus）和御马官利奥（Leo）。这几个人以及皇帝本人派出去的那两位使节都向皇帝汇报说，教皇发誓说自己是清白无辜的，而且，教皇方面还极力证明那几个被告是无罪的。听了这些说法之后，皇帝觉得已无需再为此事费神。于是，在给了个周全的答复之后，他便让主教约翰及其同伴返回教皇那里去了。

奥博德里特人首领希德拉格恪守诺言，带着本族的几个贵族，来到贡比涅。对于此前这么多年没有亲自前来觐见皇帝，他作了解释，其理由倒也可以让人能够接受。从诸多方面来说，他都似乎应该受罚。不过，考虑到其先祖的功绩，皇帝并没有惩罚他，而且还给他送上一些礼物，然后让他返回自己的王国。

赫里奥尔德也从诺德曼尼亚那边赶来求援，其原委是，戈多弗里德诸子扬言要把他驱逐出境。为了更加彻底地了解此事的来龙去脉，狄奥塔里[②]和卢奥德蒙德（Hruodmund）两位伯爵奉命前去面见戈多弗里德诸子。他们俩先行出发，赫里奥尔德的回程则安排稍后。对于赫里奥尔德与戈多弗里德诸子之间的争端，两位伯爵作了仔细调查，而且对北欧人这个王国的总体情况

① 意即属于罗马教廷的成员。
② 关于狄奥塔里，参阅 811 年纪事相关内容。

114

也作了细致了解，然后，他们把在当地了解到的所有情况都传达给了皇帝。接着，他们与兰斯大主教埃博（Ebbo）①一同回国。埃博是按照皇帝的建议并在得到教皇批准的情况下前往丹麦布道的。在刚刚过去的这个夏季，他为当地众多的改信基督者做了洗礼。

也就是在这一年，据说发生了好几宗奇事怪事，其中，最为奇特的事情有两件：在亚琛王宫，竟然发生了一次地震；在土尔（Toul）②地区的科梅尔西村（Commercy），有个大约 12 岁的小女孩，在长达 10 个月时间里，她竟然什么东西都没有吃。在萨克森地区的费里萨兹伯爵领地（Firihsazi），时值白昼，突遇晴空霹雳，有 23 个村子被天火焚毁。在意大利科摩城（Como）③附近的格拉维多纳村（Gravedona），有一座施洗者圣约翰教堂。在教堂的穹顶，有一幅画，其场景是膝上坐着圣婴耶稣的圣母玛利亚和正在赠送礼物的三贤士（Magi）。由于年代久远，这幅画原本已经模糊不清，甚至说已经基本看不出影子了。然而，有这么两天时间，这幅画却一直光芒闪耀，而且画面非常清晰，给人的感觉就是，这幅古老的画作美轮美奂，其光艳程度几乎可以超越一幅新画。值得一说的是，三贤士送礼画面虽然也同样清晰，但三贤士的人物形象却并没有变得明亮，闪闪发亮的只有他们呈送的那些礼物。在许多地方，由于骤降冰雹，庄稼遭到毁坏。在有些地方，人们甚至看到，大块的石头连同冰雹一起从天而降。据说，有不少房子也都被雷电击中，而且，由于连续不断的电闪雷鸣，各地都有人畜因此而丧生。紧随其后的就是一场肆虐整个法兰克大地的大瘟疫，不论男女老幼，无计其数的人都被残忍地夺走了性命。

---

① 埃博（约 775—851 年），9 世纪上半叶加洛林帝国的一位重要人物，原本是查理大帝王室领地上的农奴，后在查理大帝的宫廷中接受教育，进而成为虔诚者路易的顾问。虔诚者路易继承皇位之后，埃博于 816 年成为兰斯大主教（816—835 年）。在其早年政治生涯中，埃博忠于虔诚者路易，后来与之反目，成为罗退尔的追随者。840—841 年间，埃博又短暂出任兰斯大主教一职，随后被秃头查理免除职务。

② 土尔，法兰克东北部小镇，位于今天法国东北部的默尔特—摩泽尔省（Meurthe-et-Moselle）境内。

③ 科摩，位于意大利北部伦巴第境内。

824 年

保加尔人的国王奥摩塔格 (Omortag)① 派遣使节前来向皇帝表达和平意愿。皇帝接待了这些使节，并看了他们带来的书信。在此之前，保加尔人从没有向法兰克遣使之先例，因此，他们如今的这个举动也就成了一件新鲜事，皇帝自然也就想更加彻底地了解一下此事的来龙去脉。于是，他委派巴伐利亚人马切尔姆 (Machelm)，和这些使节一道，前去拜见保加尔人的国王。

这一年的冬天特别寒冷，而且延续时间很长。这一极端的严寒天气不仅夺去不少牲畜的性命，而且还冻死一些人。3 月 5 日深夜 2 点，出现一次月食。有消息传来说，斯波莱托公爵苏波② 已经去世。

也就是在这一时期，罗马教皇的那几位使节③ 回到罗马，随后他们便得知，教皇已病入膏肓，生命垂危。事实也的确如此，在他们回去之后没几天，教皇就去世了。围绕教皇继任人选问题，当地民众发生冲突，冲突双方各自推选出自己的继任者。贵族这一派占据上风，圣萨比娜教堂 (St. Sabina) 名义大司铎尤金 (Eugenius) 被委任为新一任教皇。④ 前一次教皇

① 奥摩塔格 (814—831 年在位)，保加尔人的君主 (可汗)。在其前任克鲁姆 (Krum, 803—814 年在位) 时期，保加尔人的实力大增，征服了色雷斯和马其顿地区的诸多斯拉夫部落，并占据了现今匈牙利的一部分。在与拜占庭人的争斗中，保加尔人亦获得不少胜利，其所占领土得以保全。法兰克方面试图控制巴尔干半岛，但奥摩塔格继任保加尔人的君主职位之后，抵制法兰克的东扩行动。因此，双方发生矛盾。详见 Bernhard Walter Scholz, with Barbara Rogers, trans., *Carolingian Chronicles: Royal Frankish Annals* and Nithard's *Histories*, p.198。

② 关于苏波，参阅 822 年纪事中的相关内容。

③ 指教皇帕斯卡尔一世 (Pascal I, 817—824 年在任) 的使节约翰等人，参阅 823 年纪事中的相关内容。帕斯卡尔一世于 824 年 2 月 11 日去世。在其主政期间，罗马教廷与法兰克政权之间的关系一直较为紧张。

④ 新教皇即尤金二世 (824—827 年在位)。在前任教皇帕斯卡尔一世时期，罗马教廷、罗马世俗贵族和法兰克宫廷三者之间的关系比较复杂。罗马贵族仰仗法兰克方面的支持，势力日益膨胀。以帕斯卡尔一世为首的罗马教廷试图压制贵族势力，双方矛盾日益尖锐。

使团成员之一、副助祭吉利努斯①再次前来觐见皇帝，向他汇报了与这件事相关的各种消息。

按照此前的计划，6月24日，在贡比涅召开民众大会。在这次大会上，皇帝决意要对布列塔尼展开征讨行动。此外，他还打算把他的儿子、共治皇帝罗退尔派往罗马，这样的话，不论那里遇到什么可能需要解决的问题，罗退尔都可以代他出面，和新任教皇以及罗马民众一起，共同作出决定。8月中旬过后，罗退尔谨遵父命，动身前往意大利。需要指出的是，饥荒问题依然非常严峻，因此，皇帝只得将原定的以布列塔尼为打击目标的征讨行动推迟到了秋初。只是到了这个时候，他才从各地征召军队，然后开赴位于布列塔尼边境的雷恩城（Rennes）。在那里，他将军队一分为三，并将其中的两支分别交由其儿子丕平和路易指挥。他自己则率领第三支军队，开进布列塔尼，对其全境展开烧杀。这次征讨行动历时40多天。皇帝对不忠不信的布列塔尼人发出指令，要求他们必须上交人质。收到人质之后，他于11月17日返回鲁昂，其妻正在那里恭候他的大驾。

米凯尔皇帝②派来了几位使节。于是，皇帝③下令，让他们前往鲁昂与之会面。在此之前，威尼斯大主教福尔图纳图斯④已从逃亡地返回，如今，他与这几位使节一道，前来觐见皇帝。他们带来了米凯尔皇帝的信函和礼物，并声称他们是奉命前来缔结和平条约的。对于福尔图纳图斯这个人，他们没说一句好话。他们还提及其他一些事情，其中一个是关于圣像崇拜问题

帕斯卡尔一世去世之后，罗马世俗贵族推举尤金继任教皇，而教会以及罗马普通民众方面则推举另外一人作为教皇的继任人选，贵族方面最终获胜。此后，法兰克在罗马教廷事务中的影响大大增强。

① 关于吉利努斯，参阅823年纪事中的相关内容。

② 指拜占庭帝国皇帝米凯尔二世（Michael II，820—829年在位）。在其当政时期，米凯尔二世反对圣像崇拜，大力支持圣像破坏运动。

③ 指法兰克皇帝虔诚者路易。

④ 关于福尔图纳图斯逃亡之事，详见821年纪事中的相关内容。准确地说，福尔图纳图斯的原先头衔是"格拉多大主教"。威尼斯与格拉多毗邻，当时，在宗教区划归属上，威尼斯从属于格拉多。

的。他们说，为了这个问题，他们还要前往罗马，去征询宗座首脑的意见。皇帝听取他们带来的口信并给予答复，然后送他们离开。既然他们说还要去罗马，皇帝也就随之命人把他们送往那里。他还质询了一下福尔图纳图斯，问他当初为什么要逃跑，随后便派他前往罗马教皇那里去做一个调查。按照此前的安排，皇帝本人则前往亚琛过冬。

到达亚琛并在那里庆祝圣诞节之后，皇帝得到消息说，保加尔人国王派出的几位使节已经来到巴伐利亚。他与他们取得联系，并让他们先待在那里，等到有合适的时机再和他们会面。此前，皇帝得到消息称，奥博德里特人派来的使节也已到达。这部分奥博德里特人通常被称为普拉德尼森特人[①]，他们生活在多瑙河畔的达契亚（Dacia），和保加尔人毗邻而居。皇帝接待了这些使节。他们向皇帝诉说道，他们饱受保加尔人的入侵之苦，因此，希望皇帝能够施以援手。皇帝让他们暂且先回去，等他接待保加尔人使节的时候，再让他们回来。

前文有言，苏波在斯波莱托去世。于是，宫伯小阿达拉尔（Adalhard the Younger）接管这个公国。上任仅仅 5 个月，他便因患热病而去世。布雷西亚伯爵莫林[②]被推选为继任者。他是在病中收到委任消息的，没过几天，他便去世了。

伊布鲁斯（Aeblus）和阿西纳里乌斯（Asinarius）两位伯爵奉命率领巴斯克军队开赴潘普洛纳[③]。完成使命之后，他们踏上返程之路。然而，就在返程途中，山地居民背信弃义，将他们引进埋伏圈。在被团团包围之下，他们终被生擒活拿。与他们同行的军队也遭到毁灭性的打击，几乎无人生还。伊布鲁斯被押往科尔多瓦（Cordova）[④]。阿西纳里乌斯则比较幸运，他和捉

117

---

① 关于普拉德尼森特人，参阅 822 年纪事及相关注释。
② 关于莫林，参阅 823 年纪事中的相关内容。
③ 关于潘普洛纳，参阅 778 年纪事及相关注释。
④ 科尔多瓦，西班牙南部城市，8 世纪初被穆斯林占领，后成为哈里发国家的首都，今为西班牙科尔多瓦省省会。

拿他的那些人是亲戚关系，因此获准返回故地。

遵照其父的指示，罗退尔前往罗马，在那里受到尤金教皇的隆重接待。他将自己的使命告知教皇，在征得教皇同意之后，他开始对罗马民众的事务展开整顿。在此之前的很长一段时间里，由于好几任教皇都是一些心术不正的邪恶之徒，罗马社会被弄得混乱不堪，很多人失去自己的财产，身心受到极大伤害。如今，在罗退尔的干预下，财产重新物归原主，曾经为此受到伤害的那些人全都得到莫大的抚慰。在上帝的佑助下，罗退尔一登台，面貌的确焕然一新。

在这一年，离夏至^① 仅仅还有几天时间，天气骤变，风暴大作。据说，在奥顿(Autun)^② 周围的乡野，有一个巨型冰块与冰雹一起从天而降。据说，这个冰块有 15 呎长，7 呎宽，2 呎厚。

825 年

和往常一样，皇帝在亚琛庆祝神圣的复活节。等到和风拂面、春暖开颜之际，他又前往奈梅亨狩猎。随后，他决定返回亚琛主持民众大会。于是，他也就随之下令，让保加尔人的那几位使臣在 5 月中旬前后前来亚琛与他会面。^③ 这次民众大会是在皇帝从布列塔尼返回之后就确定要召开的，当时他已向手下的高官显贵们宣布了这一决定。

狩猎时节过后，他返回亚琛，然后立即接待保加尔人使团。双方讨论的核心事项就是法兰克人与保加尔人双方边界的划分问题。布列塔尼的所有贵

---

① 英译本写成 "summer equinox"（"夏分"），有误。见 Bernhard Walter Scholz, with Barbara Rogers, trans., *Carolingian Chronicles: Royal Frankish Annals* and Nithard's *Histories*, p.117。拉丁原本中，该时令写作"夏至"（solstitium aestivale）。

② 奥顿，亦译欧坦，法兰克东部勃艮第境内的城镇，今属法国索恩—卢瓦尔省（Saône-et-Loire）。

③ 保加尔人的这几位使臣此前一直在巴伐利亚待命。详见 824 年纪事中的相关内容。

族几乎全都参加了这次民众大会，维奥马克①也位列其中。当年，正是由于这个人的背信弃义，才使得整个布列塔尼陷入一片混乱。也正是由于他那种愚不可及的顽固不化，才促使皇帝发起前文所述的那次征讨行动。这个人最终还是听从了一些良言善劝，正如其自己所言，他毫不犹豫地将自己置于皇帝的保护之下。皇帝不仅宽恕了他，而且还给他送上一些礼物，然后让他和其他同族贵族一道返回故土。然而，他所在的这个族群天生就有不忠不义之秉性，他自己当然也不例外。和以前的做派一样，他再次违背自己的诺言。他继续不遗余力地侵扰邻近地区，烧杀抢掠，无恶不作。直到有那么一天，在其自己的住处，他被朗贝尔伯爵（Lambert）的手下逼入绝境，最终被杀身亡。皇帝在接待保加尔人的使团之后，写了几封措辞周全的书信，让他们带回给他们的国王。

118

民众大会结束之后，皇帝前往位于孚日山区的莱米尔蒙②去狩猎。他的儿子罗退尔从意大利回来途经其地，于是，皇帝便在那里接待了他。狩猎活动结束后，他回到亚琛。8 月，他在亚琛召开传统的民众大会。在此次大会期间，皇帝接待了各式各样的使团，其中就有来自诺德曼尼亚的由戈多弗里德诸子派来的几位使臣。他们希望与法兰克建立和平关系，于是，皇帝决定，10 月份将在丹麦边区和他们缔结和平协议。在这次大会所有议题全部完成之后，皇帝便和他的那个年龄较大的儿子一起前往奈梅亨，同时，将年龄较小的那个儿子路易派往巴伐利亚。③秋狩时节结束后，皇帝于初冬回到亚琛。

在土尔附近的科梅尔西村，有一个名叫"N."的 12 岁女孩。在复活节

---

① 关于维奥马克，参阅 822 年纪事中的相关内容。

② 关于莱米尔蒙，参阅 805 年纪事及相关注释。

③ 虔诚者路易在其第一次婚姻期间，共育有 3 个儿子，长子是罗退尔，"年龄较大的儿子"是指他的二儿子阿奎丹国王丕平（797—838 年），"年龄较小的那个儿子"是指他的三儿子日耳曼人路易(约 805—875 年)。819 年，虔诚者路易再婚，于 823 年生有一子查理(即秃头查理)。另，日耳曼人路易于 817 年被赋予巴伐利亚统治权。参阅 817 年纪事中的相关内容。

那天，她从神父手中领受了圣餐。据说，在此之后，她先是禁食面包，然后开始全面禁食，什么也不吃，什么也不喝。这种禁食可谓相当极端，她完全没有摄入任何营养来支撑自己的身体。她就是在这种状态下生活了整整三年，期间竟然没有任何食欲。她是在吾主道成肉身的第 823 年开始禁食的，关于此事，在前文那一年的记载中已有提及。[①] 在如今的这一年，亦即 825 年，从 11 月初起，她停止禁食，开始吃饭。于是，和人世间的其他芸芸众生一样，她也重新开始依靠吃喝而活。

826 年

保加尔人的那几位使臣将出使情况向他们的国王作了汇报。随后，这位国王派遣其首席使节，让他带着信函再次前来觐见皇帝。他在信中提出如下要求：双方的边界必须尽快划定，不可继续拖延下去；如果皇帝觉得这一要求不可接受，那么，在没有和平条约作保的情况下，双方就只能以武力守卫各自的边界。皇帝并未立即作出回应，因为当时有传闻说，保加尔人的这位国王已被其手下的一个贵族赶下台，甚至说，这个国王已被暗杀。于是，他让来访的那位使节等一等。为了弄清传闻是真是假，他派遣宫伯贝尔特里奇（Bertrich），让他立即赶往巴尔德里奇[②] 和热罗尔德[③] 两位伯爵那里一探究竟。这两位伯爵都在卡林西亚行省，其职责是驻守与阿瓦尔相对的边境地区。贝尔特里奇回来之后向皇帝汇报说，根本无法弄清上述传闻是真是假。于是，皇帝接待了那位使节，然后便把他送走。此人走的时候，连皇帝的一封回函也未能获得。

皇帝在亚琛过冬。也就是在这一时期，亦即 2 月 1 日前后，皇帝之子丕平国王奉命来到亚琛，与之一同前来的还有其手下的高官显贵以及驻守西班

---

① 　关于此事，参阅 823 年纪事中的相关内容。

② 　关于巴尔德里奇，参阅 815 年和 819 年纪事中的相关内容。

③ 　关于热罗尔德，参阅 815 年纪事中的相关内容及注释。

牙边区的诸位军官。在与他们进行一番商讨之后，皇帝就加强西部边境防御、防止萨拉森人入侵之事作出决定。随后，丕平返回阿奎丹，并在分给他的这个地方度过了夏季时光。

皇帝于5月中旬离开亚琛，6月1日前后到达英格尔海姆[①]。在那里，他主持召开了一次民众大会。此次大会，与会者甚众。很多国家也都派来使团，皇帝一一予以接待，然后将之送走。在这些使团中，最重要同时也是最显耀的是由神圣使徒教廷派来的使团，其成员包括奇维塔韦奇亚[②]主教利奥（Leo）、司仪官狄奥菲拉克特（Theophylact）以及漂洋过海而来的橄榄山修道院院长多米利克（Dominic）。丹麦国王戈多弗里德的几个儿子也派使臣前来参加会议，其目的是想与法兰克讲和并结盟。至于斯拉夫人那边，则来了一些奥博德里特贵族，他们此行的目的是要控诉他们的公爵希德拉格。除此之外，还有人揭发索布人当中的一个高官显贵唐格洛（Tunglo），说他不忠不顺。于是，皇帝让人向希德拉格和唐格洛这两个人转达以下信息：10月中旬还将召开一次民众大会，如果他们俩还是不来参加会议，皇帝就将依据其背信弃义的程度对他们作出相应的惩罚。布列塔尼的一些贵族也出席了这次大会，他们之所以前来参会，是因为那一边境地区的法兰克守军想对他们发起控诉。

也就是在这一时期，赫里奥尔德带着他的妻子以及众多丹麦人跑了过来。随后，在美因茨的圣阿尔班修道院[③]，他和他的随从们全都接受了洗礼。[④] 皇帝给了他丰厚的礼物，然后，他按原路，经由弗里西亚返回故地。吕斯特林根（Rüstringen）伯爵领地位于弗里西亚行省境内，皇帝将这块领地送给了赫里奥尔德。有了这么一个地方，万一将来他遇到什么危险，他终究还是可以带着自己的家什财产，到这个地方找个安身立命之处。

---

① 关于达英格尔海姆，参阅774年纪事及相关注释。
② 关于奇维塔韦奇亚，参阅813年纪事中的相关内容。
③ 关于圣阿尔班修道院，参阅794年纪事及相关注释。
④ 赫里奥尔德等人于826年6月24日受洗。

　　巴尔德里奇和热罗尔德两位伯爵都是驻守在潘诺尼亚边境的军事长官，他们也都前来参加这次大会。他们认为，从实际情况来看，到目前为止，的确没有迹象表明保加尔人要对我方采取行动。和巴尔德里奇一同前来的，还有一位来自威尼斯的神父，名叫乔治，他声称自己会制作管风琴。于是，皇帝让他和司库汤科尔夫（Thancolf）一同前往亚琛，并传下命令，只要是属于制作这个乐器所需，不论他需要什么，都将予以提供。

　　皇帝计划在10月中旬召开一次民众大会，其他各种事务也都按部就班地一一处理完毕。随后，他便率领随从，渡过莱茵河，前往萨尔茨王室行宫。在那里，皇帝接待了来自那不勒斯的几位使臣，他们在得到答复之后就回去了。① 在萨尔茨，埃佐（Aizo）② 的逃跑及背信弃义之事引起皇帝的关注，皇帝对此事的来龙去脉都作了了解：经过精心布局，埃佐进入比克城（Vich）③；他施展奸计，欺骗罗达城（Roda）④ 居民并获准进城，然后便将这个城池摧毁；在这片土地上，他又修筑起更加坚固的城堡；他派自己的兄弟去向萨拉森国王阿卜杜·拉赫曼⑤ 求援，成功地让这个国王协助他们与我方开战。了解到这些消息之后，皇帝怒火中烧，不过，他觉得，在当前这种情况下，还不宜采取任何行动。于是，他决定等他的诸位谋士来了之后再说。

---

① 此前，贝内文托的希戈（Sigo of Benevento）曾入侵那不勒斯。因此，那不勒斯使臣此行的目的，应该是与这一事件有关。参见 Bernhard Walter Scholz, with Barbara Rogers, trans., *Carolingian Chronicles: Royal Frankish Annals* and Nithard's *Histories*, p.199.

② 埃佐（Aizo，亦写作 Aisso 或 Ayxun），其身份不明，有人认为他是哥特贵族，亦有人认为他是阿拉伯（萨拉森）贵族。826 年前后，埃佐在西班牙和法兰克交界地带发动叛乱，反对法兰克的统治。兵败后被俘并被囚禁于亚琛，但后又出逃，继续与法兰克为敌。在法兰克军队的打击下，埃佐最终逃遁，其避难地可能是西班牙南部的科尔多瓦，但不久便被科尔多瓦方面处死。参阅 827 年纪事中的相关内容。

③ 比克（Vich，加泰罗尼亚语写作 Vic，音为"比克"），西班牙东北部城市，今为巴塞罗那省奥索纳县（Osona）首府。

④ 罗达城，位于今天西班牙巴塞罗那省奥索纳县（Osona）境内。

⑤ 即阿卜杜·拉赫曼二世（Abd ar-Rahman II，生卒年 792—852 年），西班牙后倭马亚王朝统治者，822—852 年在位。

秋狩时节过后，亦即在 10 月 1 日前后，皇帝沿美因河顺流而下，前往法兰克福。

　　10 月中旬，皇帝从那里启程来到英格尔海姆，并按原定计划召开民众大会。在这次大会期间，他还接待了唐格洛以及奥博德里特人的公爵希德拉格，此前，有人指控这两个人犯有不忠不义之罪。皇帝把唐格洛的儿子留下作为人质，然后便让唐格洛返回故地。然而，希德拉格却被他留了下来，而与之同来的其他奥布瑞特人则获准离开。皇帝派遣几位使臣立即赶往奥博德里特人那里，让他们了解一下当地民众是否还愿意让希德拉格做他们的统治者。皇帝本人则前往亚琛，按原定计划，他是要到那里过冬的。奉命前往奥博德里特人那里的几位使臣回来之后向皇帝汇报说，对于他们的这位国王，当地民众的看法冷热不均，不过，上层民众还是一致认为，应该让他回去。于是，皇帝要求希德拉格上交人质，然后让其回国复位。

　　也就是在这一时期，殉教者圣狄奥尼修斯（Dionysius）修道院[①]院长伊尔杜安（Hilduin）[②]向罗马发出请求，希望得到殉教者圣塞巴斯蒂安（Sebastian）[③]的圣骨圣物。当时的罗马教廷首脑尤金答应了他的请求。伊尔

[①] 圣狄奥尼修斯（holy Dionysius）即圣德尼（Saint Denis），相传是巴黎首任主教，3 世纪中叶被罗马当局砍头。圣德尼修道院，位于今天法国巴黎北郊，建于 7 世纪前期，后来发展为圣德尼大教堂。圣德尼修道院及大教堂在中世纪和近代早期的法国具有重要地位，圣德尼修道院亦有法国的"王家档案馆"之称。

[②] 伊尔杜安（775—840 年），9 世纪早期曾任巴黎主教，虔诚者路易的专任神父，815 年成为圣德尼修道院院长。后来又兼任圣热曼德普莱修道院（Abbey of St-Germain des Prés）、圣梅达修道院（Abbey of St-Médard，位于苏瓦松）和圣旺修道院（Abbey of St-Ouen）院长。830 年，虔诚者路易和自己的几个儿子发生内战，伊尔杜安站在后者一方，伊尔杜安一度失宠，失去院长头衔。不久，伊尔杜安再次获得虔诚者路易的信任，并再次出任圣德尼修道院院长职务。一般认为，伊尔杜安是《法兰克王家年代记》第 818—829 年纪事的作者。参见 Bernhard Walter Scholz, with Barbara Rogers, trans., *Carolingian Chronicles: Royal Frankish Annals* and Nithard's *Histories*, p.199。

[③] 塞巴斯蒂安，早期基督教徒和殉教者。按照基督教的说法，塞巴斯蒂安是米兰人，3 世纪晚期，即罗马帝国皇帝戴克里先对基督教徒展开大规模迫害期间，被罗马当局杀死（约 288 年）。

杜安将所获圣骨圣物藏在苏瓦松城圣梅达教堂（St.-Médard）的地下。当塞
巴斯蒂安的这些圣骨圣物尚未被埋入地下，亦即当它们被安放在圣梅达棺椁
旁边期间，经由上帝之恩典，以这位至圣至洁的殉教者之名，发生了许许多
多的奇迹，展示出神奇的力量，什么样的疾病都可以被治好。这些奇迹，其
数量之众，已经到了让人觉得难以置信且无法言说的程度。据说，其中有些
奇迹实在太过神奇，已经超越了人类心智所能想象到的极限。大家都知道，
这位至圣至洁的殉教者是为吾主耶稣基督受难献身的，而耶稣基督是全能
的，在其神圣的全能普摄之下，不论是在天国，还是在尘世，万事万物全都
受制于他，只要他愿意，什么样的事情他都能够做成。关于这一点，当然是
毋庸置疑的。

827 年

皇帝派遣神父兼修道院院长赫里萨查尔（Helisachar）[①] 前去镇压发
生在西班牙边区的那场叛乱，与之一同奉命出征的还有希尔德布兰德
（Hildebrand）和多纳图斯（Donatus）两位伯爵。在他们到达之前，埃佐
自恃会有萨拉森人的支持，已对边区守军造成严重打击。通过连续不断的
侵扰，他已将这批守军彻底拖垮。这些守军原本负有守卫城堡之责，然
而，其中有些人却放弃城堡，逃之夭夭。和其他一些人一样，贝拉[②]之子
威利蒙德（Willemund）也投奔了埃佐。这些人全都担心会发生变故，实
际上，对于这些三心二意的人来说，发生变故或许恰恰正是他们所期待的
事情。他们加入萨拉森人和摩尔人一边，对塞尔达纳（Cerdaña）和瓦莱斯

---

① 赫里萨查尔，哥特人出身，来自塞提马尼亚（Septimania，意即"七邦之地"，即纳博讷
地区），808—819 年间担任虔诚者路易的掌玺法官（chancellor），830 年被放逐；833 年被
召回，其后的事迹，史料没有进一步记载。参见 Bernhard Walter Scholz, with Barbara Rog-
ers, trans., *Carolingian Chronicles: Royal Frankish Annals* and Nithard's *Histories*, p.202。
② 关于贝拉，参阅 820 年纪事及相关注释。

(Vallés) ① 等地进行骚扰，天天都要到那里烧杀抢掠一番。奉皇帝之命，修道院院长赫里萨查尔和其他一些人一道，紧急驰赴事发地，准备对生活在这个地区的哥特人和西班牙人展开行动，平息社会动荡。赫里萨查尔对当地的问题作了深入考量，并听取了同伴们的建议，然后作出许多审慎的安排。埃佐多次对巴塞罗那伯爵贝尔纳 (Bernard) ② 展开伏击行动，贝尔纳一直予以顽强抗击。有些人表面上是来投靠贝尔纳的，然后他们便施展奸计，图谋不轨，对于此类行为，贝尔纳也是予以顽强抵抗，从而挫败了他们各种胆大妄为的企图。有消息说，萨拉森国王阿卜杜·拉赫曼派出一支军队，前来援助埃佐，而且，他们已经抵达萨拉戈萨。此前，国王的亲戚阿布马凡 (Abumarvan) 已被任命为这支军队的统帅，埃佐一再声言他们肯定是胜券在握，因此，阿布马凡也就向国王承诺说，此战必胜无疑。皇帝指派他的儿子、阿奎丹国王丕平，让他率领法兰克大军前去抗击阿布马凡，并命其保卫好自己所在王国的边界。然而，由于皇帝委派的几位军事将领 ③ 玩忽职守，军队很晚才抵达边区地带，如果不是因为这个原因的话，皇帝下达的命令本来还是可以完成的。这一迟滞所造成的后果是灾难性的。阿布马凡将其所经之地全都毁为废墟，烧毁了巴塞罗那和热罗纳 (Gerona) 周围的诸多村庄，在各个城市的城墙之外，不论有什么，只要被他发现，都被劫掠一空。然后，他带领自己的军队，毫发无损地退回到萨拉戈萨。等我方军队抵达时，连人家的影子都没有见着。有不少人都言之凿凿地说，他们在夜里曾看到天

122

---

① 塞尔达纳，位于比利牛斯山脉东部，查理大帝建立西班牙边区的时候，塞尔达纳被确立为其中的一个伯爵领地，位于加泰罗尼亚北部，今分属西班牙和法国。瓦莱斯，位于加泰罗尼亚东南部。

② 贝尔纳 (795—844 年)，826—832 年和 835—844 年间任巴塞罗那伯爵，虔诚者路易最为重要的谋臣之一。虔诚者路易与诸子发生内战之后，贝尔纳在各方之间多次摇摆。844 年，贝尔纳被西法兰克国王秃头查理处死。

③ 主要有图尔伯爵于格 (Hugh，约 780—837 年) 和奥尔良伯爵马特弗里德 (Matfrid，？—836 年)。正是因为这次军事故，在 828 年的亚琛民众大会上，这两个人的伯爵领地都被剥夺。

空中出现排兵布阵和光线移转的天象。他们认为，这些异象肯定就是预示着
法兰克方面要失败。

皇帝召开了两次大会。一次是在奈梅亨，之所以召开此次大会，就是因
为要处置丹麦国王戈多弗里德之子奥里奇（Hohrich）问题，在此之前，这
个人曾信誓旦旦地说要来觐见皇帝，但结果却是个谎言。另一次是在贡比
涅，在这次大会上，皇帝接受了各地与会者的年贡，而且还对即将奉命前往
西班牙边区的那些人作出训示，告知他们应该如何行事。在冬季来临之前，
皇帝一直在贡比涅、吉耶兹或附近其他一些王宫轮流居住。

也就是在此时期，丹麦人的那几位国王，亦即戈多弗里德的那几个儿
子，剥夺赫里奥尔德的那份王权，然后将他赶出了诺德曼尼亚。

保加尔人派出一支军队，乘船沿德拉夫河①逆流而上，对生活在潘诺尼
亚地区的斯拉夫人发动侵扰，并在当地展开烧杀抢掠。他们将斯拉夫人的诸
位首领赶走，然后任命保加尔人出任当地的行政主官。

尤金教皇于 8 月去世。教会执事瓦伦丁（Valentine）被罗马人推选为新
一任教皇，但是，在获得委任之后仅仅一个月便去世。瓦伦丁去世后，圣马
可教堂名义祭司格里高利（Gregory）② 当选教皇。皇帝派遣使臣前来罗马对
这次选举过程进行核查，之后，格里高利才被正式委任为教皇。

米凯尔皇帝的几位使臣从君士坦丁堡出发，奉命前来觐见皇帝，其目的
是让皇帝批准双方的和约。他们于 9 月到达贡比涅。皇帝礼貌而热情地接待
他们并听取其汇报，然后将他们送走。

这一年 10 月，为基督献身的两位至圣至洁的殉教者马斯里努斯
（Marcellinus）和彼得（Peter）③ 的遗骸从罗马移出，被转送到法兰克。在

---

① 关于德拉夫河，参阅 819 年纪事及相关注释。
② 即格里高利四世（Gregory IV，生卒年约 795—844 年），罗马教皇，827—844 年在位。
　格里高利四世于 827 年 10 月当选教皇，但是，获得皇帝虔诚者路易的正式批准是在 828
　年 3 月。
③ 马斯里努斯和彼得，早期基督教徒，按照基督教的说法，这两个人是在罗马皇帝戴克里

那里，它们显现出许许多多的神迹和奇迹，也正因如此，它们变得声名
远扬。①

828 年

这一年 2 月，皇帝在亚琛召开民众大会，以处理各种问题，其中，需要
着重处理的是此前在西班牙边区发生的那些事件。当时负责指挥军队的那
几位使臣被判有罪，其官职被褫夺。他们落得这样的惩罚，也算是罪有应
得。②保加尔人的军队对上潘诺尼亚边境地区大加蹂躏，但由于弗留利公爵
巴尔德里奇懦弱怕事，对方竟然得以安然无恙地离开。因此，巴尔德里奇的
职务也被褫夺，原本由他一人统辖的那个边区被分成四块，交由四位伯爵
管辖。康布雷主教阿里特加尔（Halitgar）和诺南托拉（Nonantola）修道院
院长昂斯夫里德（Ansfrid）奉命前往君士坦丁堡，回来之后，他们汇报说，
米凯尔皇帝给了他们很高的礼遇。③

6 月，皇帝来到英格尔海姆行宫，并在那里召开民众大会，会议持续数
天时间。在这次大会上，他打算派他的两个儿子罗退尔和丕平率军前往西班
牙边区，并给他们详细交代此行的确切任务。作为教皇的使节，公证人总管
吉利努斯和司仪官狄奥菲拉克特也来到那里觐见皇帝。皇帝听取他们带来的
讯息，然后将之送走。接着，他前往法兰克福行宫。在那里停留一段时间之

123

先迫害基督教徒时期殉教的，时间大约是在 304 年。

① 马斯里努斯和彼得二人的遗骸是由教皇格里高利四世送给艾因哈德（曾任查理大帝的
秘书）的。这些遗骸的收藏地经过多次变化，最终被安置在美因河畔的塞利根斯塔特
（Seligenstadt），但其中有一部分曾被暂时存放在苏瓦松附近的圣梅达修道院。后来，直
到 10—11 世纪，圣梅达修道院还谎称拥有这两位殉教者的圣骨圣物。参见 Bernhard
Walter Scholz, with Barbara Rogers, trans., *Carolingian Chronicles: Royal Frankish Annals* and
Nithard's *Histories,* p.199。

② 关于法兰克在西班牙边区的惨败，详见 827 年纪事中的相关内容。

③ 阿里特加尔，817—831 年间任康布雷主教。

后，他转而前往沃姆斯，随后又去了蒂永维尔。在那里，他命令他的儿子罗退尔率领一支法兰克大军开赴西班牙边区。到达里昂之后，罗退尔暂停行军，在这里等候萨拉森人开始进犯的消息。在此期间，他和他的弟弟丕平举行了一次会晤。后来，他们得知，萨拉森人并未进犯西班牙边区，究其原因，要么是不敢，要么是不想。于是，丕平返回阿奎丹，而罗退尔则前往亚琛，回到其父亲的身边。

也就是在此期间，北欧人和法兰克人打算在诺德曼尼亚边境附近展开谈判，以签署双方之间的和平协议，同时还将讨论有关赫里奥尔德的问题。为了这个事，萨克森全境的伯爵和侯爵几乎都赶了过来。然而，赫里奥尔德迫不及待地希望采取行动。和平协议原本已经达成，而且相关方面都已交出人质作为和平的担保，但是，赫里奥尔德却撕毁这一和平协议，烧毁并劫掠了北欧人的一些小村子。得知这一消息之后，戈多弗里德立即征召军队。我方人员并不想引发任何麻烦，他们驻守在艾德河（Eider）沿岸按兵不动。戈多弗里德诸子向边区地带进发，他们渡过河流，向法兰克人发动袭击并将之从城堡中驱逐出去，迫使法兰克人四处逃散。他们把这些法兰克人的物品掠夺一空，然后带着自己的军队撤回营地。他们意识到，这次行动可能会引发对方的报复，于是，他们费尽心思，以寻找规避之策。他们紧急派遣使团前来觐见皇帝，并解释道：他们的这次行动绝非出自本意，实在是迫不得已而为之；他们已经准备作出赔偿；只要能够维持双方的和平关系，具体怎么赔，悉听皇帝吩咐。

那一时期，科西嘉岛的防卫任务是由卜尼法斯伯爵（Boniface）[①]负责的，因此，他经常率领一支小型武装船队，在科西嘉和撒丁岛四周巡航。他的一个同胞兄弟以及来自托斯卡纳的另外几位伯爵也都和他一起承担这个任务。

① 卜尼法斯（约838年去世），加洛林时期的政治人物，823年成为意大利北部城市卢卡（Lucca）伯爵和公爵，约828年成为托斯坎尼侯爵，后来卷入虔诚者路易父子的政治纷争，支持虔诚者路易，反对罗退尔。828年的这一役中，所谓的"非洲人"实际上就是生活在非洲北部的穆斯林，即当时所说的"萨拉森人"。

有一段时间，在这片海域，连一个海盗都没见过，于是，他便率领船队驶向阿非利加，在尤蒂卡（Utica）和迦太基（Carthage）之间登陆。当地居民突然聚集起来，而且规模相当庞大。卜尼法斯伯爵发起进攻，和他们打作一团。他和这些人至少大战了五个回合，每次都把他们打得溃不成军，最终使他们落荒而逃。卜尼法斯他们杀掉了许许多多的非洲人，但由于行事鲁莽，他们自己也遭受了一些人员损失。随后，卜尼法斯撤退回船。这次行动让非洲人对他们肃然起敬。

7月1日拂晓，当月亮正在遁形之际，出现了一次月食。12月25日，亦即圣诞节那天，午夜时分，又出现一次月食。

在圣马丁节①前后，国王来到亚琛过冬。安顿下来之后，在整个冬天，他都忙于召开各种会议，以解决国家面临的各种问题。

829 年

冬季结束之后，在神圣的四旬期②期间，也就是离神圣的复活节还有几天时间，在亚琛发生一场地震。不久，又爆发一场剧烈的风暴，不仅普通房屋的屋顶被掀去，就连被称为小圣堂（Chapel）的那座圣母教堂也未能幸免，其铅瓦屋顶被刮得七零八落。

由于事务繁杂，皇帝的行程受到拖延，他在亚琛一直待到7月1日。最终他还是决定，准备和随行人员一起前往沃姆斯，因为根据安

---

① 圣马丁节（Martinmas），基督教世界的重要节日之一，原本是为纪念早期基督教圣徒、图尔主教马丁（Martin，316年或336—397年）而设，后来在很多地方变成一个庆祝农业丰收的节日，时间定在每年的11月11日。

② 四旬期，亦称大斋节（Lent），旧称"严斋期"或"封斋期"。按照天主教会的规定，自"圣灰礼仪日"算起，至复活节前的40天时间为大斋期，主要目的在于纪念耶稣受难，为复活节做准备，并为"望教友"作领洗前的准备。另，按天主教会的规定，年满18岁而未达60岁的信徒须守大斋，即一天只能饱食一餐，其他两餐可进少量食物，其余时间只可用不含酒精的饮料。

排，8 月份将在那里召开民众大会。然而，在出发之前，他又得到消息说，北欧人准备从易北河对岸入侵萨克森，而且他们的军队已经逼近我方边境。听到这一消息之后，他立即在法兰克各地广招兵马，要求他们跟着他全速赶往萨克森。同时他还宣布，他将于 7 月中旬前后从诺伊斯（Neuss）那里渡过莱茵河。

不过，当得知北欧人来犯的传言并不属实之后，他便按照原定计划于 8 月中旬来到沃姆斯。在那里，他召开一次民众大会。和往常一样，他接受了各地送来的年贡。他还接待了来自罗马、贝内文托以及其他一些遥远国度的众多使团，然后将之送走。大会结束之后，他把儿子罗退尔派往意大利。他任命巴塞罗那伯爵贝尔纳为国王内侍（chamberlain），在此之前，贝尔纳的职位是西班牙边区军事长官。还有其他一些事情看起来也应在这次大会上予以解决，对于这些事情，皇帝也都一一加以妥善处理。然后，他便让与会者返回各自的家园。接着，他前往法兰克福行宫进行秋狩活动。此事结束之后，他回到亚琛过冬。在那里，他以极其愉悦欣喜的心情庆祝圣马丁节、至福使徒安德鲁节① 以及神圣的圣诞节。

---

① 安德鲁节，纪念使徒圣安德鲁的节日，时间是每年的 11 月 30 日。按照基督教的说法，安德鲁（Andrew）生活于公元 1 世纪，是使徒圣彼得的哥哥。

索　引

说明：

1.索引中的页码是本书英文版页码，英文版页码标在中文译本边口处。

2.索引中的条目和正文内容相对应。英文版注释中，有些条目是针对英文版前言及注释的。中文译本没有直接采用英文版前言及注释，因此，这类条目一律略去。

231